The Ultimate Edition

Essential Skills and Tactics to Get You Out of Anywhere – Alive

[加] 莱斯·斯特劳德（Les Stroud）/ 著

美国探索频道《现代鲁滨孙》创作人兼主持人

谢幕娟 / 译

北京日报出版社

图书在版编目（CIP）数据

求生！/（加）莱斯·斯特劳德著；谢幕娟译．
北京：北京日报出版社，2017.9
ISBN 978-7-5477-2816-1

Ⅰ．①求… Ⅱ．①莱… ②谢… Ⅲ．①野外—生存—
基本知识 Ⅳ．① G895

中国版本图书馆 CIP 数据核字（2017）第 218179 号
著作权合同登记号 图字：01-2017-6059

本书译本由北京金色驼铃文化有限责任公司提供。
本书所有内容经过仔细调研，尽一切努力确保其准确性。不过，本书信息和建议仅供参考，读者亲身实践需自负风险，行动之前需仔细研究和完全理解书中的材料信息。若因使用本书造成任何伤害或损失，本书作者和出版方不承担任何责任。另外，提醒读者旅行时注意遵守当地环境、动物、植物等方面的法律法规。如有违反责任自负。

求生！

著　　者：莱斯·斯特劳德
执　　笔：迈克·乌来萨德
摄　　影：劳拉·鲍比尔　莱斯·斯特劳德
插　　图：贝弗利·霍克斯利
出版发行：北京日报出版社
地　　址：北京市东城区东单三条8-16号东方广场东配楼四层
邮　　编：100005
电　　话：发行部：（010）65255876
　　　　　总编室：（010）65252135
印　　刷：北京博海升彩色印刷有限公司
经　　销：各地新华书店
版　　次：2017年9月第1版
　　　　　2017年9月第1次印刷
开　　本：710毫米×1000毫米　1/16
印　　张：22
字　　数：337千字
定　　价：66.00元

前　言

一切都是命中注定。25 岁那年，我放下音乐后不久，决心开始户外探险的生活。一天早上，我翻开报纸，刚好看到一个野外生存课程的小广告。这之后没多久，我便不知不觉地开始了我的第一次个人单独野外旅行：我蜷缩在临时避身所中，靴子扔在门口，外面大雨滂沱……而我却兴奋得忘乎所以。那一刻，我仿佛回到了童年时期在自家小屋后面搭帐篷的时光，只是这一次真的可以整夜都待在外头了。我被深深地吸引。从那以后，野外生存便成了我生命中一件重要的事情。

肯尼斯·卡姆勒博士曾在《极端生存》这本书中写道："人类是唯一一种对于冒险的强烈情绪、精神需求和欲望能超越生存本能的动物。我们陷入困境，是因为我们的探索欲望永不满足。当我们向着极端环境出发，其实心里很清楚风险的存在，也知道某些决定关乎生死。"我自己的这种永不满足的冒险欲望，曾一次又一次见证我所遭受的生存考验或极端冒险。过去，我做这一切是为了好玩，现在仍然是。

一直以来，我都把自己的创造力集中在填补空白领域，做那些没有人做过的事。打造一个野外求生电视真人秀就属于这样一件事。我曾看过不计其数的求生电影，然而那些电影枯燥、无聊，除了某些特别坚定的求生主义者，很少能吸引到别的人。这些电影缺乏真实生活中的戏剧性。我意识到，要想真正展示野外求生，就必须走进野外，并将整个过程经历拍下来。出于这样的考虑，我萌生了制作电视节目的想法，并最后将其命名为《现代鲁滨孙》。

从一开始，我便发誓决不让《现代鲁滨孙》变成哗众取宠的野外生存秀，譬如掺入一些游戏、挑战项目，每天晚上住在酒店却假装人在野外，或者找些化妆大师特意化成脏兮兮的样子，这显然是欺骗观众。过程中也不会有摄制组为我提供食物和帮助。我需要独自亲身经历这一切，就跟这么多年来所训练的那样，真正地求生，或者至少尽可能地模仿展示我曾经的生存体验。

卡姆勒博士认为生存挑战中有四种力量特别重要，对此我也深以为然。首先是知识——阅读这本书，能让你开一个好头；其次是素质训练——这是野外探险准备工作中常被忽略的一个方面；然后是运气——我父亲把这称为“傻人有傻福”，但愿你也拥有这种运气！而最重要的一种力量是——求生意愿。没有求生的意愿，哪怕救援物资就放在旁边，你也有可能含恨而死。而求生意愿强的人往往能熬过更加艰难的境况。除此之外，我还想提醒大家求生工具包的重要性。某些工具能在求生过程中发挥巨大作用。

2008 年 3 月，在马尼托巴北部钓鱼回家途中迷路的雪车驾驶者克里斯·特拉弗斯就拥有大部分上面提到的这些力量。为了安全抵达，他必须在没有任何资源补给的情况下在齐腰深的积雪中行走五天。当克里斯后来说《现代鲁滨孙》对他的成功求生起了很大帮助时，我感觉与有荣焉。

写下这本书的很大一部分原因，就是受到类似克里斯这种故事的鼓舞，同时也是为了确保我的节目、我的工作不掺一丝虚假。关于野外求生，已经有很多纷繁芜杂的信息。而我只提供经事实检验的靠谱方法，帮助大家了解背景知识，解释一些我知道的一定会对野外生存有所裨益的经验技能。我所说的这些技能易学易用，而且无论何时何地都能用得上。我还会在书末附上关键的野外生存清单，你可以影印下来帮助计划下一次的探险行程。毕竟，凡事预则立，不预则废。

不过，无论准备工作做得多好，你必须时刻谨记这个事实：求生就意味着紧急情况。毕竟，如果是酒足饭饱的周末，在指导者的带领之下体验求生技能，周围是一群志同道合的同学，一张张脏污的脸上洋溢着笑意，这样的体验定然觉得好玩。可在真实体验中，“好玩”在这个等式中并不成立。

求生可不只是呼吸松木的气息，以及感觉微风吹拂在你被太阳晒红的脸上。野外生存，并不是一件好玩的事，也不美好，更谈不上舒服。在这个过程中，可能需要吃下各种令人恶心的东西，忍受疼痛苦楚，与疲倦和孤独作战，甚至还可能遭遇生命危险。这是一件关乎生与死的事。如果你确实想要了解如何求生，那就继续往下读……

目　录

第一章

行程计划和准备工作

日常生活中，并无制定求生计划的必要。因为我们的社会已经设立各种制度来确保紧急情况时能将我们救出险境。假如你不幸遭遇车祸，救护车很可能会迅速到达，将你送往急诊救护室。

只是，在高速公路边上等待救护车的到来和在加拿大北部的偏远河边瑟瑟发抖还是有很大的区别。由于小木舟撞上四级急流，你的所有食物和物资都被水流冲走。拨打 911 也帮不了你。救护车压根儿不会到这种地方来。这种时候，计划行程和提前准备就体现出它的重要性了。

这里讨论的行程计划，可不只是设计每日菜单那么简单。划船旅行中，知道第三天要吃的是脱水红烧鸡块就白米饭当然很好，可要是所有食物都没了呢，事情就完全是另一番景象了。如果在规划行程和做准备工作时就考虑绝境求生的情况，结果又会有所不同。荒野丧生最常见的原因是准备不足。大部分人开始冒险之前都会做一些准备工作。什么都不准备，无疑是蠢到极点的表现。但除了安排路线、目的地、露营点、一日三餐之外，很少会有户外运动爱好者真正考虑绝境求生的情况。

这是为什么呢？我猜大概有几个原因。首先，大多数人并不会考虑自己身陷险境的可能，这本身就是一个严重的错误。还有一些人可能觉得自己已经掌握了足够的求生技能、知识，接受了足够的训练，因此他们不需要为某次特定旅行而做事无巨细的打算。还有一些人可能觉得考虑最坏的情况是一种悲观的表现，并且认为这种悲观会剥夺期待一场旅行的喜悦感。然而，提前考虑旅途中可能发生的紧急状况并非悲观，反倒是良好判断力的体现。

另外，也不能夸大为了某次特定旅行提前规划和准备的重要性，因为每个地方都会有些许的不同。其实只要针对具体目的地做一些了解，就能大大增加绝境逢生的机会。

野外旅行的经验越丰富，就越能形成个人探险必带物品清单。记住，每个人都应该为自己的求生负责！

做好调研

野外探险规划和准备工作的第一步便是调研，在当今这个信息丰富的数字时代，这是一件相当简单的事。无论是通过互联网还是公共图书馆里不计其数的书籍，任何人都可以查询了解到地球上任何一个地方的具体信息。

除提供重要信息之外，印刷出版物还能带来其他好处。首先，你可以随身携带小本指南和手册——假设它们没有随舟被水流冲走的话——方便随时查阅。其次，提前阅读与目的地有关的信息，能激起你对出行的热情，并让你掌握可应急救命的知识。

不过，看书或阅读网上信息时需铭记在心的一点是，你可能读到特定区域能提供水源的植物类型，但如果没有经人指导培训，你并不能百分之百准确地辨出那些植物。比如，我会在这本书上告诉你其实可以从大多数香蕉树的叶脉中找到水。这很不错，然而你可能还是需要有人告诉你香蕉树长什么样子，并教你如何在相似的树木中辨认出香蕉树。

理想情况下，任何到偏远地区进行荒野之旅的人都应该由当地专家带着熟悉一段时间，专家可以给你至关重要的意见，比如哪种植物可以吃，哪种会要了你的命。花一些时间寻找合适的专家向导，并要提前与其相处至少一天的时间。甚至在你自己的地方，你就可以进行训练和学习了。我的第一节求生课（为北安大略湖之旅做准备）就是在多伦多城里上的。

尽管当地专家肯定知道搭藏身之所、生火、采集食物、寻找水源的最佳方法，但我发现危急时刻给我最多帮助的并不是这些，而是他们不经意间抛出的智慧金句。比如，一个哥斯达黎加本地人教我如何食用贻贝时，曾跟我分享过一个小技巧：如果贻贝壳中滴出的水是绿色的，那就证明该贝壳有毒；如果水是清的，则可以食用。这个信息在任何一本与该地区有关的指南书中都找不到，但它足以救我的命。还有一次，卡拉哈迪沙漠的布须曼人教我如何手掏织巢鸟，方法就是晚上径直走到织巢鸟的鸟窝旁，伸手把鸟掏出洞就可以了。这种诀窍是你在别的任何地方都找不到的，却是你身处困境、饥肠辘辘时的救命稻草。

我后来意识到，与当地专家向导一起需要花费时间和金钱。大多数人只有一两周的假期，假期当中很难抽出时间接受培训或教育。不过如果可以提前培训，能让你以你想象不到的方式提升旅行体验，即使你从未经历过生存的困境。

问对问题

既然已经下决心了解目的地的相关信息，接下来的问题就是：我要找什么信息？

若不是先前花时间跟卡拉哈迪沙漠的布须曼人处了一阵，我便会错过如此丰富且易于获取的食物之源：织巢鸟（图中，我正试图将一只织巢鸟掏出鸟巢）。

首先，你需要熟悉路线和目的地。户外探险需要花上数小时的时间研究地图。

仔细研究地图能让你感觉自己仿佛到了目的地一样。当你了解该目的地的特征，便会在脑中想象地形地貌。所以当你真正到了目的地，就不会对眼前看到的景象感到惊讶。除了这个，下面是一些你对将到之地必须了解的重要事项：

- 你希望找到何种树木或植物？
- 如果能找到树木或植物，哪些可以食用？
- 哪里可以找到水源？
- 该处有哪些动物，其中哪些动物较为危险？
- 该地该季可能出现的最糟糕天气是什么？（必须提前看天气预报，如果天气状况较差的话，或者你应该把行程推后一点。）
- 白天的气温如何，夜晚的气温如何？
- 涨潮和退潮分别在什么时间出现？水位达到多高？
- 当地人是怎样的？有什么风俗或禁忌，是否友好？

人在荒野探险之旅中可能产生的作用，比你想象的要大得多，不友好的当地人可能会是你要逾越的重大难题，即便是在我生活的加拿大也是这样。安大略北部一条河流流经的某片区域曾冲突不断，就是以前说的“伐木工与环保人士”的那种对抗。某种程度上说，是当地遭到大范围伐木的社区群落将怨气发泄在那些经过河域的旅者身上。长达三年多的时间里，不止一次当成群的划独木舟者及垂钓者回到旅途终点停车的地方时，结果发现轮胎被人划烂。试想一下，如果刚好那时候有人正处于与时间赛跑的生命攸关的时刻呢？

学会使用地图和指南针

本书会专门有一章详尽讲述与荒野导航有关的事情，但如果连看地形图和使用指南针这种基本技能都没掌握的话，就不要妄想荒野探险了。不

当地知识是不可替代的。图中我正在美国内华达州向沙漠专家大卫·霍拉迪学习手钻取火。

学会溜冰，如何能打曲棍球？不学会划桨，如何能远航？不学会射击，如何能开枪？所以，没学会如何导航之前，不要冒险进入荒野丛林。关于这个科目，你在当地大学就能找到许多相关课程。随便挑一个学！

无论你是单独出行还是有向导随同，任何时候都要记得随身携带地图。如果你带了向导，却粗心忘记带地图，尽量多向你的向导借地图看。你要做到对地图成竹在胸，同时也要熟悉旅途路线。相信你的向导一定不会因为你多次借看地图而不高兴，相反他很乐于看到旅途中的你主动求知，以应对可能发生的糟糕情况。毕竟，万一你的向导无法替你引路可怎么办呢？

提前查看路线图时，你可能会发现，某条公路与河流或者你将经过的小路平行。万一碰到麻烦，这种信息就派得上用场了：只要往东走上半天路程，就能走到公路上，得到救援。你可能还会在路线图上看到大桥、建筑物或者小镇等地标。如果不提前看地图，当你迷失方向或被水冲到河流下游时，你就不能识别找寻到这些地标建筑。

依靠自己，而非向导

我发现，人们在独自出行或三五作伴时，往往旅途调研工作做得比较到位。而如果有向导陪同，反倒会偷懒。因为大家总觉得，a. 向导知道将要做什么；b. 向导对当地很熟悉；c. 向导做好了所有应急准备工作。

相信向导，但不要依赖。换句话说，你终究还得靠自己。记住，向导也跟你一样，是普通人。事实证明，向导也会犯错误——无论是由于经验缺乏还是判断失误——结果导致出行者陷入本可避免的危险境地。从一些荒野求生的悲剧故事中可以发现，悲剧的发生往往是由于出行者盲目依赖向导所致。如果你对自己负责，能够掌握自己的命运，你的向导也会感到高兴。

斯特劳德的小贴士

如果是团体出行，记得在灾难降临之前与同伴分享自己的求生知识和技能。确保所有人都对紧急情况下应该采取的措施有基本了解。记住，当你遭遇意外性命攸关时，你必须信任同伴助你渡过难关。

保持体能，了解自身局限

跟所有对体力有所要求的活动一样，如果你已具备基本的身体素质，那么就有更大的机会成功地经得住求生考验。一天的时间能跋涉多远？极端天气条件下能搭一个怎样的临时住所？你能以怎样的效率挖出能放太阳能蒸馏器的洞？所有这些都与你的体力与身体条件息息相关。有了强健的体魄，往往人也会有更大的自信和自尊，而这两者对于保持生命意念极其关键。

一般来说，人类越是注重营养和高水平的身体锻炼，完成任务就越高效，越能专注于自己的思想，而且头脑也越加清晰。这些都是求生困境中你所需要的特质。

就我而言，最初尝试荒野探险时，我就深切地感受到身体锻炼的重要性。我明白这种探险活动存在风险，我要对自己、对旅行伙伴们负责，还要让家人有一定的准备。这并不是说，身体不够强健，就不能进入荒野。只是身体不够强健，就让你从一开始就站在了不利的地位。

作为身体准备的部分之一，你需要考虑所有可能妨碍你的不适症状或慢性疾病（包括牙疼）。在好莱坞电影《荒岛余生》中，汤姆·汉克斯饰演的查克·诺兰德就在孤岛上被牙床脓肿折磨得痛苦不堪。在我看来，这是电影中最具现实意义的桥段之一，因为这些事情真的可能发生。如果你是与人结伴出行，最好也了解一下你的搭档有什么健康问题，以防到时你需要照顾对方。

若患有糖尿病或高血压等慢性疾病，计划行程时一定要考虑这些。另外，任何时候都要尽量多带一些药品，不要满足你预计的数量。

最后，如果你打算去国外或热带地方，确保接种相关疫苗，预防诸如黄热病、疟疾、霍乱、伤寒、肝炎、天花、脊髓灰质炎、白喉、肺结核等疾病，还有抗破伤风针也一定要打。如果不曾接种相应疫苗，会比较容易在当地患上有关疾病。注意，有些疫苗需要几个月的时间才能接种完成，所以出发前就要提前考虑好这一切。

测试自己的心理健康程度

心理准备是求生过程中不可或缺的一环，尽管这一点常被忽略。而针对户外探险最佳的心理准备策略就是获取知识。知识真的就是力量，而且会带给你应对灾难的信心。随时回顾本章列出的建议，以帮助引导你完成调研过程。出发之前，你还需要做下面这些工作：

- 通过出版物尽可能多地收集信息。
- 与当地专家取得联系，了解目的地相关的特定信息：动植物群、危险源、地形优势（比如临时住所、逃跑路线或水源）。
- 至少接受基本的荒野逃生和导航技能训练。
- 评估身体强健水平，确定自己已做好出行准备。
- 根据特定区域准备求生工具包。

完成上述任务后，当发生紧急情况，你便能做到最大限度地从容应对。

另一件需要做好心理准备的事情是，不管遇到怎样危急的求生险境，首先你要做好最坏的打算。如果你是抱着“反正不会发生在我身上”的侥幸心理开始户外探险的话，那你绝对是自欺欺人。

你应该反过来想：悲剧可能落在我头上。即便是 12 个人一起划船出发，我也可能会在荒野之中孤独死去，或者，周日远足时即便有 75 个人陪同，我也有可能迷失方向。一旦接受危急情况可能发生在你身上这个事实，下一步理智的做法就是做好准备，以减少灾难真正发生的可能性，即便发生了，你也能更好地应对。

选择正确的工具

户外探险携带的任何装备都应该满足强大且多用的条件，这一点相当重要。你要问自己的并不是最佳条件下装备能否正常工作，而是最糟糕的情况下它能否派上用场，如果答案是否定的，你还愿意把自己的命系在上面吗？

准备哪些装备完全取决于目的地。就此我要再次重申，尽可能咨询当地人，或者询问曾在同样地方进行类似活动的旅行者。他们的意见会帮助你弄清楚究竟需要怎样的装备。

你也可以去当地的户外商店逛逛，了解特定户外活动的专业装备。这些地方往往能认识不少人，尤其是一些别的顾客，他们的经验往往可以帮到你。也可以考虑在这样的商店外张贴通知，与那些愿意分享个人知识的探险者取得联系。

斯特劳德的小贴士

选择装备不能只根据书本上或其他印刷材料，它们提供的信息可能有很多错误和遗漏，或者已经过时了。吸取其他旅行者的个人经验十分重要。

假设你现在已经备齐探险需要的所有装备，下一步就是确保弄明白装备的用法。不要错误地以为探险途中还会有机会让你学习如何使用。也许在旅程一开始，你就可能遭遇生存的考验，而你可能会因为不知道如何在暴雨天气中支立帐篷而惊慌失措。所以你可以花上几个小时的时间在后院、露台、甚至在客厅熟悉你的装备，练习安装和拆卸。更重要的是，你要弄清楚发生故障时如何修理。因为你可能需要靠它们支撑的时间，或者遭遇的困难，比你想象得还要长得多、多得多！

装备的计划和准备工作也涉及衣物，而就衣物来说，你如果对目的地多一点了解就会好很多。不要总是相信本地户外商店销售人员的话。我就曾目睹过很多例子，销售员为了推销某个特定品牌而推荐不合适的衣物给顾客。再次重申，试着与那些曾到过你要去的地方的旅行者交谈。记住，一切顺利时，选错衣物问题还不大，可一旦有情况发生，这就会让你更加痛苦煎熬。

狂风、暴雨、严寒、令人毛骨悚然的有毒爬虫，还有极度酷热，是你需要面对的一些考验。你选择的衣物必须要能经受这些考验。确保衣物合身，不能太束手束脚。你的衣物既需要干爽保暖，也要通风透气防止过热（具体见第十二章“衣物”）。

斯特劳德的小贴士

把衣物看作你的第一个安身之所。合适的衣物能让你在不搭建避身所的情况下，也能承受极端天气。所以无论是在北极酷寒还是丛林暴雨中，仅仅靠穿戴在身上的衣物，也应该能起到保护作用。在加拿大极地时，我穿的就是驯鹿皮衣和皮裤，传统的因纽特人装束。在低至零下 50℃的气温中，这些皮衣皮裤能让穿着者在暴风雪中挺立，不受严寒影响。这样的衣物就相当于一处极佳的避身所！

把计划告知他人

把自己何时要去何处告知他人，是行程准备中一个重要的环节。可惜，人们有时候在这方面会有些犯懒。千万不要偷这一下懒。要是懒这一下，你可能就会跟 20 世纪 90 年代的詹妮弗・斯托尔帕和詹姆斯・斯托尔帕那对年轻夫妇一样，连同他们 5 个月大的儿子克莱顿一起在内华达州北部的一场暴风雪中迷失方向。

驱车前往爱达荷州参加亲人葬礼的途中，这对夫妇发现原定计划路线因暴风雪而被阻断，于是他们决定改道而行，却没有把此事告知任何人。没过多久，他们乘坐的卡车就在深雪中搁浅，距离有人烟处足有 64 公里的距离。

斯托尔帕一家人头四天是在卡车中煎熬着度过的。发现无人前来救援（因为没有人知道他们身在何处），他们便试图走到安全的地方，用临时自制的雪橇拖着小克莱顿走。直到詹妮弗再也走不动，詹姆斯便找了一个洞穴暂时安顿她和小克莱顿，而他则继续往前寻求救援。大约过了 60 个小时，詹姆斯脚踩单薄的运动鞋在雪地中跋涉近 80 公里之后，终于跌跌撞撞地进入一个驾车旅行者的视线，后面也正是这位旅行者救出了斯托尔帕的妻子和儿子。

这种危急的境况是否可以避免？我觉得完全可以。首先，斯托尔帕一家人在旅途中没有正确判断天气所带来的影响，想要抄近路去爱达荷州。但他们犯的最大错误是没有把临时计划告知任何人，这个错误让他们失去了脚趾（冻伤导致），还差点付出生命的代价。

所以任何时候到偏远地方探险，或者任何去到偏远地方的旅程，都要确保至少有两个人（包括当地政府）知道，合适的话还应告知下列事项：

- 活动性质。
- 出发时间。
- 预计结束时间。
- 出行路线。
- 如何联系到你。
- 万一出现问题，如何找到你。

幸好，科技的发展让荒野旅行的安全性有了更多保障。比如你可以在 SendAnSOS.com 这种网站输入个人出行计划。若你未在预计返回时间登陆，网站便会自动给你的联系人发送 SOS 信息。还有 SPOT 卫星通讯这种工具不仅能让别人追踪到你的进程，你按下 Help 按钮时还能给你的联系人发送 SOS 信息。

如果今日的户外爱好者能利用好所有计划性资源和自动求救装置，成功战胜求生困境的机会也将大大增加。

第二章

求生工具包

准备和规划工作能让你提前备好有助于安然度过危机的工具，还能强化心态。而在所有准备工作中，整理出个人求生工具包是重中之重。

开始荒野旅行之前，大多数人都会花时间置办基本的装备，比如合适的衣物、帐篷和炉子。但你可能没有意识到，探险旅途中你随身携带的最重要的一样东西是基本的求生工具包。每次我冒险进入世界的各个偏远角落，都会携带不同的求生装备：全套的求生工具包，或者“我能带的”最基本的求生工具。有时甚至什么工具都没有，求生装备挂在我的腰带或脖子上；有时候用我几乎觉察不到的腰包装着，有时候装的腰包太重，我甚至想不带还好一些（不过最后还是会带着）。

求生背包装哪些东西，全凭你的想象。何不把打火机和棉球这种易燃物塞进钓鱼竿的中空一端？如果你骑山地自行车，便可以取下把手套，塞几样东西进去，比如点火器、一些细绳或绳索，或者多功能工具。有一次，我甚至把工具钻入了来复枪的枪托中。

为自己的求生负责

教授求生课程时，每周周初我便会向学生们宣布第二天早上去荒野徒步旅行。当他们问及该带些什么东西时，我就会轻描淡写地告诉他们，“任何你觉得在灌木丛中徒步可能用得上的东西。”

第二天，当徒步进行到一半，我便会停下来让学生们把随身携带的东西展示给我看。每次，总会有一个学生武装到牙齿，有几个只携带基本的求生装备，另外一些人则几乎什么也没带。

每次看到这么多人出门旅行，却做不到未雨绸缪，总让我感到震惊。要知道他们是在荒野丛林中徒步，而万一灾难降临，绝大多数人几乎没有派得上用场的东西。身处荒野，你永远不知道意外何时何地、以何种方式出现。灾难总以意想不到的方式来临。你随时都有可能与同伴走散。就跟你不能完全依赖于向导一样，你也不应该把全部希望寄托在同伴身上。

这种错误思维，在夫妻同时上我的课时表现得最为明显。他们往往会骄傲地炫耀某个装备齐全的背包，而每次都是由丈夫负责背这个背包。每当这时，我便会把妻子拉到一旁，“所以，现在……你有些什么呢？”这时候，妻子才如梦初醒，意识到面临求生困境时她没有任何可以获得帮助的东西。她完全依赖于丈夫，而非自己。

收拾求生工具包是一件很私人的事情，决不能交给别人代劳，无论你与对方的关系多么亲近。如果意外落单了，身上连一些基本的求生装备都没有，那无异于被宣判死刑。

自己动手

关于求生工具包，我们大多数人面临两个选择：在当地户外商店直接购买组合式工具包，或者自己动手。我认为，在这两条路之间做选择很容易：自己做。

我这么想，出于几个原因。首先，公司生产组合式工具包其首要动力一定是为了盈利，而不是你的生存。他们会想尽一切办法降低成本。这也就意味着，你所买的工具包并非最佳产品。有时候里面的某些工具价格低廉或者毫无必要，却无端占据了宝贵空间，增加重量。里面可能有不禁用的塑料口哨，一掉到地上就烂了；或者是一擦就折断的火柴。如果选择组合式工具包，必然会有一些东西在你最需要的时候让你失望。

其次，绝大多数购买组合式工具包的人都不熟悉里面所含工具的正确用法，甚至有些人出发之前从未打开过工具包。为什么？因为他们太过信任买来的东西。他们只是把工具包丢进行囊，然后就抛诸脑后，认为只要带了就万事无忧。我就曾见过有人腰带上挂着火镰或口袋里揣着指南针，却压根不知道这两样东西该如何使用。

第三，我还没见过能满足所有需要的组合式工具包。

你的个人求生工具包应该基于我在本章提出的建议，但更重要的是，你要自己创造——考虑你要去的地区，考虑季节，考虑天气以及你打算进行的活动。如果你还带领着他人，准备求生工具包还应考虑集体求生时如何帮到他人。

我的建议是，你可以分开购买求生工具，这样你所买的东西才能经受求生环境的严峻考验。而且，当你花时间精心挑选工具，这本身就增加了你检查工具的机会，确保工具能正常使用，同时了解其用法。

个人求生工具包

个人求生工具包并非是荒野旅行中除日常装备之外的单独行囊。事实上，个人求生工具包并非真正的“工具包”，而是你任何时候都应随身携带的最重要的求生物品——应该挂在腰带上，揣在口袋里，或者挂在脖子上。为何这样说呢？答案很简单：如果是腰包，你很可能在搬东西的时候或者驻足用餐的时候落下。这种事情经常发生，但你不可能落下衣服上的口袋。

你的个人求生工具包首先要有一把耐用的皮带刀，可实现多种用途。你可以把它看做单独的求生工具包。皮带刀最大的优势在于力量强劲，可以用来撬动或拧动你难以操作的东西。若使用得当，皮带刀还能用来劈柴。有了它，你可以轻松削出随身物品、陷阱或临时住所需要的木头零件。

不要低估保持刀刃锋利的重要性。只要所带的东西没有超出负荷，建议在完整的求生工具包中（本章的后半部分会详细介绍）加入磨刀石。不过，紧要关头你也可以在丛林中随便找一块光滑的石头磨刀。砂岩磨刀很快，石英和花岗岩也很好用。

下面是你任何时候都应该放入个人求生工具包的物品清单，无论你是把它们塞进口袋还是夹在皮带上或者挂在脖子上。团队里的每位成员都应该有自己的物品清单。

- 头巾。
- 指南针。
- 手电筒（小型，LED）。
- 垃圾袋（2 个，最好是橙色的大袋子）。
- 打火机（我喜欢带丁烷火机，用起来像是小喷灯）。
- 用防水金属盒（为以防万一，最好带划火柴功能）装着的火柴（随处可擦的那种火柴）。
- 镁打火石（我喜欢火！）。
- 金属杯（可折叠，用于装热水）。
- 多刃刀具或瑞士军刀（确保带小锯齿）。
- 止痛药（一些）。
- 伞绳或类似绳索（约长 7.5 米、直径为 0.6 厘米的绳索）。
- 蛋白棒（比如能量棒）。
- 锋利的皮带刀。
- 太阳能或“空间”毯（小）。
- 哨子。
- 密封塑料袋。

听上去这些东西加起来似乎很重，但你要记住，类似口哨、镁火镰这样的东西可以用绳子挂在脖子上或系在伞绳上。而且，当所有东西分开挂到皮带上或放入不同的口袋中（显然选择多口袋的衣服很有帮助），基本上对你不会有任何影响。

完整的求生工具包

既然已经通过策略性地选择几种基础性但特别有用的求生工具来保障生存，现在就该打造属于你自己完整的求生工具包了。随身携带某些物品（比如口袋里的打火机），并不意味着完整的求生工具包就可以省掉打火机。口袋里的东西只是为了以防万一。记住，任何时候这些东西都应该在个人求生工具包和完整的求生工具包中各准备一份。打造属于你的完整的求生工具包时，要记住一点，东西越重越大就越有可能成为阻碍而非优势。而一旦工具包变成负担，你便有可能一开始就放弃某些东西或者在旅途过程中丢掉。试想烈日如火的炎热夏天，谁会愿意背 9 公斤的额外装备爬山呢！所以在这一点上得找到平衡：工具包既要囊括一些必不可少的物件，又不能装太多东西以至于成为负担。工具收集这种事情交给工具达人就好，你要做的并非是让同伴刮目相看，而是享受旅途或探险……当然，必要时还要能成功逃生。

至于用什么东西来装求生装备，你可以任意选择，但尽量选择体积大一点的、方便容纳各种尺寸的物品，还要方便装载和搬运，结实耐用，能防水最好。我喜欢用带盖的咖啡罐来装求生工具，因为它几乎能容纳我需要的所有物品，还能用来煮水或煮食物。假如盖子密封性好的话，我甚至还能用它装水或者热碳。

接下来就是要列出任何工具包都必不可少的物品清单（有些工具包不止一个用途）。开始探险之前，你可以参考本书最后部分的完整求生工具包清单。记住，你需要根据自己的目的地、出行季节、天气和打算进行的活动而调整清单：

头巾　这一多用途物品能保护头部不受阳光灼晒，同时还能用作应急绷带，蘸水之后可用作冷敷。

皮带刀（带磨刀石）　如果你带的小刀不巧丢失，求生工具包中的备用刀将帮上大忙。

蜡烛　如果你点燃蜡烛并让融蜡滴到引火材料上，可以让火持续的时间更长。

杯子（可折叠金属杯）　杯子可用来喝水或煮水。

干粮　大多数求生工具包里应有尽有，收尽各种东西，唯独没有备用食品。我知道携带干粮会增加工具包的重量和体积，但任何事情都不如知道自己手头上有一两根能量棒能带给你更多身体和精神动力了。脂肪很重要，坚果也是能提供脂肪和蛋白质的绝佳物品，而且不占地方。

管道胶带　超级耐用和黏性超强的管道胶带一直都在户外运动圈备受赞扬，而这绝非浪得虚名——这种胶带几乎能修好任何一种户外装备。用来包扎伤口和其他小伤也很好。只要跟小布条一起使用即可，注意不要直接用胶带包裹伤口。

近年来，出现了很多彩色管道胶带。你可能难以接受用粉色或黄色的胶带修补装备，但你要知道，这种颜色比蓝灰色要引人注目得多。管道胶带甚至比得上点火器，它可以跟蜡烛一样保持火焰不灭。

打火装置 无论身处何处，火都是最有用的东西。不管你是在沙漠还是丛林，即便是全世界最热的地方，火对于求生都起着重要作用。打火装置也是求生包优先要带的东西。

常有人问我，我最喜欢的打火方式是什么。打火石还是打火棒？抑或是镁打火石？火活塞？我只能说没有打火装置要想打出火来是极其困难的，所以尽量给自己多几种选择。我喜欢有选择余地的感觉，不管发生任何事都有所准备。

斯特劳德的小贴士

有些人认为把火柴蘸蜡可以防水。这些事还是留给装备达人去做吧。我建议还是买一些任何地方都可以擦燃的耐用火柴，再花点钱买个质量过关的防水盒子比较实用。

我个人更偏好丁烷打火机，它打出来的火焰就像丙烷火炬一样。这种打火机不受风力影响，倒转过来也可以使用，这是两个巨大的优势。打火机总会有燃料耗尽的时候，不过起码也可以点几百次火。另外，遇到求生的紧急情况时，最初的点火最为重要。

一定要带高品质的打火机，因为根据所处的环境不同，火可能很难始终保持燃着的状态。你也不希望打火成为一件需要担忧的事情吧。

除了打火机，我还会带一个镁打火石（必要时可当做信号装置），一个火活塞（如果重量不是问题的话），还有带擦头（务必确认）的耐用随处可擦火柴，装在薄膜筒等防水容器中。注意塑料盒用来保存火柴可能会不安全，因为静电可能引燃火柴，尽管这种可能性很小。金属盒是最佳选择。

务必确定你已弄明白这些打火装置如何使用，求生工具包中的其他装备也是一样。请在灾难来临之前，多花点时间练习打火。我建议你至少携带一种上面提到的打火装置作为个人生存工具包的一部分（比如放在随身口袋中），另外在全套工具包中多装几种。有关此话题，更多内容参阅第六章“火”。

火种 市面上有数种不同的商用火种，包括球状、糊状和屑状的。而我喜欢带三到四个蜡棉燃料团。一小块燃料团加到你从树林中采集的火种上，便能从星星之火烧出蜡烛一般的火焰，直至燃起熊熊大火。旅途中如果碰到桦树皮或者干草之内的火种，你也应该装一点到求生工具包中。

蜡棉燃料块是市面上可以买到的最好火种之一，能让火焰持续很长时间。

急救箱

- **止泻药和止痛药**：若你在墨西哥的旅途中不幸腹泻，结果可能会让你很失望。身处婆罗洲的丛林，你可能因腹泻而死。而疼痛，反倒不一定会要了你的命，只是身受小伤或头痛欲裂却不得不下山时，类似布洛芬或乙酰氨基酚等药物可以增加你幸存的机会。对于腿部骨折这种重伤，哌替啶等强效止痛药至少能够防止伤者致命休克。把所有药物用防水的密封袋装好。
- **抗组胺药**：用来处理过敏、蚊虫叮咬等问题方便有效。
- **绷带和抗菌软膏**：携带一个防止伤口感染的工具包。
- **蝴蝶结缝合线**：用这种方式可以合拢较深、较严重的伤口。
- **处方药**：每次都多带一些备用。
- **手术刀片**：轻便小巧，不仅在包扎伤口时可以用到，还能用于削切、收拾鱼、去皮或去内脏。

- **三角绷带:** 用来包扎伤口或当作挂带。

鱼饵（3）、鱼钩、钓坠、前导线和钓丝 通常，最好是把较重的钓丝放在求生工具包中。10 磅和 30 磅的钓丝在重量和体积上区别不大，但两者之间的力量区别却很大。很多人都会选择不带鱼饵，其实鱼饵并不会增加多少重量，却能大大增加你钓到鱼当晚餐的机会。顺便也把前导线放进去，万一你心血来潮想要钓大鱼呢?

燃烧棒 你肯定希望危急时刻有人能找到你，对吗？携带的燃烧棒体积越小越好。同时还能用来点火。

手电筒（小型，LED） 这种小电筒的光可以很亮，不仅晚上找东西时很好用，用来发信号也是不错的选择。你可能还要考虑多带一些备用电池。购买手电筒时，确保所买的手电筒为白光、黄光、绿光或蓝光（红色的 LED 灯亮度不高）。

GPS（全球定位系统），除地图和指南针之外 GPS 的出现，无异于野外旅行的一次革命。GPS 的好处在于，无论天气状况如何，它能随时为你提供精确的实时地理信息。只要 GPS 的电力足够，它能准确地测出你所在的经度、纬度和海拔。

垃圾袋（2 个，橙色，大袋子） 垃圾袋有时能决定你的生死，因为它们其实能起到多重作用。垃圾袋叠起来几乎不占地方，没什么重量，轻轻松松就能塞入口袋。注意一定要带那种可以提 170 升重量的橙色袋子（容易被发现），不要选择绿色袋子（不易被发现）。

你可以把垃圾袋变成雨衣，或者自制外套，用来防风抗冻，只需要在头顶处剪一个小洞，手臂处也剪开就可以。你还可以用它当信号，因为橙色的袋子非常显眼，容易让人看见。如果你需要水来灌溉植被和太阳能蒸馏（尽管最适合植被的是那种透明塑料袋，详见第五章“水”），这种神奇的橙色塑料袋还可以用来收集雨水。

我最喜欢用垃圾袋给避身所防水。无论你多么内行，想要从零开始建一个完全防水的临时住所都是极其困难的。可如果手头上有垃圾袋，只需要将其剪开摊成一块完整的薄膜（承重 170 升，摊开之后约为 1.2m × 1.8m），就相当于有了现成的屋顶。

手持透镜（小） 像菲涅尔透镜这种小的手持透镜可以用来放大物品，还能用来点火或者观察小伤口。

地图和指南针 地形图是了解偏远荒野细节信息的最佳来源，无论何时都要随身携带。如果带了地形图，记着还要带一个高品质的指南针，当然你自己要知道如何使用。关于指南针的使用和如何看地图，现在有很多很好的书籍可以参考。详见第九章“求生旅行和导航”。

标识物或“测量员”胶带 亮红色或亮橙色的胶带可以挂在临时避身所上方，有助于引来救援或者标记道路方向。

钱 在荒野丛林中，钞票可换不来水，但当你成功跋涉到公路上，有钱在手上还是会方便许多。当你挣扎着走出荒野，工具包里的钱能让你买到吃喝的东西，或者临时应急。你的工具包中可能还需要放张信用卡。

多刃刀具 开始一段为期一周的求生旅行时，我觉得最重要的就是多刃刀具。譬如经典的瑞士军刀匕首，只要加一套能在荒野中派上大用场的集成钳，便能让你如虎添翼。我常常用多刃刀上的钳子将火上烧得滚烫的热水锅移开。

记得要选那种带锯齿刃的多刃刀。当然你并不能用它伐木，但锯齿刃的小刀用来制作陷阱非常好用。面临求生环境时，剪刀也是很好用的一样东西，所以你的多刃刀还应包含剪刀状的刀刃。但最要记住的是，质量至上！千万不要贪便宜买把不经用的刀，不然你绝对后悔莫及。

针线 带针线是一个不错的主意，但从我这么多年参加求生相关活动的经验来看，针线只用来缝过一次独木舟包。针要带那种针眼大的，这样较粗的线绳也能通过，比如粗牙螺纹线。也许针最大的用处在于急救，可以用来清除伤口中的碎片细屑。

斯特劳德的小贴士

针在有磁性的物体上摩擦会被磁化，比如无线电扩音器。把磁化后的针用叶子或纸垫着放入水中，针便能指示南北。确定哪边是北边之后，便可以用记号笔将对应的一端涂上颜色。

人员定位器信标（PLB）或紧急无线电示位标（EPIRB） 尽管这两种装置无法在联系搜索救援组织（SPOT 可以做到）的同时联系你的家人，

但它们可以通知到你的紧急联系人或军队，曾挽救过很多人的生命。

降落伞绳或类似绳索（约长 15 米，宽 0.5 厘米） 用树皮和树根做绳子听上去觉得很浪漫，但实际操作起来是很缓慢、枯燥，而且很难的一个过程。有一卷结实耐用的降落伞绳，在求生时能起到很大作用。你还可以用它搭建临时避身所、制作火弓、信号器、陷阱圈套，它还有其他不计其数的用途。

我在这里把降落伞绳单拎出来说是因为这种绳子的力量性可谓传奇。外护套包裹七绺内绳而成，使得降落伞绳成为你可以找到的最强韧又最轻巧的绳索，可以通过 250 公斤的力量测试。

不过，降落伞绳的数量一多体积就会变大，所以最好能想个有创意的法子携带这些绳子。有些旅行者选择将绳子捆在皮带刀的刀柄上，还有一些把绳子当鞋带用，反正能轻一点就轻一点。

纸笔 用纸笔写个人求生日志。你可以在日志中记录一路上的努力和发现，这有助于保持斗志，也能用作参考指南，帮你记住过往经历。或许纸笔最大的用处是当你继续前行，可以留下纸条给潜在的救援者，让他们知道你将往何处去。

安全别针 缝补衣服和修理其他装备时相当有用。安全别针还可以当钓钩用。

锯（可折叠） 这是我很喜欢的一样东西，尽管我也必须承认可折叠锯比你在求生工具包中能看到的大多数东西都要笨重。然而，重一点也是值得的，因为它将彻底改变你搭建临时避身所或烧火的方式，而这两者对于求生考验非常关键（无论是对身体还是心理）。

以前的可折叠锯质量都比较差，不过近年来折叠锯的质量和耐用性都提升不少。我最喜欢的是整体式折叠锯，锯片可以叠进柄中。叠起来之后长度大概是 25 厘米。

信号镜 信号镜有很多选择。就我自己而言，我更喜欢可以用作信号装置的手镜。这种信号镜的中间位置一般有一个小洞，通常用来瞄准经过的飞机。

跟求生工具包里的其他东西一样，信号镜也还可以有其他的作用，比如当镜子用或用来急救。万一眼睛进了东西（这种情况发生的概率比你想象的要大得多），身边有块小镜子将帮上大忙。看起来无伤大雅的小东西，比如松针，一旦不小心弄进了眼睛，如果不能及时弄出，将会让你备受折磨。一块好的信号镜还可以通过反射太阳光打火。

陷阱钢丝 跟降落伞绳一样，陷阱钢丝也有多种用途，其中最大的用处就是它可以帮你抓到猎物当晚餐！陷阱钢丝用来抓兔子再适合不过了。

太阳毯（太空毯）（小） 太阳毯可以将身体温度反射给你，当你想要快速变暖时这便是一种相当高效的方式。当然，并不是说太阳毯就能带给你足够的温暖舒适，但就重量而言，它是最具性价比的选择。

使用太阳毯的潜在风险是它不能吸汗或者排汗，所以可能会越用越潮湿冰冷。不要把毯子卷起来或者裹在外套里面当内衣，只要用它裹住身子就可以。

太阳毯是绝佳的反射物，必要时可以用它发送信号，还可以当做临时的防水布用于临时避身所的防水，或者用来收集雨水。有一次，在加拿大不列颠哥伦比亚省雷弗尔斯托克郊外的落基山脉野外生存时，我就曾经用太阳毯当过屋顶，那是我记忆中最暖和的一个临时居所。不过，还是要注意不要让太阳毯靠近火源。一旦沾到火焰，太阳毯可能瞬间融为灰烬。

SPOT 卫星通讯 SPOT 可以通过卫星发送邮件，包括你所在位置的经纬度坐标。它甚至还可以追踪你的位置，并将你的坐标通过邮件或短信发给 10 个预设联系人，每 10 分钟发送一次。SPOT 在保障安全方面，比 GPS 飞跃了一大步。GPS 可以让你知道自己身处何处，而 SPOT 可以让救援者知道你身在何处。

净水丸 所有基于碘的净水丸都能净化 1 升到 2 升的水，具体根据水污染的程度而定。

基于碘的净水丸还可以用于急救，只需碾碎一粒，加一茶匙的水。用这种方式生成的高浓度碘溶液，可以用来给伤口消毒。

净水管 作为一种较新的创新产品，净水管通过结合碘和树脂净化饮用水。每根管可以净化 75 升到 95 升水，具体根据水的脏污程度而定。有些高品质的净水小管声称可以减少 96% 的细菌和病毒！

哨子 一定要选你能找到的最结实、声音最响亮、颜色最炫目、最令人讨厌的那种。我个人最喜欢的是 Fox 40 的产品。

密封塑胶袋（大） 必要时，这种塑胶袋可以一袋多用，包括储水和运水。塑胶袋还可以用于保持较为敏感物件的干燥，比如火种；你甚至可以用塑胶袋装满雪，然后用外套盖着，将雪融化成饮用水。

完整的求生工具包几乎能帮你度过所有的求生困境，前提是你必须知道如何使用它们。

完整的求生工具包，如果准备充分，可以帮你度过最艰苦的困境。

根据目的地准备求生装备

完整的求生工具包应当根据个人需求随时调整，而不是一劳永逸，每次出行都用一样的东西。我在上面列出的完整的求生工具包能帮你应付大多数紧急情况，但求生本身就是依情况而定的事情，某些工具或许能在北极或寒带森林大显神通，但在沙漠或丛林里则用处不大。

而且你很快就会发现，不同地方起作用的力量也有所不同。忽视这一点，就只能后果自负了。当我计划五月去安大略北部的森林旅行，我知道自己第一需要的便是蚊帐，这个需求便是因特定地区和特定时节产生的。若是 11 月中旬滑雪穿过北极冻原，难道我还需要蚊帐吗？每次出行之前，都需要考虑这些因素。

干旱地区、沙漠和峡谷

在这种地方旅行时，获取水是最重要的事情，所以你的求生工具包需首先解决这个关键问题。工具包中一定要有干净的垃圾袋，以防需要构建太阳能蒸馏器和植被蒸馏器。长且细的饮水管也将起到很大作用。你可能还会考虑带把小泥铲或可折叠铲，方便挖水。

寒带森林和其他温带森林

众所周知，黑蝇和蚊子曾让很多早期加拿大探险者疯狂。所以我建议你去任何可能有蚊虫的地方都带上蚊帐。为什么是蚊帐而不是喷雾杀虫剂呢？有几个原因。喷雾杀虫剂又大又重，而蚊帐轻巧可折叠，只占很小的空间。另外，杀虫剂总有用完的一天，但蚊帐却能无限次使用，只要不被扯烂（即便被扯烂也可以缝补）。

你可能还会考虑带上防蚊衫和防蚊裤，现在市面上有很多这样的产品。

极地地区可以找到的饮用水多来自冰雪。众所周知，这种水自然缺乏重要的矿物质。短期之内饮用缺乏矿物质的水不会有什么影响，但如果饮用几个星期之后，便会开始对你产生严重影响。要解决这个问题，你可以随身携带矿物质片，直接咀嚼或者融化在饮用水中服下。

夏季，蚊帐是求生工具包不可或缺的附加品。而在春天，太阳眼镜可以保护你的眼睛防止雪盲，因为极地地区的阳光可能昼夜不停折射雪光。

斯特劳德的小贴士

有五种求生工具最重要，它们确保你完成下面事情：

- 生火
- 煮水（需要有盛水容器）
- 搭建住所
- 打猎或钓鱼
- 劈柴

海上或开阔水面

跟在干旱地区一样，在海上最严峻的求生问题便是获取饮用水。因此，是否携带脱盐或蒸馏装置便是关键。诚然，这种装置多半体积较大，不适合放在常规求生工具包中，但你无论如何都会需要一个。

丛林地区

在丛林中，最重要却常被忽略的一样东西便是防治足部真菌的药物。丛林中常年雨水潮湿的环境无疑是脚部的最大杀手，所以足部真菌几乎无可避免。如若持续感染，它可能会妨碍你的行走，甚至危及你的生命。所以一定要多带几双袜子。

在丛林中搭建避身所相当重要，所以要多带一两个垃圾袋。在某些时节的某些地区，蚊虫会是一个大问题，所以蚊帐也必不可少。

沿海地区

只要放一张可折叠的小渔网在求生工具包中，你在沿海地区就有很多机会获得可口的美食。如果目的地近河或近湖，渔网也派得上用场。

车载求生工具包

要说最需要又最被忽视的求生装备，非汽车求生工具包莫属。每个驾驶者都应该有一个，但更重要的是你居住（或行经）的地方是否是偏远荒野，或者容易出现暴风雪和雷雨等极端天气，因为在这种地方你陷入求生困境的风险更大。无论你的车载求生工具包多么齐全，任何远行的旅途一定要带备用食物和水。

一般来说，当你遇到麻烦，应该人不离车直到救援来到，尤其是当你带了装备齐全的车辆求生工具包时。如果你还带了汽油，那就意味着你多了一种生火的燃料。不过，你的首要问题是要想办法让车子开回公路上，保障人身安全。

除非天气允许或者你有信心可以靠双脚走出去，否则不要贸然地弃车而行。弃车之前，也要把车上所有可能在求生情境下帮到你的东西切割、撕扯下来。车没了总可以再买，但要是命没了可就再也买不到了。

我曾有幸为电视真人秀节目重建詹姆斯·斯托尔帕和詹妮弗·斯托尔帕曾面对过的求生险境，当时这对夫妻（还有几个月大的婴儿）驾车迷失在山区的暴风雪中。当我重现这一情景时，我是在用过车上的所有东西后才跟车子告别的，可惜斯托尔帕夫妇没能运用这个策略，尽管他们当时确实没有过冬的装备，只有几双便鞋。比如，我把卡车座椅内的泡沫割了出来，用车辆座垫布包住，再用座椅带捆在脚上。这就有了一双临时自制的保暖靴，可以让我在雪地里就像穿了雪地靴一样轻松行走，而不是艰难地跋涉。听起来可能有点过分，但它能保护我的脚趾以防冻伤。而斯托尔帕夫妇就没这么幸运了。

车辆求生工具包要用合适的东西装。预算有限的话，背包或者筒状行李袋就够了。当然最理想的选择是既牢固又防水的材料。这套工具包要随时放在车上。详见本书最后的全套车辆求生工具包清单。

车辆求生工具包除了包括完整的求生工具包的全部物品外，还要增加下面这些：

移动电话 移动电话的最大问题在于，当你被困荒郊野外，很可能没有信号覆盖。不过，你可以带喇叭线。将喇叭线系在你可以碰到（或爬上）的最高点，另一端系在移动电话的接收天线上。信号不强时你可能无法拨打移动电话，但手机短信通常只需要微弱信号就可以，喇叭线或许可以帮到你。

衣物（保暖）和毛毯 多带适合天气的备用衣物，包括袜子、手套和帽子，车上所有乘客都要照顾到，还有毛毯、睡袋、睡垫以及太阳毯或空毯。

餐具 餐具套装就是指袖珍型的锅碗。可以用来煮水热食或烹饪食物。

炉子和燃料 毋庸置疑，这是一个奢侈的选择，但如果你被困多时，它将大大增加你的幸存机会。

饮用水 确保水瓶有足够的空间，而且水不能装得过满，因为水结冰后会膨胀。

照明弹 最适合用来发求救信号，但必要时也可用于生火。这种东西一次可能带不了多少，所以只在确实需要的时候使用。

带备用电池的手电筒（小型，LED） 无需电池的曲柄手电筒也可以。有些手电筒甚至自带警报和手机充电器。尽量选择可兼容个人手机的型号。

我用卡车座椅泡沫和座椅带捆绑而成的雪地靴可能样子不好看，但它能保护我的脚不被冻伤。

包括军用份饭在内的食物 军用份饭（MRE）在大多数野营用品店和陆海军物资店均有出售。这种东西不会过期，而且自带热饭燃料。能量棒也是很好的选择，尽量选卡路里含量最高的。很多人还常常忽略盐分的重要性。带点备用盐或者富含碘元素的粉末状功能饮料，以补充电解质。

地图（当地） 常去地的地图一定要随身携带，出发到新的地方之前，还要把新目的地的地图加入工具包。

雪铲（可折叠款）和轮胎链 如果你住在佛罗里达，很可能用不上这两种东西，但哪怕是在多年不下雪的地方，反常的暴风雪有时也会让人丧命。当车子深陷雪中，你当然可以用手挖，但一把雪铲可以让你挖得更快、更轻松。轮胎链则能在天湿路滑的情况下帮到你。

油布 选择橙色的油布，因为颜色显眼，大小约为 2.5 米 ×2.7 米。

卫生纸 人们常常忽略这样东西，但卫生纸的用处其实不少——不仅是用来擦东西。你还可以把卫生纸塞进衣服，帮助保温，还能用作点火的引火物。

工具 包括螺丝刀、钳子、扳手、短柄斧和跨接电缆在内的有用工具。

第三章

求生的心理因素

你身陷困境，进退两难，很可能还是孤身一人。可能上一秒你所在的地方还是探险胜地，而此刻却成了生存梦魇。能否求生成功，你的下一部动作是关键。

不过荒野求生不仅关乎知识和技能，还需要清晰的头脑、理智的思考、强大的心理和积极的态度。求生需要永不放弃的生存意愿。

这种生存意愿来自积极的生活态度，是支撑你走下去、让你绝境逢生的力量所在，是你每天早上义无反顾从床上爬起来的动力。当你筋疲力尽时，是这种生存意愿让你坚持着继续迈动双脚。保持并强化这种生存意愿，将大大增加你求生成功的机会。一旦失去，你的成功与否就只能靠运气了。

尽管有些人看上去好像天生就具有这种绝处求生的性情，但生存意愿更多的是一种有意识的决定。我一定能熬过去！我会活下去！我会死里逃生！你可能做不到跟在家一般舒适惬意，但你可以尽量让自己舒服一些。你可能害怕一个人身处黑暗，但你可以生一堆火驱走恐惧；你可能饥肠辘辘，但你至少可以就地找出一两种能吃的东西。

许多讲述未曾接受多少训练的普通人却成功熬过艰难困境的故事，也体现出生存意愿的重要性。阿伦·拉斯顿的故事是我最喜欢的一个。阿伦是一位经验丰富的户外运动和登山爱好者，但几乎没经过任何生存训练。

2003 年在犹他州蓝约翰峡谷的一次漂流之旅中，他的手和前肢被压在一块大岩石的下面。

当时阿伦身边只有很少的水和食物，手掌和小臂又被压得粉碎，他用了五天时间试图移开或者凿烂那块让他动弹不得的巨石，却徒劳无功。值得庆幸的是，当时他意识到唯一可以让他再活着见到家人朋友的办法，就是折断前臂的两根骨头然后把前臂砍下来，而他确实这么做了。

在这场危机中，阿伦别无指望，只能靠自己。在他的《生死两难》这本书中，他生动地描述了当时所经历的过山车般的情感波动。归根结底，还是他那强烈的求生意愿拯救了他。我在想，到底能有多少人可以经受住这样的折磨呢？

不过，很多跟阿伦有着类似经历的人，最终却以悲剧收场。尽管他们掌握着更多荒野求生的知识，事情发生时却惊慌失措，遗憾而终。这并非他们的生存技能不够，而是他们在危急情况下丧失了理智思考的能力。如果能保持冷静奋力求生，几乎可以说任何求生困境都能成功度过。

你可以通过很多种方式来强化生存意愿，首先就是想想那些你愿意为之活下去的你爱的人。有些人面对巨大压力时会寻求精神和宗教的帮助，你或许可以从祈祷和冥想中获得安慰、自信和力量。针对幸存者的研究表明，目标能带给他们活下去的力量。譬如想要再一次看到所爱之人；想要报复某人；想要把自己经历之事告知他人。确定一个目标并不断想着它，是求生的巨大动力。

有一点需要弄清楚：身处求生绝境时，你所面对的压力几乎可以压垮世间意志最坚强之人。若你不曾未雨绸缪，这些压力可能让你犹豫不决地等着末日来临或者更糟糕的情况；让你惊慌失措好似疯子一般浪费宝贵的精力做一些无法增加生存机会的事情。生存考验跟生活一样，态度决定结果。若你一开始就认定自己会是牺牲者，那结局也会是这样。若你把自己想象成英雄，你便能成为英雄。

一位身体健全的女人曾跟我说，她知道自己绝不可能孤身在野外生存，事实上，如果真遇到那种情况，她会选择自杀。显然，她从一开始就被打败了。如果换种方式思考事情会好很多：即便遭遇困难，我知道自己也一定能撑过去。嘿，我会成为英雄，说不定还能把我的经历写出来出书呢！这就叫自信。

压力和压力源

生活中，我们大多数人都说过“压力好大啊”这种话。尽管现代社会压力重重，但这种压力的强烈程度还比不上独自求生时的感受。

尽管压力会让我们感到沉重，但有时也能成为动力。压力源能激发我们表现出最好的水平，让我们有机会不仅发挥出优势，同时还能改善不足。但压力是一把双刃剑，有好也有坏。太多的压力会让人消沉沮丧，这种不怎么健康的状态可能最终变成恐慌。

与我接下来会探讨的众多情绪一样，想要成功求生的关键在于勇敢面对和处理你可能遇到的压力源。这种压力源纷繁芜杂，变幻不定，包括伤痛、饥饿、缺水、恶劣环境、极冷或极热、缺乏应对知识、劳累，或消极的群体动力、无聊和沮丧、孤独和寂寞、失去控制的感觉，当然还有死亡。

上面这些因素都需要正视、面对，然后想办法克服。记住，当你为生命而作战时，你一定会希望自己是无所不能的。压力来临时，你没办法置之不理。生存困境中，不存在任何视而不见或耽搁拖延。

现在怎么办呢？分析情况和确定轻重缓急

你可能倍感压力，担忧恐惧，惊慌失措，烦躁不安，孤独寂寞，甚至可能丧失尊严。别担心，一切都会过去的。现在就让它过去。放松心情，告诉自己你拥有战胜这一切艰难的武器。不要太过关注那些无法控制的事情。

采取任何行动之前（假设你刚经历过千钧一发的险境），你需要先停下来。坐下来，深吸一口气，保持镇定。仔细评估情况和制订好应对计划之前，不要莽撞行动。愚蠢的错误一旦犯了，可能就无法再补救。也不要向制造恐慌的恐惧、自责和沮丧屈服。事情既然已经发生，再想也没有用。认清当下的处境，如果你想安然无恙的话就必须保持冷静和理智。

是的，头脑是你可以依赖的最重要工具。务必物尽其用！

通过知识减轻恐惧

首先要检查身体上的伤，并尽快处理伤口。处理好身体伤口后，评估周围的环境和具体的紧急情形。

- 是否有人知道你将去向哪里？
- 是否有人在等你？如果有，约定的是什么时间？
- 是否有可能靠一己之力走出困境，或者是否需要等待救援？
- 你是否有把握能走出去？
- 手头上有哪些东西可以支撑你的生存？

要回答最后一个问题，你得捋清身边有哪些东西有助于你的求生。可能是你携带的求生装备——比如帐篷、匕首和食物；或者是环境因素，比如靠近洞穴或湖泊。体力允许的话，可以把所有应急资源摊开在防水布或毯子上，直接倒在地上也没有关系，因为你需要在脑海里制订出接下来可行的求生计划。看着摊开在地的东西可能激发你的灵感，比如这些物品如何配合使用或者如何让资源发挥出最大作用。进行评估时，你需要用到工具包中最重要的一样东西：知识。

保持积极乐观的情绪对于求生至关重要，尤其是当你突然变成孤身一人时。把精力集中在思考你如何改善情况，你终会找到可以走下去的力量。

随着知识积累越来越多，你可以制订计划，巧妙而系统地解决当下需求。花一些时间评估情形和确定好事情的缓急轻重，有助于减轻你的压力和可能的负面情绪。当你把困境分解成一个个单独的阻碍或挑战时，可能就不会觉得那么糟糕和绝望了。

最坏的情形：我将冻死在这里。

不，等等。那座小山上有一间破旧的猎人小屋，里面还有炉子，周围有许多枯树。所以现在最坏的情形变成我将在这孤独终老，但至少我不会挨冻。

不，等等。家人知道，按照计划我两天之内一定会走出这里，他们也知道我来的是什么地方。所以最坏的情形是我会被困在这座小屋里几天。但这里有木头，我可以取雪加热融化成饮用水，所以我会平安度过的。

集中精力解决当下的问题，按部就班地完成计划事项，但如果计划行不通也要灵活变通。你可能需要即兴发挥，适应力和机灵地思考也是生存的关键。

说到在荒野中急中生智，你需要换一种眼光看待世界。不要用传统的眼光看待周围的一切，而要想着每一样东西可以如何帮到你。那棵树可能是一棵腐烂的桦树，把它的树皮剥下来，你可能就有了绝佳的屋顶木瓦。

有一次，我的妹妹劳拉和我在北安大略的原始湖中划船。我想要划到近岸边，因为岸上有河狸的房子、动物足迹、鸟儿。我们在森林里一个树木特别茂密的地方上了岸。对我而言，我觉得这种场景引人入胜，我想象着穿过树林，呼吸它的味道。然而我的白日梦被劳拉打破了，她说一想到自己可能一个人被困在这黑漆漆、阴森森的原始树林里，就觉得胆战心惊。当然，我跟她之间的差别在于我们的知识积累和经历都不同。当时的我已经有了一些求生知识，也曾在那样的森林里待过，甚至于把它们看作我的第二个家。

经过三天的求生学习之后，劳拉对这种地方的接受度也增加了不少。

把自己心里的想法大声说出来也很有帮助，无论是自言自语，还是对旁边的小动物诉说，抑或是对着草木岩石。把所处的窘境化为言语，有助于保持头脑清醒，让你更好地踏上求生之路。还记得《荒岛余生》这部电影吗？汤姆·汉克斯饰演的查克·诺兰德，把一只排球当作同伴，给它起名叫“威尔逊”，同它说话，诉说自己的心情，甚至一起商量决策。

下面这些是求生的心理关键：

- 保持求生意愿。
- 直面应对所处境况。
- 获取知识。
- 不拘一格，灵活机智。
- 听从本性。

轻重缓急

关于求生，我常被问到的一个问题是：“冷静下来之后，我首先该做什么？”不管遇到任何紧急情况，有几样东西是首先要关注的：避身所、水、火、食物、还有救援信号。但是很难说哪一样最重要，因为每次的情况都不一样。

就我而言，我会按照三分法来确定轻重缓急：

1. 紧急事件优先：面临求生，自然是情况紧急。但可能有些安全或健康问题迫在眉睫，立即想办法解决它们。有时候，天气因素也会造成很大的麻烦，那么关键就是要先搭一个临时的住所。

2. 救援信号：为什么把这一项排在第二？求生就意味着安然回家，所以越早越好。救援是重中之重，所以要尽量快地发送信号。

3. 做好长期求生的计划：做完前面两步之后，我会把接下来所有的事情归为长期求生一类。为什么这一项排在第三？我想，你肯定也不希望自己千辛万苦搭好了临时住所，采了一些香蒲当饭吃，猛然看到一架飞机从头顶飞过，这才意识到你原本可以被救，结果却因为没有提前生火吸引注意而错失良机吧。

无论你采取何种策略，只要你现实地面对救援并针对荒野生火制定合适的时间表，成功求生的机会便会大大增加。千万不要自欺欺人地告诉自己两天内一定能获救，而事实上你很可能需要在荒野中苦熬两个星期。老话说“抱最好的希望，做最坏的打算”，可谓至理名言，应当谨记。惊喜总比惊悲要容易接受得多。

对于求生境况的反应

对于荒野之中的紧急事件，你会如何反应？对于这个重要问题，每个人的答案都不同。因为你无法准确预测自己的反应。无需为自己的矛盾纠结感觉羞恼或自责！如果非得说的话，这些反应也只是反映出你是一个正常人，而人的本性也可以是求生工具。

长期来看，短暂地释放不良情绪甚至可能帮助到你。绝大多数成年男人（即便是男子气概爆棚的那种）都承认求生过程中的某个时刻也曾落泪。而他们事后全都表示，释放那些情绪让他们可以“清醒头脑”，重新鼓起勇气，继续坚持前行。有时候你可能只需要大喊几声或不再憋住眼泪，就可以从沮丧灰心变得意志坚决（我不能再这样自怜自艾）。

事实上，这些情绪可能一开始让人不安，其实可以促使你想办法改善处境。有些人可能会因为自己犯错导致身陷险境而感到遗憾，但他们会利用这种感觉，以及想要弥补错误的愿望（或许是因为想要重建好名声）——让自己重返安全。

在所有被证明有推动作用的情绪中，最强大的莫过于爱。只要心中眼中还有爱，你就一定会熬过去，再次回到配偶、孩子、家人和朋友身边。

惊慌

惊慌是一种常见却让人的能力大为削弱的反应，尤其是在刚陷入求生困境的早期。团体活动中惊慌更加危险，因为大家的情绪会互相传染，快速传播。

从生理学的角度来说，惊慌能加速身体的反应速度，可以算作一种推动性力量。但惊慌同时也会消耗大量能量，这也是为什么恐慌之后的人们感觉特别疲倦。

对于惊慌最常见的反应便是立刻并迅速逃开。所以你可能在丛林中横冲直撞，在沙漠中奔跑，动作激烈地在河中逆流而上，期待可以撞上你熟悉的某样东西。然而，这样的反应很危险，除非是出于安全原因你确实不得不马上逃离该地。

其实不应该马上逃跑，而是要停下来，冷静思考，分析观察，然后制订计划。知识就是力量。在你分析评估情况的同时，其实也就相当于给自己知识，以及掌握自己命运的力量。不要惊慌，因为它于事无补。

恐惧和焦虑

恐惧焦虑与惊慌关系紧密，但又有着明显的区别。跟惊慌不一样的是，恐惧忧虑感会像浪潮一般将人席卷，另外它需要更长一点的时间才会滋生出来。无论你多么坚强，在求生过程中总有那么一两下，你会感到恐惧和忧虑。

记住，恐惧是正常反应，如果控制得当还能起到正面作用——让人保持谨慎，以免因为粗心而导致受伤或犯错。可如果任由它摆布，你会发现自己几乎丧失所有的能力，无法完成求生所要求的事情。它会催使你在森林里漫无目的地乱跑，试图走出这噩梦。一定要努力不让恐惧变成恐慌。

焦虑其实有时也能起到正面推动作用，因为它会让人本能地有一种“纠正问题”的倾向。把精力集中在与生存有关的任务，能够一点点减少心中的焦虑，增加内心的平和感，减轻恐惧。

斯特劳德的小贴士

在求生境况中，下面这些症状更有可能是因为惊慌，而不是心脏病。只要你重新控制局面，这些情况便能得到改善：

- 晕眩
- 心率加快
- 手掌出汗
- 背痛和颈痛
- 头痛
- 颤抖
- 荨麻疹

就大多数身陷求生困境的人而言，恐惧往往是在夜晚袭来，漆黑的夜色笼罩，周围充斥着陌生而让人不安的声响。对于这种情况，我曾经用过的一个小诀窍就是提前准备。

天黑前的几小时中，我会花一点时间打量周围情形，想象黑暗来临后周围会是什么模样。入夜后，我意识到“我其实已经在这环境中待过，只不过现在天黑了而已”。这法子听上去很简单，但对我很管用，这样想之后我在黑暗中可以放松许多。

最重要的是，不要让恐惧和焦虑控制你。正视心中的恐惧忧虑——这不过是正常反应——但不要停留。不要让它们趁机钻入你的内心。你要认识到，随着你做出的每一番求生努力，这些恐惧和焦虑终将消失殆尽。勇敢不是基于无畏，而是可控范围内的恐惧。

愤怒和沮丧

我很幸运的一点是，从未被任何一种求生困境吓倒，但我并不敢声称从未有过愤怒和沮丧。这些情绪，总在我意识到自己犯错或没有提前做准备的时候袭来。每当感到愤怒或沮丧的时候，我会提醒自己退后一步重新思考，因为事情总会有别的解决办法。

向愤怒屈服的危险在于，它会让你爆发。你可能因为愤怒而折断树枝，可你的当务之急明明是要解决求生需求。这样大发脾气不仅浪费时间，也会浪费宝贵的能量，甚至让伤情加重。沮丧和愤怒会让人做出一些冲动反应、不理智的行为以及思考不周的决定。某些情况下，这些情绪甚至会让你举起双手大喊：“我不干了”！

应对这种情绪，跟我前面提到过的应对绝大多数不良情绪的方法一样：停下，冷静，保留身体和精神力量制定让自己走出困境的计划。

前面说过，有时候愤怒也有好处，当然前提是你能把愤怒控制在最低程度。愤怒可以强化求生意愿：你可能对让你陷入此困境的罪魁祸首感到愤怒，想要找他们讨回公道。比如美国早期一位为获取动物皮毛而专设陷阱的捕猎者休·格拉斯，在一次被灰熊袭击之后，他的同伴抛下了他。格拉斯怀着对抛下他的同伴的憎恨，瘸着脚走了 322 公里，最终走出了荒野。

幸存者的真实故事

保持冷静，方能得生

需要乃发明之母，此乃至理名言。只是来自卡尔加里的 13 岁少年乔纳森·克莱门特，在付出惨痛的代价后才悟出这一点。当他的父亲格里第一次带他踏上弓箭狩猎之旅时，他压根儿不知道父亲会经历那样可怕的意外——而全凭他的急中生智，才得以保住父亲的性命。

格里和乔纳森本是打算去亚伯达落基山脉的老人河探索源头，但探险才开始没多久，乔纳森却失手把箭射在了父亲的脚上。当格里低头望向自己的大腿时，只看到血如泉涌，“就跟恐怖电影里的那样。我知道‘箭’射中了我的主动脉，我会有大麻烦，但我的儿子，却几乎立刻进入了求生模式。”

尽管是由于乔纳森的鲁莽才导致父亲受伤，但他接下来的行动证明他是决意要弥补自己的错误的。看到父亲的脚血流如注后，乔纳森立刻脱下父亲脚上的一只袜子，结成临时的止血带帮助止血。当被问到他如何知道这样做时，乔纳森说他曾在电视上看过相关内容：“我之所以会这么做，是因为曾在电视上看过《幸存者》这个节目，里面的主人公常只身在野外数天。”我想乔纳森的父亲以前从没想到过，电视节目竟然能起到这么大的教育作用！

扎好止血带后，年轻的乔纳森帮助父亲走回营地，要知道营地与他们当时所在的位置隔着超过一英里的距离。回到皮卡车旁后，两个人刚松一口气，却没想到不幸再次降临。当时他们想开车出去寻找帮助，却没想到卡车底盘被石头卡住了，乔纳森和格里只能徒步走回营地。格里仍在大量出血，乔纳森只好小心翼翼地扶着他回到营地。

回营地没多久，格里便一头倒地晕厥了过去。自始至终，乔纳森都保持平静，尽管他心里确实很担心父亲的状况。“我知道如果能生一堆火，情况会好一些，”乔纳森回忆道，“我父亲当时感觉很冷，我倒还好。”

两个人在篝火边度过了煎熬的一晚，内心都在祈祷血能够流慢一点，或者能有人发现篝火的烟。父亲慢慢地开始打盹，乔纳森便每隔几分钟就睁开眼睛看看父亲的情况，“我是想确定他还在打鼾。”

第二天破晓，眼看没有任何救援，而父亲的情况却不断恶化，乔纳森只好独自去寻求帮助，他心里也知道要想出去就必须穿过野熊聚集的核心地带。但乔纳森顾不得危险，他徒步跋涉了超过三英里，终于遇到了其他的露营者，对方帮忙把他和父亲送到了医院。

乔纳森身处危境终因保持冷静沉着而获得帮助，这也表明求生并非是看谁的力气大，而是要保持头脑冷静清醒。格里·克莱门特，这位幸亏自己儿子判断力强而捡回一条命的父亲，自豪地表示他的儿子是“不折不扣的英雄”。

孤独、无聊和沮丧

有一个事实需要面对，当你孤身在荒野中，连续好多天什么事也不能做，你定然会感到特别无聊。人在无聊时容易往消极方面思考，从而导致心情沮丧。

人一旦感觉沮丧，便会开始放弃。所关注的重点也从改善当前境况转为让自己相信确实什么也不能做。这两种情绪状态，尤其是沮丧，它是潜伏在暗中的——一点点渗透进你的内心。再加上你很可能又饿又累，甚至于受伤恐惧，便很容易被这种沮丧绝望占据内心。不要放任，因为它会一点点蚕食你想要活下去的决心。

记住，在求生环境中感觉痛苦实属正常，尤其是最开始的几天。能否战胜这种痛苦，就看你的适应能力，以及能否做一些事情——任何事情——来改善境况了。即便只是给临时避身所的屋顶加一根大树枝，也动手去做吧。即便一天只是做一个捕猎陷阱，也不要犹豫。

做一些事情，可以防止负面想法的渗入，摆脱孤独、无聊和沮丧。总有一些新的、有帮助的事情是你可以做的，帮助改善状况。而且策划和完成每项任务都有助于摆脱单调无聊带给你的折磨。每获得一个小小成就，都能让你的心态好转一些。

尽管如此，但也要防止走向另一个极端，比如想要一下子干成所有事，这可能会让人承受不住。一步步慢慢来。夜晚，当你钻入小小的避身所，若旁边有火焰闪烁，你知道世界就在你触手可及之处，那会带给你令人惊喜的安定之感。把头和脸缩进大衣中，至少在那一瞬，你知道那便是独属于你的小世界。你掌控着它，而它是安全的。

内疚

在求生境况下，内疚自责也是一种常见的反应，尤其是有人意外丧生的时候。若同伴之中（或唯一的求生者）有人死于意外，剩下的人会无可避免地背上负罪感，因为觉得别人死了，而自己逃过一劫。这是很自然的想法。

但跟其他我描述过的情绪一样，内疚感只要加以控制引导，其实也有助于改善情况。它能刺激你更努力，或许上天让你死里逃生，是为了让你完成更大的任务。带着已死同伴的希冀继续活下去，或者把他们的故事讲给他们爱的人听。

人 VS 自然

有些人喜欢把荒野求生描述成人与自然之间的一场战争。还有一些人喜欢把大自然比作无所不知、仁慈亲切的母亲形象，只要你尊敬她爱护她，她便会眷顾你。倡导“天人合一”的也是这些人。往好里说，“天人合一”是老生常谈。而往坏里说，它会让你变得消极被动，让你陷入真正的麻烦。

几年前，我的妻子苏·贾米森和我在丛林之中生活了整整一年，我们完全按照500年前的方式生活：没有金属制品、没有火柴、没有塑料制品、没有尼龙。当我们打猎、捕鱼、寻找粮食，按照几百年前土著人的方式生活时，我们从未感觉与大自然合为一体。真正地身处荒野，根本不是那么回事。即便是在光景最好的时候，求生也是一个严峻的考验。要想在荒野之中生存下去，如果说有某样东西你可以依靠信赖，那便是你自己。

大自然是中立的。它不会帮你，也不会故意要夺走你的性命。但荒野之中也存在一种正面的力量，哪怕是最糟糕的求生困境下也能让你保持心情和精神的振奋，让你充满坚持下去的动力，完成你需要完成的那些任务。

求生并不是“人与自然”的较量，也不是所谓的“天人合一”。求生的关键在于在大自然中“顺势而为”。有时你需要在狂风暴雨中勇敢前行，有时你需要耐心等待暴风雨过去；有时要奋勇向前，有时要沉潜待发；有时要放空心情，有时要挺起胸膛面对所有困苦艰难。

不过有一点不要弄错：如果想要成功求生，一定要尊重、观察、聆听大自然，并时时把大自然放在心上。

团队求生与独自求生

结伴同行时，绝大多数情况下求生境况会相对好一些，群体动力往往在求生心理方面能带来更多好处。无论经历多大的磨难，你都可以从他人身上获得最重要的安慰。你也可以通过安慰团队中需要支持的人而获得自我价值感和自信。

当然，事情还有另一面。团队之中并非事事都好，恐慌往往也会如瘟疫一般互相传染，以燎原之火的速度迅速传播。

解决之道便是公认一位强大且有影响力的团队领袖。大多数团队并不会主动到真正选举一位领导，更常见的方式是自然而然形成。一位能力出众、自信优秀的领导能帮助团队成员克服恐惧和疑虑，让每个人都完成生存必需的任务。

第四章

信号

求生很具讽刺性的一点是，你做好所有荒野生存的计划和准备，其实真正的目的却是为了回家。求生导师可能会把求生过程浪漫化，教你很多很棒的甚至是相当高级的生存技巧，帮助你在偏远地区尽可能长时间地生活，但在真正的求生困境中你会感到恐惧、饥饿、疲惫和寒冷。你只想快一点摆脱这噩梦。而发送求生信号是帮助你平安回家的关键，宜早不宜迟。

关于求生的首要问题一直有诸多争论，我认为一旦解决了当下的安全之忧和住所问题，下一步就应该发送求救信号。因为你永远都不知道可能的救援者何时会出现，你需要尽快随时做好发送求救信号的准备。能很快获救自然是好，但事实上你可能要等上几个小时、几天，甚至几个星期，你给出的信号才可能被人发现。

信号的发送分两类：一类是有人经过时能肉眼看到或听到的目标信号，还有一类是给相距遥远的某人发送具体地点或状况信息的科技信号。

目标信号

目标信号是指那种需要目标对象（比如徒步或者乘坐飞机或轮船的

人）看到或听到才能发挥作用的信号。有些可以随时使用，有些需要自己动手制作。

如果你用的是视觉信号，希望能被经过的飞机看到，那就尽可能把信号放在地势最高、视野开阔的平坦区域。你需要明白，即便有飞机上的人发现了你，飞机也很可能不会马上降落。仔细看飞行员是否通过降低飞行高度、下扔信息、倾斜机翼或打闪光灯等方式告知你他已收到你的信号。

无论你做的是哪种信号装置，首先你要知道如何使用，并能随时在短时间内迅速发出信号。你可能只有几秒的反应时间，而一旦错过机会，你可能为此付出生命的代价。

即用型信号装置

即用型信号装置是荒野之中最方便使用的，因为每一种这样的装置都是某种技术创新的产物。你的求生工具套装中至少要有一种这样的装置。

信号镜　晴朗的日子，信号镜的反射光可以传到相隔 80 公里的地方。即便是阴天或月光皎洁的晚上，信号镜也可以用得上，只是覆盖范围小一点。

真正的信号镜中间有一个瞄准孔，但任何镜子或反射材料（比如一块锡纸）都可以用来瞄准目标。面朝目标伸出手臂，让一只手刚好位于目标的下方。另一只手拿着镜子放在靠近头部处，让反射光直接对准你的手。快速地上下倾斜镜子。这样一来，所有射程之内的飞机都将接收到镜子射出去的光，无论看起来相距多远。国际公认的 SOS 信号是三个短反射，然后是三个长反射，接着又是三个短反射。

一般来说，镜子越大反射的光就越多。相比其他材料的镜子，玻璃镜的反射效果最好，但最容易破裂；金属镜（包括不锈钢）容易刮擦，也容易生锈，尤其是在盐水环境中。

使用带观察孔的信号镜

1. 要有效地使用带观察孔的信号镜，镜子需要尽可能靠近你的脸。透过小孔，你可以看到明亮的光线

2. 调整光线，使其覆盖你的目标，让太阳光恰好反射到目标其上。

使用不带观察孔的信号镜

1. 面朝目标伸出手臂，手刚好位于目标下方。

2. 迅速上下倾斜镜子。

3. 如图将反射光直接对准你伸长的手。

化学品 高锰酸钾是一个典型例子，可以把高锰酸钾放入水中制成临时信号，或者放入雪地（把雪染成紫色）制作永久信号来发送求救信息。

化学灯 尽管有些公司针对野外求生生产了一些化学灯产品，但那些灯亮度通常不高，相隔一英里以上的距离就无法被发现。大弧度挥舞化学灯时最容易被发现。所有化学灯一旦接触空气，就会很快耗尽，使用寿命不长。

照明弹 照明弹是发送信号的一种有效方式，已在全世界范围内挽救过很多生命。不过，照明弹只能持续很短的时间，所以确保能被人看到之前不要轻易使用。

手电筒 手电筒的覆盖范围没有信号镜那么大，但工作方式一样，最适合晚上使用。注意不要浪费电池，除非有机会被人看到，不然把手电筒挂在树上晃荡一整晚也没多大意义。

激光照明弹 比手电筒更高级，激光照明弹可以发出更强、颜色更绚丽、更引人注目的光。激光照明弹的另一个好处则是袖珍便携和持续时间长。

自己动手做信号装置

如果你不幸手头上没有即用型信号装置，那也还有几个选择。这样做出来的信号装置跟即用型一样有效，只是需要更多努力，而且容易受变幻无常的环境影响。

烽火信号 烽火信号必须设在开阔的地方。时机重于一切，当有飞机飞过的刹那，烽火信号必须要就位。一旦点燃，确保你始终跟烽火信号处于一处，以免飞机驾驶员联系不上你。

白天，烽火信号最容易被发现的是燃起的烟雾，所以你肯定会希望手头上能有东西帮你制造尽可能多的烟雾。橡皮和塑料制品很有用（制造黑烟），未干的树枝、树干（绿色那种）也可以，可以烧出许多白烟。苔藓木或朽木也行。

如果可以，尽可能选择黑烟，因为黑烟不至于让人把其错当成篝火。不管怎样，在晴朗、无风的日子里，制造烟雾都是最有效的信号传递方式。

但风、雨、雪和乌云很可能吹散或阻挡烟雾，使得其被发现的几率大大降低。另外，到了晚上烟雾就没这么重要了，因为从上往下看火焰本身更容易被发现。

有些求生指南上说，准备三个烽火信号并将其排成三角形——公认的呼救信号，更容易吸引救援者的注意力。一次上冬日求生课的过程中，我试了一次。那天，终于等到一架飞机从头顶飞过，当时气温在 -40℃上下，我已经在荒野中苦撑了 7 天，所剩气力无多。

当听到飞机靠近，我只好把求生火中燃烧着的树皮抱着送到信号烽火中，而这两者之间隔着 55 米的距离，还是在结冰的湖上。三角形烽火的第一个点被点燃之后，我又必须跑 37 米到另外两个点中的一个，最后把三角形每个点都点燃。我的手冻僵了，奔跑时抱着的树皮几乎要熄灭，而且奔跑也耗尽我剩余的精力。

飞行员最终看到了我的信号烽火，降下飞机救了我。后来当我们都坐在了飞机中，我却被眼前的所见惊呆了，原来我做的那个自以为很大的三角形烽火信号，从空中往下看竟然是那么小。所以说，只生一堆足够大的火也能起到同样的作用，而且还能省下很多力气和柴火。

制作烽火信号

1. 要制作烽火信号，首先要用三棵树搭成三脚架。

2. 如果有多余的绳子，可以用绳子缠住三脚架的底部搭出一个平台。再往里面塞满干燥快燃的材料，比如桦树皮这种。最上面放容易产生浓烟的材料，比如湿苔藓、朽木、橡胶或塑料制品。

3. 在确信能有飞机看到的时候点火。

斯特劳德的小贴士

无人区飞行员告诉我，他们只要看到地面上有不同寻常的东西——无论是看起来像烽火信号，甚至只是某片开阔地区中间位置的一块平铺着的油布——他们都会放慢速度确认一下，不管那是类似三角形烽火信号那种“正式”的求救信号，还是 SOS 字母图形。即便是挂在树上的外套也可能救人一命。

树火炬 树火炬是烽火信号的一个变种，多半是通过点燃一棵树完成。尽管枯树最容易被引燃，但生命力旺盛的树也能被点燃，尤其是那种流着树液的树。纸皮桦树用来做树火炬就很好，因为这种树的树皮特别容易点燃。

要制作树火炬，先要把一些干枯木头放在树的下部，然后点燃。火焰自然上窜，便能引燃上面的树叶。制作树火炬的时候，要选择单株树，这样就不至于引起森林大火。

尽管烽火信号是最常见的一种自己动手做的信号，另外也还有别的日常物品可以用来制作求生信号，增大你被发现的机会。

衣服和破布 你可以通过穿着与周围环境形成对比的亮色衣物（荧光橘效果最好）来吸引他人的注意力。在排除被弄湿或被吹走的可能性的前提下，可以把多余的衣物悬挂在附近的树枝上。还可以在临时住所上挂一块亮颜色的布或一件衣服。

地面信号 制作地面信号时，要选一块容易被俯瞰者发现的开阔地带。记住，地面上的任何东西一旦从上往下看，便会缩小很多，所以大小是关键。总之，尽可能弄大一点。

求生工具包中的橙色垃圾袋用处很多，因为这种颜色与周围的土色形成鲜明对比，可以制作出绝佳的地面信号。你可以把橙色垃圾袋摊平放在可见度高的地方，用岩石压住四角以吸引过路飞机的注意。如果你没有这样的袋子，也可以试试用橙色的测量带、铝箔，或者任何亮色或反射度高的东西。SOS 或 HELP 是国际上公认的求救标志，但如果要在地面上拼出足够大的标志可能要费很大的工夫。如果你没有足够的材料或精力做这些，拼出一个大写的 V 或 X 也可以。

要是工具包中没有一样可以用来制作传统信号的东西，索性就地取材来吸引救援者的注意力吧。你可以用石头、原木、灌木、海草或树枝摆成字母或者箭头形状，或者任何显眼的标志。万一旁边没有任何用得上的东西，你还可以通过清除或烧毁树木或其他地面覆盖物来实现，甚至是踩雪。

车辆残骸信号 某些时候，跟你一块陷入求生困境的还包括交通工具（小汽车、雪车、飞机或木舟）。这些交通工具大而显眼，容易吸引过路者的注意力。如果你觉得救援很快就会来到，那就不要轻易离开这些交通工具。若是能把车子当成临时住所，那就更好了，一举两得。

除此之外，你也可以利用车辆的某些部分来吸引注意力，通过某种方式让其更加鲜艳。车灯和车喇叭也是吸引注意力的重要手段。

若是能卸下一个轮胎（或者有备用轮胎），你也可以把它加到你的烽火信号中。橡胶燃烧会产生浓重的黑烟。（烧轮胎自然不是最环保的选择，但关乎生死的事情，就顾不得这么多了。你的目标是要活下去，等到你安然逃过这一劫后再去献身环保也不迟。）

汽油和燃料用来制造浓烟也很好，尤其是用破布浸过之后再烧。

声音信号 尽管声频信号很难把求救信息传递给过路飞机，但用来通知地面救援者或过路行人却是很好的。即便你不确定是否有人在找你，尽可能弄出一些响动也不是什么坏事。

置身荒野，光靠你自己的声音是很难奏效的，因为人声传不了多远。这时候，若手边有一个求生口哨就再好不过了。选择更好的口哨商业款，即便相隔一英里以上也能听见。枪声也能传很远，不过子弹是留着防身还是用来传递信号，需要你自己来权衡。

斯特劳德的小贴士

无论你弄出何种响动，国际通用的遇险信号都是最有用的。不管你是把锅弄得叮当响，吹口哨，还是鸣笛，都要连响三次，这样别人一听到就会知道你需要帮助。

科技信号

目标信号需要一定范围内有人听到或者看到才能起到作用，而科技信号却能将你的信息传递到很远之外。如果说科技在求生境况中能起到的最大作用，那绝对是在传递信号这方面。移动手机、卫星电话收集、双向无线电设备、个人定位器等已拯救过不计其数的受困者。

EPIRBs（紧急无线电示位标），ELTs（应急定位发射器机），PLBs（个人定位器信标） 在一系列追踪发射器装置中，这些信标都是通过发射求救信号，让搜索救援人员快速定位你所在的位置。EPIRB 一般都是海难相关的求救信号，ELT 是空难相关，PLB 则可用作个人使用。

尽管这些装置背后的基本理念是在 24 小时内解救被困者，但往往现实并不是这样，尤其是在发展中国家。我曾经在伯利兹城的海滨制作过一部求生电影。我的帆船队长告诉我，事实上即便我发送定位信标，当地政府很可能也是无动于衷，他们甚至压根儿不知道那代表什么。他怂恿我发送我的个人定位信标，看结果会是怎样。我发送了，结果……真的什么反应也没有。

SPOT 卫星信使 这种卫星信使是近年来世界户外探险及求生领域最伟大的科技创新之一，最初是由 SPOT 公司发明。

SPOT 是一种手持式装置，既可以当作 PLB 一样的求生信号标，还能发挥其他更多的作用——主要是通过单向信息和邮件实现。SPOT 最多可以向 10 个预设联系人发送预设的求救信息（包含你精确的 GPS 位置）以寻求帮助，每位联系人都可以在电脑或手机上看到你所发送的信息。这样一来，大家便能知道你的具体位置（通过谷歌地图），也能让他们放心。凭借这一装置，你的朋友和家人甚至能利用谷歌地图实时追踪你的行程。不过千钧一发的时刻，记得按下“911”键，以便通知当地搜索救援队你需要帮助。

移动电话和卫星电话 移动电话可以传送包含位置的信息，即便你所处的区域没有通讯信号——所以手机尽可能随身携带。短信的覆盖范围比电话更大，因为两者需要的通讯讯号是不同的。

很多年前，卫星电话相当笨重，重量可达一吨，覆盖范围也不大。不过随着技术革新，现在的卫星电话变得更价廉物美，体积也更小巧。它的缺点就是电池寿命有限。

斯特劳德的小贴士

当下，最好的定位装备便是 SPOT 卫星信使和卫星电话。有了这两样，发送信息你就不用担心对方会收不到。而如果选择别的通讯方式，你就只能在内心祈祷有人能收到你的信息了。

行进中

若你决意要尽快摆脱危险，很重要的一点便是要尽可能详细地告知潜在救援者更多有关你行程的信息。如果你身上有纸笔，可以在某个安全、干燥、显眼的地方留下字条。这样别人就能知道你是何时离开、你去往的方向、你前行的方式（坐船或是走路）、你的身体状况、一行多少人、身边有哪些物资。你还应该用箭头标示出你走的方向，或者用石头和树枝垒在地上当作信号指示方向，又或者用小刀在树干上刻出方向标志。

救援来到时

若你发出的求救信号真的发挥作用了，你接下来又该做些什么？你可不要期待事情那么凑巧，你刚好就能在开阔空地上。

如果前来援救的是轻型飞机或直升机，请尽量清除降落地周围所有能清除的东西，以防飞机螺旋桨或旋翼被卡住。有时候直升机可能没办法在你被困的地方降落，所以可能需要借助工具将你从地面吊起。无论何种情况，一切都按照救援者的指示行事。

集体求生和独自求生

身处集体的一个好处便是有更多双锐利的眼睛和耳朵来发现可能被救援的机会，人越多也越能吸引救援者的注意力。人多力量大，团队也可以搭建更大更显眼的求生信号，必要的时候，可以摊出一块超大区域。

与求生的其他方面一样，关于制作求生信号最重要的还是适应能力和独创能力。有些被困者急中生智，选择切断或烧断水管。这样水电工人便会循迹来修，而迷失受困的人也随之被找到。

不得已的情况下，可以在一个小岛上放火求助。如果是我，只要这样做能够让我再次见到家人，我会毫不犹豫地去做。

第五章
水

没有火，没有避身所，没有食物。除非是在最极端的情况下，一般来说缺少这些并不会要了你的命——至少短时间内不会。真正严峻的情况是缺水。尽管找到柴火充足、能安营扎寨、不缺食物的地方一直也是我的目标，但我情愿用所有这些换得不会枯竭的干净水源。任何时候都要尽量留存现有的水资源，然后尽快寻找可替代的水源。

没有食物，人还可以活 3 个星期以上，但如果没有水，很可能 3 天都撑不了。就算危急时刻某些人在没有水的情况下得以幸存 10 天，但他们的身体机能在缺水三天之后就会急剧下降。由于每个人自身条件的不同，有些人在 24 小时内就开始受到脱水所带来的严酷折磨，尤其是在沙漠这种炎热、干燥又多风的地方。先是偏头痛，慢慢变成剧烈的头痛，接着便会感觉到精力急剧下降。这种情况下，你还怎么去生火、搭建住所，或者布置一堆抓捕蝎子的陷阱？

有一次在卡拉哈迪沙漠刚熬了 24 小时，身体的缺水就让我头痛欲裂。到第 5 天的时候，太阳底下沙地的温度直接飙到 60℃，我的水也所剩无几。在那 5 天中，我只排过一次尿，那还是在前 4 天每天都喝大约 4 升水的情况下。到第 5 天和第 6 天，我通过咀嚼植物和蒸馏自己的尿液得来的几盎司水压根儿就满足不了身体的需求。就连进食植物这个行为本身，便耗尽了我身体中用来消化的水分。在极端燥热的天气中进行咀嚼，足以耗尽我所剩无几的能量。有时候什么都不做，反而好过做一些无用之事。

幸运的是，我最终走出了沙漠。但万一没走出来呢？我们的身体每天需要 2 到 3 升的水。处于炎热、寒冷、压力、劳累或者腹泻的状态下，将会需要更多水。要想在野外成功生存就必须知道如何寻找水、如何制造水，甚至包括如何防止身体失水。

关于水（假设足够幸运能找到水），人们关心的一件事是它是否干净能喝。大家甚至不确定到底要不要喝那水，担心万一喝错了会生病。这一点我接下来会详细阐述，但现在只需要记住这句话就好了：喝，喝，喝。相比饮用未经处理的水，身体脱水会让你死得更快。事实上，因饮用未经处理的水而丧命的几率微乎其微。即便真的发生寄生虫感染，大多数情况都要等至少一星期或者更久才会发作。只要能成功保住命，绝大多数病都可以后续治好（尽管需要强大的药物）。

斯特劳德的小贴士

不慎饮用情况不明的水后，可以碾碎一些木炭用布包着。然后用木炭布包滤水，饮用滤过木炭之后的黑色液体。这可以防止腹痛腹胀。当然，要确保所使用的木炭取自无毒树木！

一般来说，偏远地区的水一般都是安全的。可是如果水源刚好位于非洲村庄下游或者位于城镇化粪池系统的外围，你很可能会因此感染病菌。不过话说回来，如果你离人群聚居区那么近，那也就压根儿谈不上求生困境了！我自己就曾感染过贾第虫，那是一种会大肆破坏人体内脏的寄生虫，而我之所以被其感染就是因为喝了一个看上去像是干净的湖水。有一次喝了看似干净的河水也造成我严重肠痉挛。不过我终究还是活了下来，现在才能讲这些故事。我也没有死于脱水。

刚好我也特别喜欢冒险比赛，这种比赛持续时间从 8 小时到两周不等，参赛者可以骑单车、跑步、划船，或采取其他许多探险方式穿越荒野。第一个穿过终点线的人，即便晚了一周，也依然算作赢家。每一次参赛，主办方都会警告所有参赛者切勿饮用沿途未经处理的水，以免被贾第虫感染。

比赛的第一段便是要在蚊虫高发季节跋涉穿过长达数英里的茂密丛

林，气温可达 30℃。领头者需要 24 小时的时间完成这一阶段，而别的团队，包括我所在的团队，所需时间差不多是其两倍。

到达赛段的第一个检查站，你可以休息停留，查看时间，甚至补充一点食物。绝大部分团队都是神情狼狈，干呕不止。不过，我的团队不会。这是为什么呢？因为经过每一条水域、河流或者沼泽地——即便是泥泞不堪的那种——我都会强迫我自己和我的队员喝一两口水，因为我知道不这样做的话，某些极端条件下我们很快就会因为脱水而倒下。所以当我们终于抵达第一个检查站（即便我们是最后一个到达），我们的身体和精神状况都是所有队伍中保持得最好的。

看起来其他的队伍都很害怕饮用未经处理的水，而他们又都不想花 15 分钟时间处理水，以免在比赛中被人抢得先机。所以他们拼命向前，备受脱水症状的折磨。而我的团队不仅感觉良好，也没有任何一个人出现恶心生病的症状，即便我们喝了那么多未经过滤的溪水和沼泽水。

有句话说，关于水，永远不能绅士。很可能你喝了污染水，几个小时之内便上吐下泻，疼痛难忍，让你备受煎熬。最好的办法就是假定所有水都是被污染过的，有条件的前提下尽可能地多净化水。

不过要是只能在饮用未经处理的水和脱水而死这两者之间选择，那还是选择喝吧。

体内水的配给和保护

学会储存体内水是和寻找水源同等重要的能力。最好的办法，就是尽可能地降低消耗。明白这一点之后，我的朋友戴夫·阿拉玛曾教给我一个简单原则：能坐着的时候绝不站着，能躺着的时候绝不坐着。而且人在说话的时候也会消耗体内一定水量，用嘴呼吸比用鼻子呼吸消耗的水分更多。

当然，求生过程境中你可能要搭建避身所、采集食物、寻找水源，或者想办法逃脱，没有办法坐在那里一动不动。不过，你还是可以采取一些措施把身体的耗水量控制在最低。

首先，即便你没法不工作，也要确保工作强度不要太大，以减少流汗。毕竟，出汗是身体用来散热的一种主要方式，而你身体的水分也会从毛孔蒸发出去。炎热多风的条件下，你可能很想脱掉身上的衣服，只留最基本的贴身衣物。千万别这么做！让身体水分散失最快的便是对流：暖热的微风只会加重你身体的失水。所以你可以穿一件宽松的上衣来延缓这一过程，尽量避免风吹。身体的很多水分是从头部流失的，所以遮住头部可以延缓身体水分的流失，只要保证头部不至于过热就行。

那么如何分配手头上的水呢？跟本书涉及的很多话题一样，很多求生者对于这一点也是众说纷纭。我们假定你手头上的水足够喝一周，每天能喝上 237 毫升的水，但估计你可能得在荒野中独自生活两周。你有几个选择：把水在一周内喝完，祈祷能在这一周内找到新的主要水源，或者将每天的水摄入量减少至 118 毫升，勉强撑过两周。

有些求生者认为最好还是每天喝够 237 毫升的水，这样就能保证身体不缺水。但我觉得如果真的被困多时，又无法找到充足的水源，如果每天还能有 118 毫升的水，不管从身体还是心理层面来说都是一个动力。尽管我无法证明从身体角度来说，这是最好的策略，但就我个人而言我会选择这样来分配。

斯特劳德的小贴士

万一陷入求生困境，确保你身边有足够的水。确保团队中所有人都带了足够的水。这两条一定要切记再切记。

生理学

水对于人体到底有多重要？这么说吧，我们每个人每天至少需要摄入 4 升的水，即便是坐在荫凉底下什么也不做，就算是呼吸这种正常的生理过程也会持续消耗身体水分。突然陷入荒野求生环境承受超负荷的压力时，身体会出现极端状态，如流汗、呕吐、腹泻、受伤后流血不止，你会发现身体变得越来越糟。就连消化，尤其是吃那些甜的或辣的食物，以及盐分高或蛋白质含量高的食物，也会耗尽身体中珍贵的水分。

我看过很多描述，脱水而死是一个特别恐怖且痛苦的过程。事实上，身体水分每减少 1%，身体和精神就会因此而受到百倍负面影响。除了我前面提到过的头痛之外，恶心、判断不清、情绪沮丧也都是脱水的症状，这些症状即便放在平时你也难以应付，更何况是在荒野之中绝望求生的情况下。

口渴并不是身体是否需要水的标志，当你的身体需要更多水时，你可能并不会察觉。有一次炎热天气中我被困加拿大的北方针叶林，我强迫自己每个小时都要喝 237 毫升的水，无论是否感觉口渴。这个简单的动作让我一直得以保持清醒，甚至帮助我缓解腹中的饥饿感，因为当时我身上只有很少的食物。是的，我依然感觉饥饿，但持续定期饮水，有助于缓解饥饿带给我的煎熬。

所以求生情况下，每天限定一个时间饮水，尤其是在冬天（你可能并没有想主动喝水的想法），这将帮助你摆脱精神不集中的困扰，因为精神不集中本身就是脱水的另一个症状。如果陷入困境的并不止你一人，那你还要负责照顾团队中其他的人。地下潜水者常用的两人同行制也应用在这种求生情境中。观察彼此，看是否皮肤泛红，是否流汗过多，这两者都是身体过热的表现。被脱水困扰的人通常行动缓慢笨拙或者畏畏缩缩，判断力不好（我肯定有很多患了慢性脱水症的朋友）。除此之外也可以用下面这种方法进行简单测试：捏手背的皮肤。如果被捏的皮肤复原很慢，也就是说，没有立即恢复原状，那就证明这个人已经开始脱水。另一个办法就是观察尿液的颜色。深黄色的尿液也预示着身体脱水。如果你压根儿就没有尿意，那只能证明喝的水不够。

有些求生指南上会分轻度脱水、中度脱水、重度脱水这几种情况。无需桎梏于这些文辞表达。脱水能让人快速死亡，所以防止身体脱水一定是重中之重。

找水和采水

无论身处何处，务必记住一点：任何环境都储有一定量的水。求生能力很大程度上就取决于找水和采水的能力。越会寻找水源附近的指示物，就越能保障自身安全。

我把找水和采水的方法分开来讲，一种叫做寻找主水源，还有一种叫做退而求其次的水源。人类身体维持精力旺盛所需要的水量远不是靠舔叶子上的露珠或靠尿液和稀释冷凝水就能满足的。如果你想活着离开荒野，你就必须要找到主要水源。

寻找主水源

最佳的主水源必然是那种流动的水，这就包括大河、溪流、水湾。如果找不到这些，也可以转换目标寻找相对沉滞的水体，湖泊和池塘是次选的主水源，再接着还可以有沼泽、湿地、泥塘，等等。积雪、污水和冰块也是水的主要来源。

要找到主水源，最好的办法就是研究所在地的地形。你先要了解周边与水有关的各种指示物，并采取相应对策。

观察你所找到的水源。仔细察看海岸线或检查上游水，看是否有动物尸体造成的污染。水源的海拔越高（比如高山溪流），水质就越纯净。不过你也得知道，即便是最甘甜可口、看似干净澄澈的高山小溪，在其上游也有可能存在你所看不到的污染物。

往山下走 不同地域之间总存在一些微妙差别，不过考虑重力的影响，往山下走寻找水源是一种较为有效的办法。

观察植被的变化 注意植被的变化，因为这种变化可能指示出水源的所在地。如果你看到某片区域的植被相比周围颜色更深且更加茂密，那很有可能植被下面就有水源，尽管你可能需要动手挖才能挖到。

观察天象 求生环境中我常用的一个小诀窍就是仔细观察天空颜色的变化（不过这需要眼力过人）。一般来说，水源正上方的天空看起来会比别处的更蓝一些。再有，清晨由于湿度和温度差异，低沉云团和浓雾一般都会聚集在水体的正上方。

跟随动物足迹 动物的存活也需要水，而循着它们留下的痕迹，可能帮你找到救命的水源。如果你看到很多大型动物的踪迹，很可能附近就有一片水脉（比如地形图上的水系河道网）。河道汇合形成 V 字形，V 形的一角便能指示出水源的方向。不过也得警惕，有时候跟着动物足迹也有可能让你一无所获。

跟随鸟儿踪迹 鸟儿多在水域旁聚集，清晨或午后成群鸟儿飞去的方向很可能就是水源所在的方向。吃谷物的鸟儿绝不会离水源太远，当它们以较低高度径直飞行时，一般来说都是飞向水源。不过这些迹象并不能百分百确保一定能让你找到水源。

还有一点你要知道的是，绝大部分野生动物在哪里喝水，就会在哪里排泄。所以即便你找到了主要水源，也要与有野兽踪迹的地方拉开几百米的距离再取水，最好是在其上游取水。贾第虫一般潜伏在湖泊表面附近，所以如果你手上有水桶可以挖到湖中深处的水，喝到纯净水的可能性就会大大增加。用绳子系着罐子和瓶子从湖中取水也是一个很好的办法。一旦确定桶中装满了深处的水，就迅速将桶拉出，以降低表面水渗入的机会。

跟随昆虫痕迹 若你看到昆虫（尤其是蜜蜂或蚂蚁）成群结队地钻进树洞，那很可能洞中是有水的。塑料管可以用来吸水，或者把布塞进洞中吸水。当看到昆虫成群结队出现，那也代表水源很可能就在附近。蜜蜂的活动区域绝不会超出水源的几英里范围，尽管蜜蜂的饮水时间不定。

利用冰、雪和污水 若你想在世界的某个偏远角落或者在冰雪季节存活下去，其实水源就在你身边，尤其是当你能够生起火来的时候。不过，很多不同求生策略对取食雪、冰、污水持争议态度，但我不理会这种矫情。

很多所谓的求生导师会告诉你应该避免吃雪，很大程度上是因为雪会降低身体温度，而这将进一步消耗你身体中宝贵的热量。这一点没错，但考虑到水对于求生的重要性，我的态度截然相反。吃雪或者吃冰的确会让身体温度降低，甚至造成口腔内部一些小伤口。但如果清晨，你确保生存状态的其他方面正常时，吃雪其实能帮助你保持最佳的身体温度。事实上，你真的很需要那点液体补充。

不过，天色较晚时吃冰或者吃雪就要小心了，尤其是当你疲惫不堪、天色渐凉时。身体抵抗力下降时吃雪，弊大于利。这一条不仅适用于寒冷冬季，也适用于料峭春天——任何有冰雪可吃的季节。

最理想的是能够融化冰雪，或者饮用前先加热一下。如果没办法生火，我也会用瓶子装一瓶雪（也可以用类似的桶，甚至是密封塑料袋来装），白天放入衣服里面取暖或者晚上塞入睡袋（不触碰身体）。冰雪消融最开始的时候耗时较长，不过一旦开始消融了，后面就会快很多。如果能整晚捂着冰雪而不至于把自己冻醒，那便是最好的，因为第二天一醒来就可以喝到融化了的雪水。

雪水（或者雨水）中的盐和矿物质含量都很低，这是我们人体需要的两种元素。不过从长远考虑，这并不足以影响饮用雪水的决定，毕竟远水解不了近渴，先活下去最重要。你也可以加一些可食用的植物和草在融化的雪水中，帮助补充缺少的营养素。

退而求其次的水源

当你费尽千辛万苦寻找主要水源结果却徒劳无功，那你就需要把目光投向退而求其次的水源了，这不能保证你饮水无忧，但至少可以暂时保住你的命。

收集雨水 我们大部分人都对酸雨的危害有所耳闻，但在生死面前也顾不得这么多了，你可以直接饮用任何地方的雨水。要储存足够支撑你走下去的雨水，你需要弄出一块面积尽可能大的集水区，并用某种容器储水。若手边没有合适的容器，那就直接在地上挖一个洞。这也能把水留住一段时间，不过你还需要用黏土、塑料或者其他防渗透的材料给储水洞封边并将其覆盖。

采集露水 众所周知，重露可以为荒野求生者提供水源，获取露水的方法也有很多。

若你的周围草木葱郁，清晨有很多露水，你可以像澳大利亚土著那样，在脚踝上系一碎布或草叶，走过露水覆盖的地方。等到碎布或草叶吸够了露水，你便可以把水都挤到容器之中。千万不要低估这个办法！由此获取的水量将超出你的想象。若你所在的地方没有长草，便只有叶子能提供露水了，你可以用舌头舔。不过这样做存在一个巨大的风险：有些草叶含油或毒素，可能加重缺水情况或者导致腹泻，以至于让你的身体状况更加恶化。

斯特劳德的小贴士

我的朋友兼求生同伴艾伦·比彻姆有几种独特的高效集水方法：利用苔藓杯收集大量雨水。步骤是这样：割下一块方形的绿色苔藓，使苔藓面朝上放到地上，或者最好是放在平坦的石头上。然后用石头和泥巴滚捏苔藓块的边缘，直到捏成方形的苔藓“杯”。单块苔藓成杯是最好的，这样可以保留绝大部分水。你还可以取一些朽木，入夜后露天放到地上。第二天醒来你就会看到原本干枯的木头沾满了露水。接下来你只要拿起木头，把水捏出来就可以了。

制作植物蒸馏器 植物蒸馏可以在世界任何一个角落进行，而且只需要几样简单的材料，尽管收集水的过程确实需要耐心。要获得 1 升水可能需要 24 小时，这还是在理想条件下。

要进行蒸馏，你将需要从树上、草丛中、灌木丛，或者草地采摘一些绿叶植物，加一个干净的塑料袋和一块小石头。选择带坡度的向阳地带，然后把蒸馏器放到坡上，按照下面步骤操作：

1. 迎风打开塑料袋使其灌满空气或者把空气“捞入”袋中。
2. 去掉任何可能刺穿塑料袋的棍子或尖锐物，在袋中装三分之一的植物（或者把袋子系在树枝的末端）。切勿使用有毒植物，否则蒸馏出来的将是有毒液体。
3. 在塑料袋中放一块小石头增加重量。
4. 若手头上有小管子、麦秆或者空心芦苇秆，封住之前将其一端插入袋口（记得要在管子处打结系紧，以免空气逸出）。这样一来，你无需解开袋子也可以喝到冷凝水。然后再尽可能系紧袋子，确保塑料袋的空气含

如果你没有办法找到植物放入袋中，可以把袋子系在树枝上，然后将树枝上的树叶罩在里头。只要保证所选的地方有阳光照射就可以。如果选的树刚好有毒，那么蒸馏出来的水也会有毒。所以行动之前一定要确认所选树木不含毒素，切勿莽撞冒险。

量达到最大是操作的关键。

5. 阳光明媚的时候把塑料袋置于斜坡上（小石头不要取出），防止塑料袋滑落或被风吹走，也要防止水滴入最低处。

6. 饮水：如果你没有管子从蒸馏器中吸取冷凝水，那就微微松动袋口把水倒出来，然后再重新系紧袋口，继续冷凝蒸馏。

7. 植物中的绝大多数水都被蒸馏出之后，可以换新的植物进去，以确保水的稳定供应。

制作太阳能蒸馏器 我一直都对那种需要挖洞的求生技能心存怀疑。不过，太阳能蒸馏确实是获得水的一种有效方法，尤其是在沙漠这种特别干燥的地方。但如果要制作太阳能蒸馏器，你需要四个元素：阳光充足的地方、可以存水的容器、大小约 5 平方米的干净塑料纸，再在塑料纸上面压一些重物。除此之外你还需要挖一个地洞，所以铁铲或者泥铲都将被派上用场。

若你手边刚好有水桶这样的容器，那不挖洞也可以制作出太阳能蒸馏器。有一次我被困在伯利兹城海岸的一个热带小岛上求生，我便用制作救生筏剩下的大塑料容器制作了蒸馏器，省去我挖洞的麻烦。

太阳能蒸馏器需要几个小时（甚至更久）才能做好，而集水量并不会特别高。你能得到多少水主要取决于环境温度、你选择的植物类型以及太阳的直射强度。根据土壤或沙地的湿度不同，这样的太阳能蒸馏装置可以蒸馏出足够两到四天的水量，而且蒸馏过程中必须不时移动。不过，太阳能蒸馏的另一个好处就是，装置的外围也可以用来收集露水或雨水。你可能需要至少三个太阳能装置才能满足日常消耗所需。

下面是搭建太阳能蒸馏装置的步骤：

1. 选择一个阳光充足、土壤含水量高的地方。所选地越低越潮湿就越好。

2. 挖出一个直径约 1 米、深约 5 米的碗状的坑。

3. 如果可以的话，在坑中放满无毒植物，将盐水、细菌污染水或尿液沿坑壁倒入。

4. 在坑底放个收集容器（口越宽越好），容器最好固定在一个小洞里，不让污水、盐水或尿液进入容器（杯子）。

5. 若你幸运地拥有吸水管（或者你可以用现有的材料制作一根），可将其插入容器，然后把水引上来。有了吸管，你就可以走到装置处，直接饮水。

6. 用塑料薄膜盖住洞，一定要用石头或其他较重的东西压住塑料薄膜的四周，中间位置再放一块小石头或别的东西压住，确保塑料薄膜的最低点位于容器的正上方。

太阳能蒸馏器背后的理念是，太阳能能穿透塑料薄膜加热土坑中的空气、土壤及植被（如果有的话）。土壤中的水分——土壤一定含有水分——随之蒸发并在塑料薄膜的最低点凝结。加入的树叶、青草、或海草等植物（无毒）帮助加速这一过程，因为太阳能蒸馏器还能起到净化水的作用，塑料薄膜内侧蒸发凝结出来的水便可以直接饮用。

打造太阳能蒸馏器

1. 退而求其次的制水方法，通过太阳能蒸馏器可以制造和净化足够多的水，支撑你一段时间。把集水容器放在地坑中间，地坑的四周放满植物草木。

2. 在地坑的顶部罩一层塑料薄膜，集水容器上方位置放一块石头。植物蒸发凝结出来的水便会滴入塑料膜下方的容器中。

植物取水

卡拉哈迪沙漠的布须曼人一生与超高温相伴。在适应这种严酷天气的过程中，他们掌握了从植物中获取水的方法。布须曼人可以跋涉很远的距离，沿途寻找植物根茎，将其切成小段然后捣碎。植物根茎中挤出的水，帮助他们恢复元气。

布须曼人知道，有植物的地方就一定有水。不过大多数情况下，这个过程极其缓慢，而且获得的水仅够润湿嘴唇。而且，对于你我这些普通人来说，要想认出并找到含有水的植物根茎或植物，必须要有当地向导的指引才行。即便如此，找到这种植物的可能性还是微乎其微，对大部分人来说并不值得付出如此努力。

尽管我心里对依赖植物获取活命的水这件事有些犹疑，但总归也有几样植物是例外。比如绿色的竹子就是获取干净无毒水的绝佳途径。只需掰弯绿竹的茎秆，用绳子固定住，然后切下最上面一节。到了晚上，水便会自动从竹子杆中流到早已放好的容器里。

如果碰到腐坏的桦树，可以把里头湿润、腐坏的木头抽出来，用双手使劲儿捏挤，这样也可以挤出水来。香蕉树或芭蕉树也可以提供水——如果你有合适的工具可以将其砍断的话。把香蕉树砍倒之后，留一个约 30 厘米高的小木桩。从木桩中间刨出一个碗状的凹口，接着树根中的水便会自动溢出灌满这个空心凹口。最开始流出来的水会很苦，但过了前面几回，后面的水就可以喝了。这样一根木桩可以提供数天的水量。

藤蔓也是获取水的很好来源，如果你能正确识别的话（毒葛和月籽藤都有毒，且不止热带丛林有）。我个人曾在美国佐治亚州的沼泽地经历过一个星期的求生，当时在那里找到的一种水藤是我见过的含水量最高的。

要获得藤蔓中的水，需要在你能触及的藤蔓最高处划开一道口子。一定要先划上面，如果你是从底部划第一刀，水会因毛细管作用而向上运动。下一步，在靠近地面的位置切断藤蔓，用一个容器接住藤蔓滴出来的液体或者直接滴进口中。那次在佐治亚州的沼泽地时，我割开藤蔓的一端，任其把水滴入罐中，足足滴了几个小时，最后我获得了又新鲜又干净的水（不过里面还有几只游泳的蚂蚁）。

有些植物还可以充当天然的容器，比如北安大略的瓶子草，可以用其杯状的开口接水。不过说一千道一万，还是得你实地进行辨认植物的学习，确保所选植物是没有毒的。

青椰子中的椰奶也可以提供身体所需的液体，只不过不是水而已。依靠成熟椰子的椰奶，你可以存活一段时日，不过你要知道椰子含有一种轻泻作用的油。我曾在两个不同的热带地方，主要依靠椰子水和雨水撑了足足一个星期，而且身体没有任何不良反应。

下面这些树（大部分都是热带树木）也可以提供水：

- 棕榈树，比如布利棕榈、椰树、糖椰子树、棕榈藤等都含有可饮用的甘甜液体。只要你在棕榈树较低处的扇叶弄出一道口子，然后将其拽下，它便会在切口处渗出液体。你可以每隔 12 小时便重新割一道口，从而持续获得补液。
- 猴面包树，可见于北澳大利亚和非洲的多沙平原，潮湿季节时这种树会用瓶子状的树干拼命储水。即便天气干旱了好几周，有时你还是能在这种树上找到水。
- 芭蕉科一些树木 V 形叶柄底部靠近树干的地方最多可以储存 2 升的水。

挖井取水

还记得小时候你在海滩上挖一个很深的沙坑，到最后总会有水从地下渗出灌进沙坑中吗？其实，求生环境下你也可以用同样的办法来获取干净的水。（不过要是你决定要费劲儿挖坑，手头上也有必要的工具，做一个太阳能蒸馏装置会更好。）

我曾在很多地方都挖过坑取水，经常都是徒劳无功，但在南非北部的平原和森林地带成功过一次。当时，我发现了一个被野猪排泄物污染的泥水坑。于是我往泥水坑的下游走了一段，在松软的沙地上刨了一个小坑。没过多久，坑里的水就满溢了——尽管是泥水，但里面没有动物粪便和细菌的污染。

你挖的坑要够深，这样水才能渗入。水涌出的速度取决于坑的深度以及土壤中水的集中度。一旦有水开始渗出，你可以用一块布吸收那些水，然后拧一拧手上的布将水滴入嘴巴或者容器。你或许还可以在下列这种地方找到水：

- 有绿色植物的地方。
- 表面湿润的地方。
- 山谷和其他低洼地带。
- 干河床凹型河岸的底部。
- 悬崖或露岩的底部。
- 干涸的沙漠湖第一座沙丘后面的第一块洼地。

岩石取水

不，这不是印刷错误！不管你相不相信，岩石确实是很好的水源（尽

挖开这样的河床，或许能找到水。

一次风暴，沧海桑田！原本极其干燥的河床突然涌出水流，好似遥远的地方下了一场雨。

管不够持续），即便是在沙漠这种极度干燥的地区也是一样。洼地、地坑或者岩石裂缝都可能在下雨时留住一定量的水。只需任意一种软管，就可以把这种难以触及的地方的水吸出来。有些多孔岩石甚至能跟海绵一样，在雨季不停地吸水。你可以把活动管插入岩石缝隙或石洞中，从而把水弄出来。不过你要记住，该地的啮齿类动物很可能也是从那儿喝水——它们甚至很有可能在水里面或者附近排泄。所以如果可以把水取出然后烧开，就再好不过了。清晨用草叶或者衣服沾上一层石头上的露水，也是一种从岩石上取水的方法。

动物取水

鱼的身上通常都有可以喝的液体，尽管你需要很谨慎才行。尤其是大鱼的脊柱周围一般都储有水。不过，你肯定不想混着鱼肉一起吃，因为鱼肉富含蛋白质，蛋白质将会消耗（而非补充）体内的水。

其实，动物的眼珠一般都含水，尽管看起来有点恶心。你可以在动物眼珠上划一道口子，然后吸吮里面的液体。

尿液取水

这大概是求生话题中最具争议性的一个了。

有些人特别倡导喝尿——即便是在非求生的环境下！几千年来，喝尿治病一直出现于不同的文化中。这种治疗包括直接喝尿或通过按摩让身体吸收尿液，以达到治病或美容的目的。欧洲文艺复兴时期，有一些人甚至特意用尿液清洁牙齿。

至于我对喝尿的态度，我不建议这么做！尿中含有盐分和毒素（和含盐量高的海水一样）。盐分（约占 2%）将进一步加重脱水，所以这无异于进一步退两步。尿液还包含身体的代谢废物，比如甲醛、氨和溶解的重金属。稀释得越少，你所吸收的废物就越多。现实中不乏有人因喝自己尿液而致死的案例。而且人在脱水的情况下，其实能产生的尿液也是很少的。

一次在卡拉哈迪沙漠求生时，我整整一周才尿过一次，而且尿液特别少，还是恶心的棕黄色。相比直接喝尿，我觉得更保险的选择还是照之前说的那样做一个太阳能蒸馏器，净化尿液之后再喝。

水的净化与过滤

关于水的净化与过滤，有一条不变的原则：只要你有做的能力和精力，那就去做。

斯特劳德的小贴士

这是求生专家艾伦·比彻姆的小技巧，如果说你手头上刚好有两个大塑料瓶（比如可乐瓶）或者类似的容器。

“在瓶中装满四分之一瓶的尿液，用胶带把瓶嘴与第二个瓶子的瓶嘴粘到一起。现在将两个瓶子水平地放到太阳底下。再用沙子、土或者树叶盖着干净的那个瓶子，装了尿液的瓶子则直接置于太阳底下曝晒。瓶中的尿液受热之后便会开始蒸发，湿气随即钻入与之相连的干净空瓶中，最终只留下残留的渣滓。”

正如我之前所说，干净容器装着的雨水或者无毒植物中的水都是可以放心喝的。其他来源的水则需要净化过之后再喝。最快速简便的净水方法自然是用净水片、碘酒或氯气。医学实验证明碘酒的净化效果比氯气好，每升水需要的碘酒不超过 5 滴。滴入碘酒之后，摇晃使其完全融入，静置 30 分钟后再喝。1 升水只需要两滴氯漂白剂即可。

注意，上面提到的用量仅适用于相对较干净的水。如果你怀疑要喝的水是被污染过的，那可以把用量加倍。静置的时间也要随之增加，好把水中的细菌全部消灭。

事实上，真正的求生困境中你很有可能并没有这些东西，那你就只好用古老的办法了：把水烧开。水至少要沸腾 5 分钟，才可以确保把所有有害病原体杀死。有些人说，如果是在与海平面平行的地方，水只要烧 1 分钟就可以，海拔每往上增加 300 米就多烧一分钟。注意，把水烧开并不能消灭化学污染物。

不管是在非洲还是阿拉斯加，我都可以用塑料袋和玻璃瓶把水烧开。方法很简单，如果你手头上有绳子和一些长树枝就最好了。按照下面这些步骤：

1. 用三根长度相当的木棍支起一个三脚架。

2. 在瓶子上方把绳子打一个卷结。

3. 用绳子把装满水的瓶子吊在火上烤，这样火焰可以窜到瓶上，但不会完全烧到或者超过吃水线。在热碳上烧水能最大限度降低瓶子被烧化的风险，不过要是瓶子离煤火太近还是有可能被烧穿。用此法加热直到水烧开，相信你一定也不想加热过度以至于瓶子被烧烂或者烧化吧。

4. 我想，普通的水瓶用这种方法加热多少都会释放出一些讨厌的化学物质，不过跟被寄生虫感染相比，我宁愿承担这种风险。

如果手头上没有商场购买的高品质过滤装置，过滤所能达到的水净化效果并不大，因为过滤并不能滤掉水中有害的微生物。过滤只能除掉水中的灰尘、沉淀物、树枝、树叶、虫子、小生物等较大物质。

过滤或清洁散发恶臭的死水有一个最简单的办法，那就是把水灌进容

只要操作得当，你的塑料瓶可能变黑或者变形，但不会被烧穿。

器中，使其静置 12 小时左右。当然，过滤还有其他一些更能发挥主动性的方法，不过总的来说大同小异，多半都是想办法让水流过几层或不同类型的筛滤物质，比如鹅卵石、沙子、布和木炭。你可以把这些过滤物放在两端开口的容器上方，比如竹子或空心木头。

过滤装置要小心搭建，让水一层一层连续流过过滤层，最后流入容器中。典型的过滤装置最上面一层一般会放鹅卵石或石子，第二层放沙子，然后是布，再然后是碾碎的木炭（不是木炭灰），这也是到目前为止最好的过滤介质。跟大多数过滤系统起到的效果一样，反复过滤的次数越多，水就越干净。

关于水的地区考虑

酸性地区、沙漠和峡谷

你的主要目标自然是寻找主水源，但在气候干燥的世界不同角落，想找到这样的水源机会渺茫。鉴于此，你的选择便只能是制作蒸馏器或挖地井来采水了。

普遍认可的一种说法是，干旱地区最有可能找到水的地方便是山谷盆地或者沙丘底部。但如果你真的了解所在的地方，便会有不同的判断。通过之前在卡拉哈迪沙漠的经历，我知道最有可能找到水的地方不是沙丘底部，而是沙丘顶部。沙漠中的小山丘如同芯吸剂一样把水吸出地表。所以我更倾向于寻找沙丘顶部附近的植物（其根部一般储有水），当然那里仅有的植物也只有脆弱的小草。

由于这些区域有时温度会急剧变化，早晨，你也可能很幸运地在金属表面发现凝结水。你可以先用一块布去吸它，然后把水拧入合适的容器中。

寒带森林和温带森林

这种地方的主水源一般都很丰富。你只需要循着动物足迹到山谷底部或者通过地形指标寻找溪流、河川或者湖泊。要小心那些静水，或者可能被动物粪便污染的水域，如靠近河狸坝的地方。

北极和极地地区（寒季）

冬天是最难说服人们持续补水的。天气那么冷，谁还会想方设法地往肚子里灌冷水呢？但是我却发现，每次冬季求生我的需水量总是多过在热带地区的需水量。

这是几个原因造成的。一般冬天求生，人的消耗量更大：穿着雪地靴或在积雪中行走需要耗费很多能量。而且天气冷的时候，周围干燥的空气也会跟沙漠风一样掠夺你体内的水分。冬季在外面旅行求生，我常常吃雪。这么做的一个结果便是，我的小便十分规律，而且尿液干净，这代表我的身体不缺水。寒冷条件下，如果身体缺水，则会加剧身体的寒冷，大大增加患低体温症和被冻伤的风险。

幸运的是，在极地，你的周围都是水，只不过水的物理状态有所不同而已。你要做的就是把那些冰块融化，如果做不到的话，那就直接往嘴里塞冰雪吧，尤其是当早晨或者你消耗了大量体力的时候。

雪泥最便于融解，因为里面大部分都是水，由雪和密度大过雪的冰块组成。融雪的时候，可以往锅里尽可能多地压雪。记得每次融完雪后在锅里留一点水，这样下一次融雪的时候就会更容易。

如果你手头上碰巧没有锅子，那也还有别的方法（只是速度慢一些）。你可以用衣服或其他织物临时弄成一个麻袋，把雪泥、冰块或者雪塞入麻袋，将其吊在火堆旁。再在麻袋的下方放一个容器，好接住滴落的水。

还有一个办法便是将冰块或压实的积雪放到石头上，下面用火烤。记得要用小石子或其他重一点的东西压住冰块，石头也要微微侧一点，好让消融的雪水顺势留下。最后用容器接住这些水。

把雪撒在深色布或塑料袋上（比如油布或垃圾袋），任其在太阳底下融化，再滴入容器或凹坑中。只不过这需要合适的温度——不能低于凝固点太多——而且所选的地方要避开寒风。除此之外，也还可以用卷圈的桦树皮包着小块的热石子把雪融成液体，甚至将其加热成直接可以喝的温水。

如果你想采海上的冰块，很重要的一点是要知道新海冰与旧海冰之间的区别，前者是完全凝固的含盐海水，后者则是淡水组成的部分冰川。新海冰呈奶白色或灰色，不易碎裂，边角锐利，吃进嘴里有咸味。旧海冰则呈现蓝色或黑色，容易碎裂，边角多为圆形，尝起来咸味较淡。不过，一天之中还是可以舔一两次含盐冰，以此满足身体对于盐分的需求。

大海汪洋

我曾靠着一个求生筏在加勒比海的海面上艰难求生了一个星期，我知道在海上想获得淡水是多么困难的一件事情。不过我那一周的经历，跟道格尔·罗伯逊、他的妻子琳达以及他们的孩子的经历比起来实在算不得什么。1972年，他们先是遭遇沉船事件，之后又在距离加拉帕戈斯群岛322公里的地方撞上一群虎鲸。

罗伯逊一家凭借聪明机智和强大的求生意志成功地在汪洋上坚持了五个半星期。他们利用救生筏的篷盖收集雨水，当水开始变脏，被救生筏篷盖脱落的油漆污染后，琳达决定让她的家人用塑料瓶装水灌肠，这样既可以吸收水分，又不至于吸收那些污染物。

当你在海面上漂荡，雨水便是重要的淡水来源。尽可能扩大集水区的范围，而且要确保集水系统干净无污染。下雨之前，就要把海水结晶而成的盐层擦掉。雨水相对干净安全（尽管也不是完全没有污染），万一因为你用了脏污的容器而被污染，那就太让人遗憾了。你还可以用破布等收集船面上的露水和凝霜。

身处无边无际的大海，你也可以通过商场购买的蒸馏器蒸馏海水以获得可饮用的淡水，当然前提是你有制作地上太阳能蒸馏器的原材料。若要制作，可以按照本章前面给出的步骤，不过凹坑就得用桶一类的大容器替代。

丛林

在丛林中，取水并不是一件难事，因为丛林一般多雨。想在其中找到主水源绝非难事，收集雨水也不失为一个方便的选择。

在亚马孙雨林的经历告诉我，河流支流的水一般比河流本身的水更好，因为后者受到高度、水量和浑浊度变换的影响。这些区域的河流在一场大雨过后，水面能上升3到4.5米，底下的淤泥被搅动起来使得河水和巧克力牛奶一般。而支流则要清澈得多，变动性也没这么大。

若水的盐分太高，你可以自己动手脱盐，尽管脱盐过程可能耗费你较多能量。先要生一堆火，再往火里丢一些石头，把石头烤热。再把烤热的石头扔进水蒸馏器中形成水汽，用一块布裹住这些蒸汽，只在顶上留一个小孔。然后拧动这块布，便能获得脱盐之后的水。

另外我还有一种在海边寻找淡水的简单方法：趁潮水刚退的时候，找出小溪汇向海洋的通道。凭此你或许可以找到低潮线上方的淡水河流。

沼泽地

说出来可能很多人难以置信，但我确实可以坦坦荡荡地喝下北美沼泽地的脏水。沼泽水自然没有山泉那般干净新鲜，但它能帮你活下去，而活下去就是你最大的目标。显然，能对水进行过滤净化是最好的，但如果你没有这个能力，正如我之前说的那样，喝一口脏水总比活活渴死来得好。

沼泽水最明显的问题在于，里面的水多流动缓慢，淤泥堆积。但这并不意味着沼泽水里就有很多寄生虫。恰恰相反，我曾因喝了一条清澈河流中的水而上吐下泻，但喝了那么些沼泽水，我却什么事都没有。

当然，你肯定想尽可能地过滤那些沼泽水，以此减少身体吸收的沉淀物和脏东西。无论如何，你至少要让水静置 12 小时，这样水中较大的物质便能沉淀下来。

若你是循着动物足迹找到的沼泽，最好选择在离动物聚集地有一段距离的地方取水。

你其实也可以利用沙土来过滤沼泽水，只需要在沼泽边缘挖一个 15 米深的坑就行了。土坑中溢出来的水可能还是需要过滤，但至少比直接获取的沼泽水要干净一些。

山地

高山之上水源丰富，尤其是温带气候的高山。根据季节的不同，高山上的冰雪可能随之融化。高海拔地区的高山雪能一直坚持到夏季，尤其是朝北和中空的山坡。

高山上的水源随处可见，所以只需要看下地形图，很快就能知道常年河位于什么位置。降水过后，重点寻找山坡裂缝和山谷的水流聚集区。如果这种办法也不行，那就沿山而下，寻找离你最近的山谷，找到水的可能性也将大大增加。

高山之上，水流一般会在这样的深缝和山谷中聚集。这里的水，我可以直接饮用。

第六章

火

我永远不会忘记第一次森林求生的经历，当时我用手头上能找到的所有东西生出了一堆火。出行之前，我曾练习过使用火弓取火，火弓的底座放了一些雪松，可当我路上真正需要用到雪松的时候，却怎么也找不到了。考虑到雪松的特性，我选择另一种半软木头作为火弓的底板和主轴——白杨木。

当木头冒出第一缕青烟时，我高兴坏了。对我来说那是一个关键时刻，我意识到以后无论遭遇怎样恶劣的情况，我定然能力挽狂澜，因为即便不用火柴或者打火机这种传统的打火装置，我也可以生出火来。过了这么多年，那天的情景仍然让我记忆犹新。当我学会不用火柴也可以点火时，我对于自己荒野求生能力的信心瞬间增长了十倍。

火的功能不仅在于保暖。有了火，你便可以发送求救信号，可以净水，可以烹煮食物；有了火，你便有了光，可以制造工具，赶走可怕的野兽。简而言之，生火和维持火的能力对于求生而言是巨大的优势。

在一些地方，火所起到的作用更多的是心理方面的，而非身体方面。身处丛林，你并不需要生火取暖，甚至不需要火来准备食物，因为你可以直接生吃野果。但生一堆火，是驱赶野兽最有效的方式，很大程度上保证了你的人身安全。亚马孙丛林的拉尼人从不会让火熄灭。这么做是有道理的。连续降雨 6 个小时后，你再试着生火看看（即便是在干季）。

对我而言，火就像一个需要被保护、被尊重、被照看、被爱、被欣赏的孩子一样。数不清有多少个夜晚，寒冷的冬日里，我守着一堆小火，窝在狭窄幽暗的临时避身所中，四周白雪皑皑，我只能靠脸和手的温度驱走寒冷。

荒野生存的很多事情都富有争议性，“火”也不能例外。比如，我曾有幸在非洲和两位不同的求生专家一起合作过，他们对于在狮子的地盘上要不要使用火持有截然不同的观点。一位专家觉得火会吸引狮子，另一位则觉得火能让狮子避而远之。

下面是我的一位好朋友窦·克鲁格的观点：

> 在一次空军飞行员求生课程中，我带领三个小组共计 8 个人穿越丛林。按照指示，他们要搭建合适的避身所，以躲避狮子和土狼的攻击。然而巡视一番后我发现，最后一组飞行员只是在临时住所的外围放了一圈连荆棘都没有的树枝。而当时天色已经黑了，没时间再去捡拾更多的树枝。
>
> 那天晚上，一群小狮子刚好从距离避身所 90 米远的路上走过，它们一定是看到了火。那些狮子走近，看到 7 个人躺在地上，还有一个靠树躺着（负责守夜的队员），这些人全都在一个最多只能防住老鼠的避身所中。
>
> 当第一头狮子把脑袋挤过树枝，负责守夜的队员突然惊醒，顿时惊恐万分！飞行员们挥舞着石头棍棒，防止狮子近身。幸运的是，那一次没人受伤。不用说，第二天晚上，这些飞行员们认真仔细地搭建了避身所，恐怕连大象也进不来！
>
> 火是大自然的一部分，动物其实也经常利用。规模很大的燎原之火确实能吓到它们，但是一堆静止不动的篝火，压根儿就起不到什么作用。事实上，这样的小火甚至会引起它们的好奇，吸引其走近察看。火之所以让你感到安全，是因为它能照亮你的周围，必要时候你也可以抡起一根烧火木当作武器。但事情有好就有坏，生了火之后，动物们隔着很远的距离也能看到你。

最后，我还是选择在狮子聚集区生一堆火，主要是因为这么多年来人们都靠火来获得内心慰藉。在我看来，这似乎是正确的选择。我需要这种精神动力，也希望能有火把刚抓到的淡水蟹煮熟再吃。不过，那一整晚我都没有睡着，提心吊胆地听着远处的咆哮声。后来我才知道，那天晚上狮子群在距离我 450 多米的地方大开杀戒。只能说，有时候无知便是福。

火的重要性不言而喻。求生环境中我可以忍受许多基本物品的缺乏，但是绝对不能没有火。

谨慎选择地点

一直以来我最喜欢的电影始终是《猛虎过山》，罗伯特·雷德福德饰演的主角接连试图用燧石、涂了木炭的布和打火器点火。他瑟缩着在狂风大作的雪地里点火，终于打出了一点火光，并得以将余烬吹入火焰，结果却被从树枝上跌落的一块雪直接扑灭。

所以说，生火之旅的第一步便是要选择一个合适的地点。我们都知道在避身所内生火的风险（当然，如果你足够机灵，也可以这么做），却常常忽略别的一些风险。

好不容易生起来的火必须防风、防雨和防雪。确保手头上的烧火木或易燃物充足（但不要和它们离得太近，以免引起森林大火或者引火烧身导致受伤）。用大块石头来防范这些风险的效果很好：不仅能挡风，而且能吸收火的热气，防止火光的反射。

不要选地势低的地方，因为一旦下雨，低洼地容易被水浸。要选择一个相对周围区域较为干燥的地方，因为火燃烧的时候会吸收地底的湿气。如果地面太湿，火就容易中途熄灭。

所有跟火相关的事情一定要注意安全，因为事态的发展很可能超出你的想象。树根可以在地底下燃烧蔓延几百米，也就是说火苗很可能从别的地方窜出，最终酿成森林大火，有些甚至要一年后才会完全熄灭。干枯树叶极易被点燃，引起森林大火。

另外还要考虑氧气的流动。氧气是燃烧的关键条件，如果你的火堆处于极深的地底或者被遮挡得太多，就没办法获取燃烧所需要的氧气。要是只能依靠扇风的办法来获得氧气，自然会浪费很多时间和精力。

斯特劳德的小贴士

如果地面较湿，被雪覆盖，我用来保持火燃烧不灭的一个办法就是用木头搭起一个平台，即便是朽木都可以。这可以防止地面的湿气扑灭火，当火真正烧起来之后也相当于多了额外的烧火木。

生何种类型的火

火有两种类型：一种是用来防寒取暖的小火堆（必要时你甚至可以把火堆挪进临时避身所），还有一种是熊熊燃烧的大火，可以当作求救信号（只要你有足够的燃料可以保持火的持续燃烧）。想同时生起这两种火会比较困难，尤其是当你还得花时间料理其他方面的求生事项。

事实上，即便只是想维持一堆火的燃烧都是一个挑战，而是否能做到这一点主要看你手头上能用的烧火木有多少。如果你有足够的木头，那就一定不要让火灭了。所有蛰居森林的人和原始人都是这么做的，我想他们对于求生肯定也有自己的体验。

如果你是在临时避身所内生起一堆小火，那你一定得确保自己也在里头。所以问题就在于如何让外头的大火堆也保持燃烧，以及下雨时或者你晚上睡觉时如何把火挪进来。大多数探险者会把火堆留在外头，然后自己爬进临时避身所睡觉休息（第二天早上醒来，惊讶地发现外头原本熊熊燃烧的大火已变成冰凉的灰烬）。

选择地点的规则同样也适用于在避身所内生火的情形，不过除此之外还要多一些考虑。其中一个要考虑的便是氧气供应。一想到不得不让避身所门户洞开，任寒风灌入以供给燃烧所需的氧气，恐怕你就会打退堂鼓了吧。

注意，千万不要在上有悬石的避身所中生火。在一次求生课程中，一对年轻夫妇就那么做了。结果石头受热碎裂开来，一块巨石随之砸落。如

如果你有能力在避身所的入口处生一堆小火，那么你人在里头也能感受到火的温度。这不仅能让你的求生体验更舒适，而且让你更安心。

果他们当时刚好在避身所中，恐怕就被砸成了肉饼。后来在犹他州峡谷地的一个小洞穴中求生时，我的脑海里就总是想起这个故事，要知道当时我头的旁边生着火，而在我的上方有成千上万吨峡谷巨石。如果你也碰到相同的情况，一定要确保火焰上端与头顶的悬石保持 1.2 米以上的距离。

布屈・卡西迪和他的同伙曾在犹他州这样的洞穴中躲避追捕。

在避身所内生火最大的风险，大概还是怕把避身所烧掉吧。不过我在避身所内生过几百次火，这么多年来从没出现过什么问题。只是有一次在阿拉斯加的海边，一天早晨我睁开眼睛，看到几英尺高的火苗直接窜到了浮木做的屋顶上。要不是当时离大海只有几米远，恐怕整个避身所都会被烧成灰烬。

阿拉斯加海边，用浮木做成的一个避身所，却因为里头的火太大差点被烧成灰烬。

制作烟囱

1. 室内生火很大的一个问题便是排烟，所以你首先要确保烟雾能通过烟囱排出。

2. 搭建出直排烟囱通道，既可以为火的燃烧注入空气，又不至于冷到你。

3. 这个桦树皮做的通道可以把避身所外部的空气直接引到室内。

4. 火堆让避身所内部变得暖和，而烟囱能引入氧气，保持大火的持续燃烧。

任何求生状况下，你都应该尽可能把火生得大，越热越好，当然这是在你人身安全有保障而且有充足燃料的前提下。我曾经历过许多这样的夜晚，蜷缩着守在一个小火堆旁，瑟瑟发抖，非常难挨——但那只是无奈之下的无奈之举。如果能生大火，就绝不要浪费时间生小火——一堆大火可以帮你赶走寒冷。

紧急情况下，你没有时间去考虑环境问题，比如担心火烧森林。而把火烧得旺还有一个好处就是，什么东西都可以烧得着，包括总是阴燃的大块朽木。这意味着你可以把那些小块的、干枯的木头保留下来，需要引火时再用。

在北安大略的飞机失事求生体验中，我生出了一堆长达 1.8 米、高 1.2 米的大火。因为火光太亮热气太足，我不得不退到旁边的一棵树旁，在白雪皑皑的冬天安然睡着——在没有任何避身所的情况下！火堆生得这么大，就不用担心一觉醒来看到的是一堆余烬。而且不管什么情况下，又红又烫的煤块很容易就能帮助火重新燃起来。

大火相对小火的另一个好处是，不管下雨还是下雪，都没那么容易被扑灭。我就曾亲眼看过一堆火在滂沱大雨中依旧熊熊燃烧。

不管你信不信，其实相比小火堆，维持大火燃烧需要的精力更少。你只需要每隔一段时间加几块大木头进去，就能保持火的燃烧。如果是小火，你就需要特意放小树枝，不断添柴才能保持火焰的燃烧，拾柴火所耗费的时间和精力就要多得多。最主要的是，万一你需要离开一会儿，这堆火就很有可能中途熄灭。

我的一个飞行员朋友曾被困于一个满是浮木的海滩。他就靠着那些浮木生了一堆很大的火，保持身体温暖直到获救。显然，这是一个正确选择。

准备工作

成功生火最大的敌人其实是你的耐心。尽管过程看上去有些枯燥，但是生火前的准备工作一定要做好，这一点至关重要。

生火准备最重要的一项工作是要确保生成火光或火焰之前一定要有足够的燃料，尤其是当“成败在此一举”的时候，这一点我在后面会详细讲到。毕竟，你也不想好不容易划出火焰，结果发现没有引火物或易燃物可以加进去。这绝对是荒野之中最让人沮丧的事情，却时常发生。

鉴于此，我教给求生课程学生的策略是，事先准备充足预计晚上要用到的木头。等到他们完成这个任务，我无需抬头看，会直接告诉他再多捡五倍就行了。事实上，即便学生们照我说的做了，很多人还是在天亮之前就发现烧火木用光了。这听起来有些夸张，但事实确实如此。很多人对烧火木的需求估计不准，实用数量和估计数量是 5 : 1 的关系。

即便你掌握了打火机打火或者火柴打火的方法，也不要想当然地以为万事大吉。万一打火机坏了或者火柴被淋湿了呢，也就是说万一刚生起来的那堆火灭了，你就再没办法重新点燃它。千万不要让火仅仅因为你没有备足燃料而熄灭。

大的干燥引火物是生火成功的关键所在，之后还要放入大量干燥的引火物和干燥木头（如果可以，最好把木头劈开）。另外，还要确保火势不至于扩散。生火地的周围要清理干净，尤其是在树木茂密的地区。甚至可以用湿木头或岩石搭一座保护墙，既可以防止火被风吹灭，也可以防止反射太多热量。不过你还需要铭记一点，湿润的多孔石头（比如刚从河里或湖里取出的石头）一旦受热，很容易爆炸，所以不要让这一类的石头靠近火边或者将其扔进火中。

自己生火

说到生火燃料，你需要火种、引火物和大块燃料。每一样都很重要，但最重要的还是火种。

火种：阶段 1 到阶段 3

若你手上没有打火机或火柴，而是通过木棒摩擦打火，那么如何让摩擦出的灰烬引燃火种就是关键所在，这也是让很多人功亏一篑的地方。

尽管不能忽视裤袋里的纸巾、书页甚至是肚脐眼中夹着的线头，但身处荒野之中，最主要的火种大部分都是蓬松、干枯的植物材料。关于这一点，你要知道的是：记住植物名字在求生环境中派不上任何用场。真正对生火有用的是要记住各种植物的特性。

在最初的求生课程中，我学到只需要一点小火苗就能引燃乳草属植物。这是事实——感觉就像是火烧汽油一般！但后来我发现，几乎所有含轻巧、蓬松组织的植物（通常为种荚植物，尤其是能被风轻松吹起的植物种类）都具有这个特性。杂草、各种稻科植物、香蒲，还有另外一些遍布全世界的植物种类都可以用来生火。与其满世界找乳草属植物，不如寻找与乳草属植物拥有同样特性的植物。只需星星之火，便可有燎原之效。

不要寻找特定的植物，如加拿大的桦树皮、堪萨斯州的雪松树皮，或者热带地区的椰子壳。相反，你要睁大眼睛寻找那些与火种特性相同的植物。你要这样想："嘿，椰子壳毛茸茸的，重量又轻，用来引火是不是很好呢？"不出意外，椰子壳也是很好的火种。

所以，火种究竟该具备哪些特性呢？最重要的一点是要干燥。湿润的火种只会让人沮丧……而且，无论如何也无法点火。好的火种还要具备薄、轻、蓬松的特点。如果某样东西同时具备以上特点，只需要一点火光便能燃成火焰。

不过，干枯树叶用来当火种效果却特别差。大多数干枯树叶都需要较多的热量才能被引燃，所以在没有火柴或打火机的情况下还是不要考虑树叶引火了。

斯特劳德的小贴士

若你行经有许多干枯火种的地方，尽量多收集一些。你也不想当你被困周围找不到任何火种的某个地方，再来后悔当初没能把握机会把登山裤的大袋子都塞满火种吧。

我喜欢把火种分成三个阶段。阶段 1 的火种是你能找到的最轻、最蓬松的材料——轻薄、纤细，比如枯草、桦树皮、铁兰或者刮落的雪松树皮。只要把这些材料摆成鸟巢状的一捆，用来捕捉星星之火或者余烬便能产生奇效。一旦有了火光，你便可以吹气助其燃烧。

阶段 2 所用的火种相比阶段 1 的火种更厚、更坚韧一些，包括牙签粗细的小块木头、松针，或者桦树皮这样的薄片树皮。这些材料可以接上用阶段 1 火种打出来的火焰，使其保持更长时间，火光更亮。当然如果是用火柴或打火机，可以直接跳过这一步。

阶段 3 的火种更往前进一步，主要是小块的可燃物，比如铅笔粗细的干枯树枝。这种材料可以续上第二轮的火焰，维持的时间也比步骤 2 的火种维持更长。不过，你要记住，尽管这一阶段的火焰看起来更大，但还不能称其为火。没错，你的确有了火焰，但是稍不留意这火焰便会熄灭。

下面是另外一些可以充当火种的材料：

- **小鸟绒毛**　我从没用小鸟绒毛点过火，但它显然具备上等火种的特性。
- **棉花球**　不仅是绝佳的火种，也是急救箱的必备物品（棉签头的棉绒也可以）。棉花特别易燃，能把星星火光变成火焰。如果在棉花上抹一点凡士林或者润唇膏（可能你的急救箱中也有），可以让火焰维持得更久。
- **线头**　这是很多求生书中都喜欢提到的一种东西，但在真正的求生环境下，是很难找到线头的。
- **木屑**　可以用折叠锯锯出一些木屑，是很好的阶段 2 火种。

引火柴

一旦阶段 3 火种成功引燃，接下来就进入到引火柴的步骤了。引火柴没有火种那么易燃，所以除非有了特别明显的火焰，否则不要轻易使用。

引火柴通常是由小树枝、小木棍组成，既容易烧又能维持几秒的燃烧时间。慢慢地，可以从铅笔粗的木棍转为拇指粗的木头。

燃料

到这一步，你便要开始往火堆中添加大块的木头。跟此前一样，木头的厚度要慢慢往上增加。手腕粗的木头是求生火堆常见的一种燃料，不过，大块的劈柴甚至是原木也可以添入，只要你手边有足够的燃料和固体火焰。

选择充当燃料的木头时（或者生火过程中任一阶段），要选择直立的枯树。这种木头比你在丛林中找到的其他木头更干躁。不要选那些横躺在地上的木头，因为这种木头可能吸收了很多地面的湿气。

木头是燃料的主要来源，不过除此之外也有别的材料可以充当，包括动物粪便、干草和动物脂肪。

动物粪便　干燥的牛粪、鹿粪、驴粪、象粪、犀牛粪或其他偶蹄类动物（食草类）的粪便用来生火和保持火的燃烧效果特别好。这些相当于浓缩的植物肥料——大自然版的原木和煤球。动物粪便并不能产生多大的火焰，但它是很好的可以充当煤炭的东西。

干草　如果你手上没有多少大型燃料，周围却是一大片草地，你可以把干草扭成压实的一捆。通过增加干草的密度，使其更具备木头的特性。不过这种办法会让干草烧得更快，所以要确保手头上的干草量足够多。

动物脂肪　一般来说动物脂肪比较难找，而且真的有那么多动物脂肪，你可能也需要靠它来维持生存。不过，多年来先辈们提出像鲸油这种动物脂肪可以做成燃料，用来点亮油灯。在此之前，因纽特人就用海豹脂肪当作皂石灯的燃料。

维持火的燃烧

生火只是第一步。第二步便是要确保火不会熄灭，不然，你又得重新开始生火。火生得越大（假如燃料足够的话），就越有可能持续燃烧，即便受到雨雪夹击，你要睡觉，或者需要离开一会儿完成别的求生任务，也不用担心火会中途熄灭。

几千年来，因纽特人一直用这种名为海豹油灯的灯为冰屋提供热量。

若你决定要离开火边几小时，首先要确保所处地方不属于多风区，不然燃料很快就会耗尽，同时也增加了引起森林大火的风险。试着找到一个至少能起到一定护火作用的地方，无论是近岩石区还是能有效抵挡自然天气因素的地方。当然，烽火信号除外，因为烽火信号本身就应该放在开阔地带，尽可能让人看见。

离开火堆多长时间很大程度上取决于需要添加的燃料多少。如果你提前备足了燃料，生的火也够大，你即便离开 8 小时，再回来的时候看到的也会是一堆热碳，很容易就能重新生起火来。而火堆越小，你能离开的时间也就越短。

斯特劳德的小贴士

一旦生起了火，每次回营地一定不能忘记带烧火木，即便只是一根木棍也好。因为烧火木永远不会嫌多。这也是我们家多年来形成的一个习惯。即便在我孩子还很小的时候，他们每次回营地也都会带一根树枝或者木棍。

死火复燃

当你离开火堆一段时间，等你回来的时候火势一定变小，通常都只剩一堆热碳或余烬。这种时候，你要确保所有阶段的生火材料都在旁边，从而以最快的速度让火重燃。

火势发展到什么程度，将决定你使用哪一阶段的火种（或引火物）让火复燃。离开之前就要把可能需要用到的东西准备好，并且储放在干燥、有保障的地方。这样，你就不用手忙脚乱地去拿火种、引火物或燃料。

有时候真的没想到火势发展成那样竟然还能复燃。有一次在犹他州的峡谷地，一觉醒来我发现火堆只剩下一堆白灰。当时我没有扫去上面的白灰寻找底下的热炭（因为这样拨开会让温度降低，从而扑灭残存的火气），而是把之前从登山单车上拆下来的空电线插入余烬中。然后我对着电线的空心管吹气，这能为余烬和炭块直接提供氧气，同时又不用移动上面一层起到保护作用的灰烬。炭块开始发出火光，慢慢将温度传递给周围的炭块余灰。待到这时，我才拨开灰烬，慢慢把火种加到变热的炭块上。

如何携带火种

当受形势所迫不得不转移时，长期来看带上火种可能为你省去很多麻烦。这也是我推荐把带盖的咖啡杯加入求生工具包的原因。你可以把一些红炭块及其他的火种放入杯中，在行走的同时也能保持闷烧状态。你也可以做成火束，好似点雪茄一般点燃火束的一端，然后带着这捆火束去到下一个目的地。

火束其实是火种的集合，最中间放的是最好的引火材料，往外面慢慢转为火壳或遮盖物。

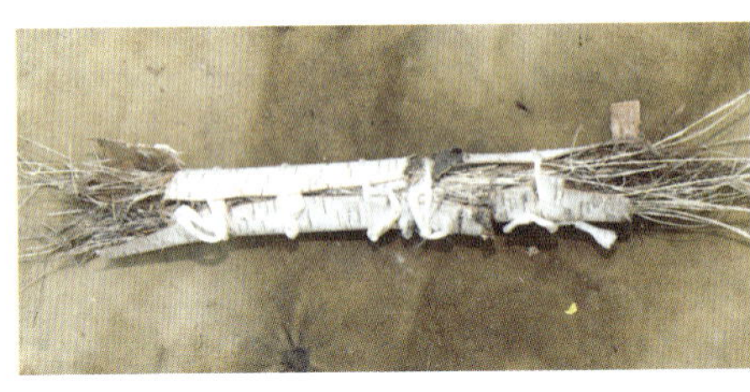

所有引火材料紧紧捆成雪茄的形状，一旦点燃，这种火束能阴燃几个小时。

捆扎得当的火束可以持续燃烧几天。

生火的方法

考虑到火在求生境况下扮演的不同角色，生火能力便成为一种重要的生存能力。如果你是忠实的户外活动爱好者，你需要具备随时随地都能生出一堆火的能力，即便是已经持续降雨两个星期或者在滂沱大雨的条件下。这种要求可能会吓到你，别担心，只要掌握正确的知识且经过正规培训，你一定可以做到。

生火有几种众所周知的办法，有些简单有些难，所以关键看你是怎么想的。若你发现自己被困荒野，又没有可用的生火办法，可以跟《盖里甘之岛》的教授那样开动脑筋，用创意的方式生出火来。

我曾见过一些探险者通过用勺子的下凹部分聚集太阳光线生火，还有用冰块聚集太阳光线生火的。这无疑是创意满满的方法，尽管我并不想把自己的性命寄托在这上面。这也是为什么说一定要多学几种生火的办法（见第二章“求生工具”一节）。

跟其他求生任务一样，生火也分首选工具和次选工具。首选方法相对简单，能减少求生过程中的煎熬。而次选办法尽管有多次经验可循，但操作起来难度大又过分讲究，受很多不受控制的变动因素影响。

下面是生火的一些主要工具：

- 打火机。
- 随处可擦火柴。
- 镁块打火石。
- 火活塞。

下面则是生火的次选工具：

- 摩擦：火弓、火犁、手钻。
- 火花：石头和钢、打火石和钢、电池。
- 化学物品。
- 太阳光线。

生火的首选工具

仅凭一把手钻或火弓就能生出火来，是不是很带劲？是的，热衷户外运动的人应该掌握这种技能。不过求生可不是为了证明你精通某种技能，而是竭尽全力做到安全回家或者获得救援。这也是为什么说到生火，没有什么能比得上一个打火机、一些耐用的随处可擦火柴、一块打火石或者一把火活塞。即便有了这些东西，生火也是一个挑战。而要是没有这些东西，一切都是空谈。

之前在卡拉哈迪沙漠，我曾尝试过最疯狂的一种生火办法：我用巧克力（带有蜡质属性）和沙子打磨易拉罐的底部，将太阳光线反射到我收集的引火物上。

丁烷火机

说起打火机，质量上乘的丁烷火机绝对是最佳选择。尽管打火方式很简单，但还是有几点需要注意。

首先，无论选择何种打火机，都要确保其能正常工作。另外，要么火机本身具备防水功能，要么用防水袋装着。若你不慎跌入水中，出水之后便会发现放在口袋里的传统打火机很可能失灵了。我个人更喜欢荧光橘的颜色。我知道不好看，但是相比户外商店中伪装色的火机，荧光橘的颜色在一堆干枯树叶中更加显眼。

我最喜欢那种可以当做小火炬用的丁烷火机，即便有风刮过或者落几滴雨，火焰也不会熄灭，而使用其他燃料的传统打火机就做不到这一点。丁烷火机打出的蓝色火焰，能经受住最严峻的环境考验。不过要注意的一点是，随着时间的推移，打火机中的液体会慢慢蒸发，因此所有打火机的使用寿命都很有限，确保你的打火机燃料充足，能在你真正需要的时候帮到你。而你永远不知道需要用到打火机的时间会有多长。

火柴

用火柴点火已有很长时间的历史，所以这是必备的生火策略之一。我喜欢本地五金店中那种随处可擦的耐用火柴，注意要做好防水措施。尽管这种火柴按道理来说随便何处都可以擦燃，不过还是可以把火柴盒的擦纸撕下来放到防水盒中备用。

逛户外商店，你可能经常会看到那种声称能防水的盒装火柴。不要买那些。那种火柴往往价格很高，而且体量小，易折断，擦纸放在纸盒的外面。一旦火柴盒被打湿，擦纸也会随之变湿，那么你这些可爱的防水小火柴还有什么用呢？

镁块打火石

镁块打火石非常神奇，随便哪里都可以擦划，而且自备应急燃料源（刮下的镁粉），最棒的一点是，即便在水里泡过一遍，镁块打火石依然能打出火来。

镁块打火石最大的魅力在于，它可以喷出强力火花。如果你手头上没有别的火种，可以直接刮落打火石上的镁块，然后用打出来的火花将其点燃。

火活塞

相对来说，火活塞加入我的打火装置时间还不长，但它可以快速方便地打出火来。简而言之，火活塞的工作原理就是压缩空气产生热量。

火活塞由三部分组成：外枪管、带空心端的活塞以及垫圈。把小块火种（通常选择干燥、含火绒的小块木头）塞入活塞的空心端中，然后插入枪管。下推活塞一次（或多次），便能引燃火种。通过挤压内部的空气，产生热量从而引燃火种。

当然，火活塞也有不足之处：相比首选的打火方式，火活塞的体积较大，而且打火的成功与否过于依靠垫圈，而垫圈总会磨损或丢失。尽管所有打火方式都需要选择合适的火种，火活塞对于火种的依赖性太大。你不仅要选对火种类型，还要保持特别干燥的状态。不过要是你只剩这些没办法中的办法孤注一掷，那就选择火活塞吧。

用镁块打火石打火

1. 先用小刀或类似的坚硬物体从打火石上削下一些镁块。这堆镁块差不多相当于一块镍币的量，高 0.5 厘米。

2. 打出火花并将其引至镁块锉屑中，使其迅速燃成火焰。

次选打火工具

如果手头没有首选工具可以用来生火，那就只能转向我所称的这种“孤注一掷”的最后努力了。有些指导书和求生导师将其称为原始工具——几千年前，我们的祖先们就已经开始使用。无奈之下，如果你只能从这些办法中选择一个来生火，也请放心你是可以成功打出火的，只不过需要付出艰辛的努力。

焦布

我最喜欢的打火方式之一便是把布烧焦。把布烧焦无异于是一个“先有蛋还是先有鸡”的问题，因为你首先得有火才能把布烧焦。不过一旦有了烧焦的布，它可以帮你省下很多火柴或打火机油，只需要一点火花就可以使其重燃。

顾名思义，既然要用到烧焦的布，首先得有布才行。按照传统一般都选择亚麻布，而我用的是百分百的棉布，效果更好。含火绒的朽木或者树皮也可以用作布的替代。不管选择哪种，必须确保所选织物原料自然，合成产品无法达到预期效果。最好把布剪成几厘米长宽的正方形。

拿一个盖子很紧的罐子，在罐子两头各打出一个小洞。把布塞进小孔，先不要点燃，不然打开罐子你看到的只会是一堆火烬。当布料受热，它会释放出一种气体溢满整个罐子，并将空气挤出。这些气体通过罐子两端的小孔压出，并形成喷射的小火焰。随后，便会飘出一阵阵青烟。

待到青烟沉淀，倒转罐子（这样可以即刻增加从罐子小孔跑出的烟量）确保布料烧得均匀。待到烟雾再次减少，整个过程便接近完成，这时可以把罐子取出。然后用树枝插入罐子两头的小孔，做成密封塞的样子。一旦空气进入仍然滚烫的罐中，布料便会被点燃然后燃烧。

罐子凉下来之后（至少等待 10 分钟），打开罐子并从中取出烧焦的布。如果一切顺利，拿出来的布应该是通体黑色。

制作焦布

1. 首先你需要一个带密封盖的罐子和一堆火。

2. 将密封罐放到火上。一旦看到火焰从罐子的小孔冒出，就证明这个步骤即将完成。随后便会冒出青烟，这时你可以把罐子从木炭上移开。

3. 等罐子自行冷却，再揭开罐盖。看上去焦布不会剩下太多，但它随时都可以重燃火花……下次当你想生火时，便可以重新点燃焦布。

焦布的魔力在于，只要被火花击中，布料上的一点红色余烬也能渐渐扩散。关键是这点余烬火光无法吹灭，随着氧气量的增加火光只会越来越大。有了焦布之后，点火就变得容易很多，而且急需的时候也免得满世界去找那些首选生火工具。

有一次在加拿大北安大略一架坠落飞机旁求生时，我用飞机里头找到的薄金属片做成一个小金属盒。然后从机身上撕下一些篷布，将其放到金属盒中，再把金属盒放到火上慢慢把布烤焦。之后，当我需要生火时，我便用在河床上找到的石头敲击斧头，从而打出火花并将其引到焦布上。只需要一点余烬，我就可以生出新的火堆。

如果你手上没有金属盒，也可以这样做：烧小块的棉布，然后迅速在干沙地或地上把火摁灭。

打火石

打出火花有很多种方法。其中一种便是将打火石（比如我在河床中找到的那种）或者其他尖锐的坚硬石头与含碳量高的的钢铁制品刮擦。

摩擦

在孤注一掷的“最后努力”中，最常见的是摩擦生火的办法，或者说“两棒摩擦”的办法。这些包括火弓、手钻、火犁等。手钻和火犁属于高级技巧，在这儿我就不详细讲了。火弓生火的办法效果很好，尽管在求生情况中也并非那么容易就能完成。

斯特劳德的小贴士

什么火可以带给你双重温暖？摩擦生火。这种火不仅在燃烧的时候带给你温暖，生火的同时也能给你温度，即便是在寒冷的冬天。不过生火的过程中要做好流汗的准备。生火的那段时间，你需要很努力，必要时可以在开始流汗之前先脱下一层衣服。

火弓

火弓是很有效的一种次选生火方法，不过它的成功很大程度上取决于必要材料的可获得性。

组成元件　火弓由四个部分组成：底板、轴、轴承座以及弓。

底板是火弓中最终产生木头余烬的地方，而要生出火来就靠这些余烬。根据地理位置的不同，你可以使用不同种的木头。如果是在加拿大中北部我的家乡，我更倾向于用雪松木、杨树木、山杨木、椴木这种半软木头。

为底板选择合适的木头是重中之重，因为火弓的轴——与底板相抵的长条——将在你旋转火弓时与底板发生摩擦。有些求生导师喜欢硬木轴，认为这样能产生更大的摩擦。就我个人而言，我更喜欢用半软木，因为你摩擦的不仅有底板还有轴，用这种木头就能起到事半功倍的作用，获得双倍的木屑。选择何种木头用来摩擦，主要是看你自己用哪种木头最顺手。要测试某种木头是否为半软木，可以用拇指指甲戳进木头。如果拇指指甲能在木头上留下痕迹，证明它就是半软或软性木头。

实践过后就会发现，摩擦生火最重要的就是要选对木头。这时候如果对当地自然环境有一定了解便能起到很大作用。不然你怎么能知道树形仙人掌其实是绝佳的摩擦生火燃料呢？或者知道在北安大略的针叶林中，最好选择杨木、雪松、山杨木，或者桦木，而不要选择松木，因为松木饱含树脂，更适合用来抛光而非燃烧。

火弓的轴要尽量直。摆动火弓时弓轴也会迅速转动，与底板形成摩擦。弓轴的长度随你决定，不过我一般会做成20厘米长，大概拇指粗细。另外，一定要选干的枯木。大多数人用树枝代替，因为树枝的长度和形状刚好适合。事实上，树枝内部的分子相比其他部位的木头更加紧密，所以木头也会更硬一些。与之相比，树木的芯材——也就是树干中间的木头——要更软一些。因此，你最好选择倒下的树，砍一节下来，然后做一个弓轴。椴木枝（一定要干枯的那种）用来做弓轴就很好。

火弓的轴承座是用来向弓轴顶部施加重量和压力的。很多东西可以用来做轴承座。但我更喜欢在一块石头上敲凿出一个小凹坑，然后把弓轴固定进去。

你可能也会考虑选用骨头，比如鹿的膝盖骨或者其他蹄类动物的骨头也都可以。旅行者常用木头当作轴承座，可你如果这么做，一定要把弓轴与轴承座相接的地方做好润滑，这样就不会挂住。紧急状况下，蜜蜡、耳屎、松焦油，或者皮肤油脂、头发油脂都可以用作润滑。

我的朋友道格·盖特谷德同时也是我的求生导师。他有一次用木头当轴承座，结果在轴承座摩擦出火花而不是底板。这很可能是因为轴承座比底板更软的原因。认识到这一状况之后，他将两者调转，果然成功生出了火。

弓与整个火弓钻绑在一起。任何一种木头都可以用来做弓，只要韧性足够，而且略带弯度就行。但愿你能找到伞绳或者其他一些不易折断的绳子、鞋带或者带子。如果手上没有，可能就得自己想办法做一根了，而做绳子是个缓慢而辛苦的过程（详见第十四章“关键求生技能”）。

火弓

火弓组件

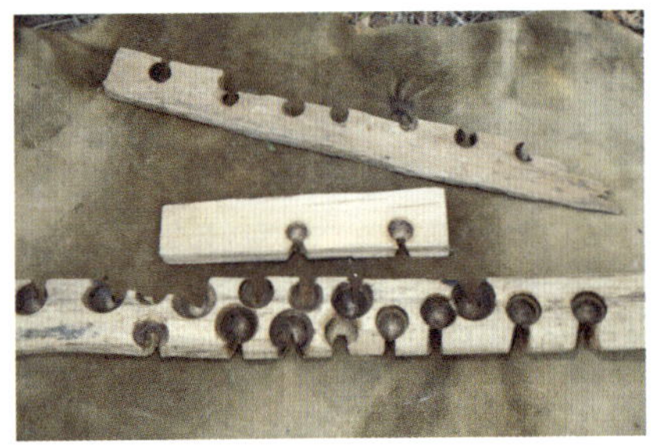

图为式样不一的底板，每一种都能成功用火弓生出火来。

用两根木棍充当底板：底部无凹口，只是把弓轴插在两根树枝中间的缝隙，让摩擦的木屑自然掉落。

只要重量足够，可以压弯弓轴，几乎任何东西都能当作轴承座用。

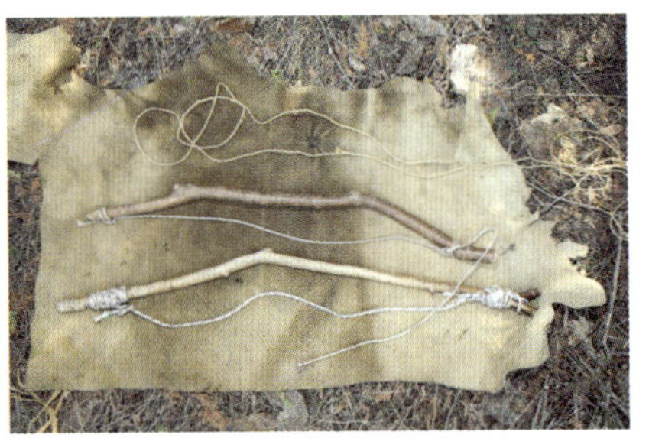

图为火弓，另外还有一些用椴木树皮做成的绳子。

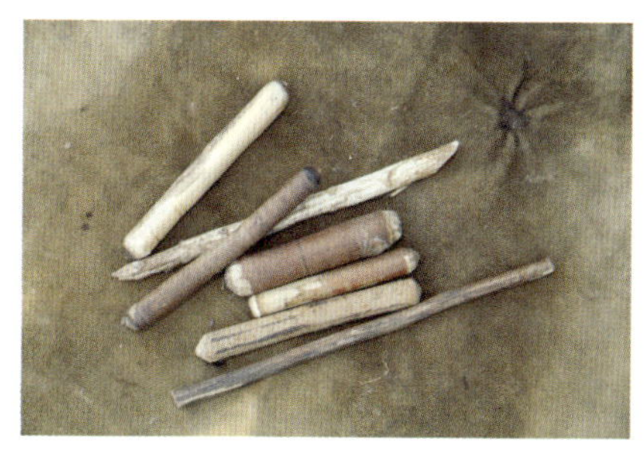

图为不同形状、尺寸、类型的木头，但都可以当作弓轴使用。

过程 跟任何一种生火方法一样，准备工作是成功制作火弓的关键。准备好上面的四种组件之后，接下来便是要做出尽可能大的火种束，至少得有 5 号保龄球那么大才行。像雪松树皮这种易折材料最好。

接下来便要找一个相对舒服的姿势，因为接下来的过程可能比较长：这个过程可能持续几分钟，也可能是几个小时。你也不希望努力到一半——比如刚刚看到几缕青烟飘出——却发现自己无法再忍受跪在石头上的腿的疼痛。另外，还要确保火弓的摩擦动作不会受到阻碍。

斯特劳德的小贴士

关于火弓的火种束应放在哪个位置，存在两派观点。一种观点认为应该在底板下方放一小块叶子或树皮接住余烬，然后再将余烬移到火种束上。我认为这是多此一举，可能还会让得来不易的余烬掉在地上，或者自然熄灭，或者被风吹灭。

我更倾向于把火种直接放在底板凹坑的下方，这样烧出来的余烬就会直接掉落在预设位置。最好的火种放在中间，凹坑的正下方位置。一定要把火种束压严实，以免在旋转过程中悄悄散下来把弓轴卡住。1

底板放在火种束的上面，让其平稳（地面不能潮湿）。身体摆好姿势，你可以想象弓轴的延长线会经过手背和肩胛骨的顶部。

伸出一只脚——跟拉弓的手相反方向——踏在底板上，慢慢身体后仰再向前，缓慢地向轴承座施加压力。保持正常呼吸！注意力放在自己的呼吸上，保持节奏均匀。

我个人觉得，赤脚踏在底板上更有感觉，比穿着靴子踩上去更有控制感。脚上穿着靴子，我也怕把余烬转到火种束的时候万一不小心踢动底板就前功尽弃了。不过越是这种时候越要保持冷静，所以你自己怎么舒服怎么来。

一旦做到缓慢、流畅（关键在于那种感觉）地拉弓，整套动作也感觉得心应手了，便可以慢慢加快速度，适当加大对轴承座施加的压力。到最后，你会发现转弓的速度和力度都达到了最大，而且弓轴没有打结也没有弹出。

这时候你需要用到三种感官感觉：触觉、听觉和视觉。你需要感觉弓轴与底板之间的摩擦，仔细聆听火弓摩擦发出的声音。这种时候一定不能发出唧唧吱吱的声音，因为这表明只是在抛光木头，而非磨出木屑。万一真的是那种唧唧吱吱的声音，立刻停下手上动作，把底板的小孔或弓轴两端弄粗糙些，以增加两者之间的摩擦力。如果还是有那种声音，那就代表弓轴的某种组件选错了木头。

过了这一步，接下来就得用到你的眼睛了。你会看到一缕缕细烟从底板中飘出。这时候你千万不能停下，而要用最大速度和压力继续动作。到一定程度，你会看到烟雾不是因为弓轴与底板之间的摩擦产生，而是从底板上木屑余烬中飘出来的。这种烟比你刚开始转动弓轴时看到的烟束更粗、更白。

万一你不是一个人呢？尽管需要一定时间才能确定两个人的节奏，但就做火弓这件事而言，两个人自然比一个人效率更高。一个人负责按住轴承座，另一个人则取舒服姿势正面朝向合作伙伴。两个人各执火弓的一端，按照需求进行推拉。如果能默契掌握节奏，两个人合作一定能让火弓转得更快更久。

斯特劳德的小贴士

不要让额头上的汗水滴到余烬中，因为汗水可能会滴灭好不容易磨出来的一点火光。

压轴戏 关于火弓，人们最常犯也是最严重的一个错误往往发生在最后阶段。擦出轻烟和余烬后，很多人都对着其吹气试图让火更快地烧起来，因为他们担心余烬很快会烧完熄灭。其实压根儿就不需要这么心急，余烬不可能在几秒的时间内就熄灭。冒出火光的余烬其实已经拥有很多动能，只要你妥善处置，便可以阴燃好一会儿。

当你确信下面已经开始有余烬时，慢慢地握住底板，把火弓收起来，腿移开的时候注意一定不要用力过猛以免火弓倾倒。然后，小心地把余烬转移到火种上。

把手滑入火种束的下方，用火种束轻轻裹住余烬，注意不要太用力以免摁灭那一点火光。这时候你可能已经累到颤抖，这很正常。本质上来说，你是要在火种束的中间弄出一个迷你火炉。轻轻对着火种束吹气，直到余烬的热度转到火种上并点燃火种。

一开始要轻轻地吹气。一旦看到火种束的内部出现乒乓球大小的红色火团，就无需担心火被吹灭了，你可以用力吹。

这时候，你应该已经做好把火种束转到火坑的准备，然后加入阶段 2 和阶段 3 的火种，再往后就加入干燥的小块引火物。

火弓生火步骤

1. 用略带弯度的木头加绳子（鞋带、带子、绳子等）制作一把火弓。

2. 接下来在底板上凿出小凹坑，用来固定弓轴。

3. 在弓轴两端各切出一个尖角。

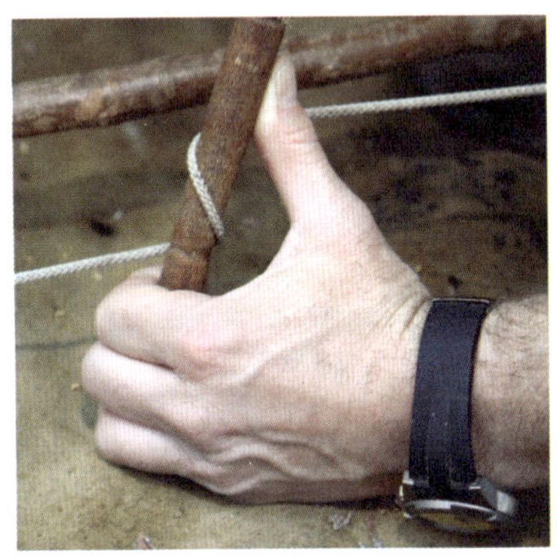

4. 用火弓线捆住弓轴，线一定要处于紧绷状态，但也不能太紧或太松。

5. 如图所示，抓紧绳索和弓，以便能调节松紧度。推拉火弓的时候，我会用手指按住绳子，根据实际需要增大压力。注意转动弓轴是为了在底板上弄出小凹坑，因此转动幅度不用太大。

6. 身体位置、绳子的紧度以及动作的流畅度是能否用火弓生火的三个关键因素。你要做到让控制轴承座（在弓轴上面）的手、同侧的肩以及弓轴处于同一条直线上。把弓轴放入凹坑后要注意一边推拉火弓，一边体会弓轴的运动过程。

7. 注意旋转火弓产生的黑色粉末散落在小凹坑周围，无法形成余烬。

8. 在底板上的凹坑旁边切出一个切口，好让火种顺利接住掉落的热屑。注意，切口要接近凹坑的中心点位置。

9. 最好的火种要放在凹坑下方，正对切口。然后在底板的其他位置放满阶段 1 火种。

10. 回到步骤 6 的姿势，一边转动火弓一边缓慢加大弓轴穿过轴承座的压力。

11. 看到有轻烟冒出时，你该全力转动火弓了。一旦形成真正的余烬，你会看到烟雾比之前你刚开始看到的小缕烟更浓且颜色更白。

12. 慢慢抬起底板，将底板切口处的余烬转到阶段 1 火种束的中间位置。

13. 这时你可能发现余烬粘在底板上，不易脱落。最好的办法就是轻轻拍动底板或者用小树枝把余烬推落，这样余烬便能顺利掉到火种束上。

14. 轻轻拿起火种束。

15. 从下方对着火种束吹气（仿佛在对火神祈祷），这样就不会烧到手。幸运的话，火种将燃出火焰。

16. 不过你要记住：这还只是火焰而已！还没有生出真正的火来！小心地把火焰转到阶段2火种上。

其他次选生火方法

关于生火，也还有其他一些孤注一掷的方法，都需要用到你平常可能不会带的东西，不过只要你有足够的火种，用任何一种方法都可以燃出熊熊大火。

假如你手头上有镜片或反射率高的某样东西，你还可以利用太阳光线生火。双筒望远镜、照相机、望远镜瞄准具、放大镜等物品的镜片都可以拿来使用，但选择并不限于这几样。我前面就说过，我曾见过很多人通过把太阳光线聚焦到勺子内部或者冰块上，从而生出火来。

显然，想通过这些方法成功生火，必然需要在有太阳的晴朗日子里，而且光线要强一些才好。火种束也是成功的关键，弄一捆树枝或类似大小的火种，是不可能用这种方法点燃的。所以一定要选择轻巧、干燥的火种材料。调整镜片的角度将太阳光线聚焦到火种的某个点上，直到火种束开始冒烟阴燃。

还有一种办法就是用钢棉和电池。想快速得到滚烫、发亮的余烬，只需要让两节电池正负极相接。任何一种带正负极的电池都可以，不过 D 型电池的使用效果最好。

把钢棉摊开，让其接触到两节电池的剩余一端。你将看到，钢棉被瞬间引燃。一定要提前把火种束准备好，因为火光会在一瞬间迸发。

最后，还可以通过不同种化学物品的组合来生火，但操作之前你得先确保所选择的化学物质不会产生有毒气体，导致你喘气困难，甚至造成更糟糕的情况。过去，我曾试过把高锰酸钾和糖混合，结果很成功。

要想熟练掌握这些方法——不管是首选方法还是次选方法——唯一的办法就是多花时间练习。我是经过好几个夏季课程的历练之后才开始掌握这些技能的。每年，我都会选择一种新的生火方法，整个露营期间我都只使用那一种生火办法。第一年夏天，我只允许自己用打火石；第二年，我的生火工具只有一块石头和一块铁；第三年，只靠火弓生火。通过在安全、挑战小的露营旅程中（毕竟我已有过多年的户外探险向导经历）练习这些技能，且不断重复，这些技能最终被我用得炉火纯青。

在非洲，我曾用一小瓶高锰酸钾和甘油生火，用的火种则是犀牛粪。

干燥的动物粪便是很好的引火物，具备所有上好火种的特性。

不管你信不信，干的动物粪便燃烧时并不会发出难闻的气味。

在雨雪中生火

当你在求生过程中陷入困境时，即便是在天干物燥的时候生火也是一个不小的挑战。要是再加上连绵不断的雨水，相信大部分人会直接放弃。千万不要放弃！只要有一点先见之明和勤勉努力，你还是可以生出火来，而且还能让火持续燃烧——即便是在这种极端天气条件下。

第一步要做的就是在雨中寻找干的生火材料，尤其是火种和引火物。只要你知道该找什么和去哪里找，找到这些并非不可能。首先，你要找那种自然遮挡物之下的东西。也就是说你应该多去悬石、动物巢穴、山洞、朽木中寻找。地洞和石缝是最有可能找到干燥火种和引火物的。

万一你确实找不到火种和引火物，那就只能自己动手做。这种时候，折叠锯和皮带刀便能派上用场了。

首先，你要找那种手臂粗的树枝。砍下 30 厘米长的一段来，然后你会惊讶地发现，除了外围一圈是湿的，剩下的木头都很干燥。接下来，你需要把里面的干木劈开。

你可以用一些树枝刨出很好的木屑来。这也就意味着你有了一堆绝佳的干燥火种和引火物，而这一切都来自那段被淋了雨的手臂粗细的树枝。

独特的生火方式

有一次，我在加拿大北安大略的一架失事飞机旁求生，我是靠着爆开的汽油箱里面的汽油、机架上卸下来的两根长金属条、飞机蓄电池和一些火种生出火来的。

我把两根金属条与电池的末端相接，然后通过摩擦金属条的另外两端从而擦出火花来。一开始我尝试在液体中擦出火花，但没有奏效。幸好后来记起了还有烟雾这一招，于是我用一块布覆住一杯汽油（可以让烟雾聚集），然后在汽油上方擦出火花。没有火柴，就靠着 59 毫升左右的汽油、一节电池、一些铁条，我竟成功地生出了火。

用小刀劈木头

1. 先把树枝一端着地立起，然后用皮带刀的刀刃（或石头的尖端）放到木头的顶部中心位置。

2. 用重物敲击刀刃后部，最好选用木头或动物骨头，不断往下施加压力直到木头被劈开。

3. 敲击刀的尖端，直到其嵌入木头。

4. 通过这种办法，你可以把木头劈成细条，而且所有劈出来的木头都是干燥易燃的。

之前在卡拉哈迪沙漠深处，我也用类似的方法成功地生过火。而且那次我手头上没有汽油，只是用当地的一些火种束成一捆，再把车子滤油器里的油淋上去，火种束放在电池顶端，当我用金属顶着电池底部擦出火花时，瞬间，我便有了火。

用防水胶带（duct tape）缠裹火种束，做成蜡烛模样，是一种延长火焰燃烧时间的好办法。道路照明弹也可以使用。另外，把唇膏或凡士林抹在棉花上，容易点火又能持久燃烧。

关于生火的地区考虑

生火，根据每个地方不同的地形特征也会有所不同。在一个地方得心应手的生火方法，换到另一个地方可能就不适用了。再次强调，多了解与当地相关的信息和专业知识能起到很大的帮助作用。

在美国亚利桑那的索诺兰沙漠，我曾在一堆火中添了一点豆科灌木，结果惊喜地发现，那堆小火竟然维持了很长的时间，比我在针叶林中烧的类似大小的火堆要长得多。这表明生火时可能会出现一些偶然情况。

干燥地区、沙漠和峡谷

要在这些地方生火和维持火的燃烧，坏消息是这些地方一般都很缺少烧火燃料（尤其是木头），好消息则是不管你找到什么烧火柴，一定是干燥的枯木，所以燃烧效果往往很好。比如，干的仙人掌，就是绝佳的烧火燃料。很具讽刺性的一点是，在沙漠中通常你能找到最好的烧火木，最容易烧出火来的时间往往是在一天的正午，而那个时候你压根儿就没有生火的需要。

寒带森林和其他温带森林区

或许这种森林区域最大的优势在于，你可以随时找到丰富的烧火木。但麻烦是迟早都会下雨，所以你得趁天还没下雨的时候收集好烧火材料，搭建避身所，尽可能地保护其不被雨水淋湿。

众所周知，低矮粗糙的松类灌木和树木，树液多得不可思议。而且这种树液容易燃烧，是极佳的阶段 2 火种，只需要用皮带刀刮开一道口子便能大量获取。

雪松树的树皮也是很好的火种。松鼠、花栗鼠以及其他啮齿类动物会把这种树的树皮剥咬下来，刮出细毛，然后放在自己的巢穴中。你也可以用刀背或石头刮擦雪松树皮，获得同样的细毛用作引火。

火绒真菌一般生长在温带森林的桦树上。火绒真菌外表看上去是黑黑的一大团，里面却是橘棕的颜色。这种真菌引火力特别强，是绝佳的生火材料。

北极和极地地区

信不信由你，即便在这种高寒地区，你还是可以生出火并让火持续燃烧，尽管生出的火不能太大（除非你是在海边，而且手边上有足够的浮木）。因纽特人之所以如此习惯生吃食物，就是因为他们没办法生出大火。

不过哪怕是在冻土地带，只要你仔细寻找，你还是可以找到许多树枝和小矮树。

另外，极地地区的苔藓只要够干燥，也是很耐烧的。几千年来，因纽特人一直使用海豹油灯，所以海豹油也是一个选择。

丛林地带

在丛林中生火，最大的威胁便是雨水，因为这种地方连续降水 10~12 小时简直是家常便饭。所以，你的挑战便在于如何搭建避身所，保护火堆不被雨水浇灭。

尽管如此，在丛林中是无法烧出熊熊大火的。空气中弥漫的湿气和有限的干燥烧火柴，决定了你只能烧出一堆小火。不过，小火堆至少也能带给你精神上的振奋，给你一点温暖，帮你加热食物，而且也可能让有威胁性的动物望火而逃。

沿海地带

在沿海地带，浮木无异于天赐的礼物，你在海滨区一般都能找到很多的浮木。尽管其中部分浮木是干的，但你还是不要寄托太大的希望。依我个人经验，至少一半的浮木已经被水浸透，无法用作烧火。

第七章

避身所

只要这个世界还有求生故事上演，关于求生中最迫切的首要任务的争论就不会停歇。冷静下来评估完周围情况之后，接下来的优先事项就要在几种需求中作出选择了，而具体还得根据个人实际情况而定。水至关重要，没有水，你肯定活不了多久。如果没有食物，你可能还能撑上几天。有些时候，我甚至懒得生火，但也能熬上一段时日。可如果碰上恶劣的天气，让你死得最快的一定是缺少避身所。不过，你也得记住一点，对于搜救者而言，避身所增加了他们寻找被困者的难度，因为避身所同时也是绝佳的伪装。

在求生情境中，你并不需要搭出一座木头小屋才能住进去（尽管有木头小屋自然很好）。所谓的避身所其实相当简陋。反正有一点很确定，就是你需要某样东西来替你遮风挡雨，这个需求从你在荒野中过夜的第一天起就存在了。尽管避身所的首要目的是遮风挡雨，其实它也能带来其他好处。有了避身所，你就有地方储存和保护物资。当你面对可能被猎豹袭击的风险时，避身所也能带给你某种心理上的慰藉。在现实中，重达五六百斤的大熊撕烂一个帐篷其实也就是数秒的时间，但那块拦在我们与荒野之间的薄薄的尼龙布总能让人多一些安全感。

尽管避身所并不能成为抵御野生动物的屏障，但至少也是一个阻碍。

即便只是一个脆弱的尼龙布帐篷或松枝屋顶，也可能让野兽困惑许久，从而为你赢得决定下一步行动的时间……至少，这种希望还是存在的。比如，在非洲的时候，我曾用荆棘搭出了一个高 1.5 米的荆棘围栏，有效阻止了好奇的狮子靠得太近。如果狮子真的想要抓我，那个荆棘栏自然是阻止不了的，即便非洲的荆棘最高可以长到 10 到 15 厘米长。

曾跟我一块经历求生的搭档道格·盖特谷德曾讲过这样一个故事：有一次在犹他州上求生课，一群学员在一个围得很扎实的灌木避身所中休息，那个避身所挺大，足以容下好几个人。到了午夜，一只大黑熊潜入避身所，从两个人身上跨过去，刚好抓住了那个倒霉鬼。直到听到那名倒霉学员的尖叫声，大家才从睡梦中醒来，而倒霉学员已经被大熊咬着脚踝拖着出了门口。最后大家齐心协力吓跑了大熊，但是这个故事足以证明，门对于黑熊这种动物是没有威慑意义的。

人类是一种偏重习惯的生物，所以在求生环境中最能抚慰人心的一种特质便是熟悉度。一旦意识到自己迷失，便会觉得整个世界是那么陌生、可怕、令人恐惧。而临时避身所给了你一个“家”。越早开始熟悉任务和活动，就能越早建立自信，克服心中恐惧。无论大小，只要能搭建出一个避身所，都将是一个重要成就，可以帮你振奋心情，也有利于身体力量的锻炼。你还可以在避身所中策划行动，或者把它当作制作求生工具的场所。

至于具体搭建何种避身所，还是取决于你所处的环境、时节、气候以及你预计被困的时间长短。你不能在沙漠中搭一个 A 字形的小木屋，也没办法在丛林中搭一座冰屋。成功搭建避身所的能力，并不在于死记硬背书上教给你的那些方法，而是你要理解透彻那种好的求生避身所所具备的基本特征，然后凭借自己的聪明才智随机应变。

我的一位求生老师戴夫·阿拉玛曾说，“绝大多数迷失的人都是在天快黑的时候发现自己走失的……因此随机应变的能力以及求生包中的基本工具就成了求生的关键。”

首当其冲要做的便是检查所带物资和周围情形，确定哪些东西可以通过拼接打磨做成避身所。有时候，你会发现自己只剩运气。有一次在非洲历险，我乘坐热气球降落在一片森林平原混合地带。热气球的降落伞面用来当临时住所的防水屋顶特别好，而热气球的篮子则被我做成了临时避身所。我甚至靠着那些伞布设计出了一个吊床，这样晚上就可以睡在吊床中，另外还做出了毯子用来保暖。

保管好手头上所有的人造材料，也不用吝惜摧毁某样物品以做成有助于生存的东西。

地点选择的重要性

关于避身所，无论你预计要停留的时间长或短，你要做的第一个决定便是设在哪儿。即便你有了所有必备材料，把避身所搭在错误的地方仍然会成为你的致命错误。

第一次制作求生电影时，我乘飞机前往加拿大安大略一个名叫瓦巴吉密的美丽地方。我选了一个自认为既利于拍摄又利于求生的地方：靠近一个偏远小湖中的光滑露岩。前面几个晚上，感觉确实很好。没想到后来起了大风，我的避身所直接变成了风洞。我一整个晚上都在露岩上来回踱步，不断逼迫自己做俯卧撑，以防止身体温度过低。因为选错了搭建避身所的地点，我才不得不经历那一整个晚上的煎熬。当然，事实上，我没有提前考虑好确保避身所是封闭的或者有个严实的门，也是造成这一后果的原因之一。

那么，选择避身所搭建地点需要考虑哪些事项呢？首先，你要选择一个相对平坦且周边没有松散岩石的地方。正如我的朋友兼沙漠求生专家大卫·霍拉迪所说，无论何时都要记住五个 W：直立枯树（widowmakers），水（water），爬虫（wigglies），天气或风（wind）及木头（wood）。

我在北安大略瓦巴吉密的"风洞"里度过了漫长难熬的一夜。

Widowmakers　widowmakers 这里是指再来一场大风便会迎风而倒的直立枯树。所以在 widowmakers 中间搭建避身所是一件极其危险的事——尽管有时候你可能也没有别的选择。

水　避身所要尽可能的靠近水源。距离水源越远，你取水时需要耗费的能量和宝贵热量就越多。不过，你也不能因为水的缘故，选择其他方面恶劣的地方。比如说，山谷中最冷或者蚊虫最多的地方。总之，要在水源和其他因素中间进行权衡。

尽管这里说要选择离水源近的地方，但是千万不能选在可能被水淹的地方搭建避身所，比如一下雨就会被水浸的干涸河床，或者可能变成水坑的低洼处。记住，每年因突如其来的洪水而死的人比死于其他自然现象的人要多得多。

爬虫 搭建避身所的地方要尽可能远离爬虫，也就是会咬人、叮人、爬行蠕动的生物，比如像蛇、蜘蛛、蚂蚁这种。在亚马孙平原，被瓦欧人称为 Maunyi 的子弹蚁能长到 5 厘米长，而且有一对特别厉害的下颌骨。吉姆·约斯特是我的向导兼瓦欧语翻译，他是这样描述子弹蚁的：“想象一把滚烫的火钳插入你的皮肤，还在你的身体里使劲儿扭啊转啊，而且至少要折磨你五个小时。”相比蛇咬，瓦欧人更害怕被这种子弹蚁咬到，因为他们知道一旦被这种 Maunyi 子弹蚁叮上三到六下，即便是成年男子也会应声倒地，即使最后能侥幸逃过一命。所以一定要避免把避身所搭在蚁丘附近，因为蚂蚁和蛇类都喜欢在这种地方安家。

约莫 60 只子弹蚁形成一个聚集区。若是人类进入或破坏了蚁穴，这些子弹蚁会集体对人类发动攻击。

天气 / 风 在地点选择方面，防风问题是重要的考量因素。因为在所有天气影响中，大风最容易造成低温症。不管你把避身所搭建得多好，大风都会把你临时的家撕扯得支离破碎。所以要尽量把避身所搭在避风的地方。如果位于多山盆地，注意选在山坡处的顺风向位置。

木头 假设你经历求生的地方有林木，那就尽量选择靠近林木的地方，这样即便于生火也便于搭建避身所。

除开这五个因素之外，选择避身所搭建地时还要重点考虑温度因素。若身处丘陵地带，而且想要寻找较为温暖的地方，最好就选择山坡的四分之三处。晚上冷空气一般会沉到山谷，而山顶又常常风力大，所以无论是山谷还是山顶，到了晚上都会把你冷醒。

还有一个要避开的地方（尤其是在非洲）就是果树旁边或果树下方。野果常常会吸引昆虫和野兽，而成熟的果实也可能砸落在你的避身所上，影响你的睡眠。鸟儿的排泄物还会把你住的地方弄得乱七八糟。同时还要避免在有野兽踪迹的地方或其附近搭建避身所，因为过往的野兽可能摧毁你的避身所，甚至可能伤害你的人身安全。

还要记住一点，时节和地理因素也在选择搭建避身所的理想地点时扮演重要角色。你肯定想要选择靠近水源的地方，如果是在温暖地带或在夏天，还要尽可能远离虫蚁。如果是在寒冷地带或冬天，则要选择可以防风的地方，尽可能靠近林木以获得烧火燃料，同时还要有阳光直射。

斯特劳德的小贴士

不要纠结于搭建哪种类型的避身所。只要能保暖、不潮湿、还能起到一定的防护作用，就是好的避身所，至于设计成什么样子压根儿无关紧要。不过你也得注意一点，用大自然材料搭建出来的避身所往往伪装性强，从上往下看很难被发现，所以如果你期待有过往的飞机对你进行搜救的话，这可不是一个有利因素。

搭建避身所的基本常识

第一步：床

准备搭建避身所时，可不要一开始就想着搭建框架。你最好先把床搭出来，然后围着床搭建临时住所。这是为什么呢？首先，这样一来，你就有充足的空间来搭床，而不是在限定的空间内做这件事。其次，你可以合理规划床的尺寸，再规划避身所的大小。旅行者在最初搭建避身所时，最常犯的一个错误就是容易把避身所搭得太小。我都记不清有多少次，我所认识的人把床搭得太小，在床的周围搭出了很棒的避身所，结果却只能蜷缩在床里头，低头一看就会发现自己的脚直接伸到了门外！

另外，还要在你与地面之间留出距离，不管是通过悬空床还是在底下垫东西，总之床不能直接铺在地上。这一点至关重要！且不说风，光凭席地而睡这一点就会让你的身体热量快速流失。

如果周围有木头，可以在床下面垫几层原木。

任何一种材料都可以用来当隔离床垫，但千万不要选毒葛这种有毒植物或者有很多昆虫附着的植物，因为到了晚上那些昆虫很可能会对你发动攻击。采集原材料的时候也要小心（比如草），注意不要打扰到毒蛇或者蜘蛛这一类的爬虫。伸手进入之前先用木棍在深草里面搅动一番。

不管用什么东西垫在床的下面，一定要多垫一些，反正越多越好。你可能已经垫了 15 厘米厚的云杉树枝或者草叶，但因为你整晚都睡在上面翻动，这些东西很可能会被彻底压扁，到天亮的时候你会发现自己几乎跟睡在地上差不多。

在经历求生的过程中，大多数人不会更换铺盖草垫这些东西，但如果在某个地方要困很久，最好还是换一下会比较好（如果材料充足的话）。定期更换寝具会让你产生一种对自己的认同感，也能提高居住的舒适度，让你精神上获得充实，获得求生的心理满足感。

在原木上铺一层隔离物或床品。任何东西都可以，只要柔软就行了。大树枝、草或者树叶都可以拿来用。冬天铺一层雪和树枝就很好。

魁北克北部的克里人通过编织常青树的树枝做出松软的地板和寝具。他们还会经常更换，确保良好的生活环境。

步骤二：避身所框架

床铺搭好之后，接下来就要把注意力放在整体框架的搭建上。不管你打算搭建哪一种避身所，你都要记住下面这几个要点：

不要低估屋顶倾斜的重要性。平坦的屋顶很容易发生漏水的问题，所以坡度越大越好。

- 屋顶坡度必须确保能让雨雪轻松滑下。当你没有油布这种塑料类的东西在屋顶加盖一层的话，这一点尤其重要。
- 屋顶一定要结实，不管你在上面加上什么防护层或者落下多厚的雪都要能承受其重量。评判避身所是否建得好的一个标准，就是看屋顶能否承受住你的体重（尽管并非每一次都需要达到这个标准）。
- 防护层也很重要，因为它可以把热量和温度留在避身所内。搭好屋顶和墙之后，就用手边上能找到的任何东西加盖一层，越厚越蓬松的就越好。
- 搭建避身所时，要注意自身身体。搭建房屋是求生过程中最累人的一项任务，所以要注意不要让自己累到虚脱。要及时休息，水充足的情况下要定时补充水分，如果外面很冷，还要注意干活儿的节奏，以免留太多汗。

常青树的树枝用来当屋顶防护层非常好，另外像植物绒毛、草、树叶、树皮、苔藓、毛皮，甚至积雪都可以。

步骤三：防风和防水

求生环境中的避身所要想做到防风且防水是很困难的，尤其是当你手头上并没有塑料布之类的东西的时候。提高屋顶坡度有助于解决这个问题，或者随便用某种材料在上面加盖一层。

避身所屋顶加盖 根据手头上现有的材料不同，给避身所加盖的方法也有很多。

要给避身所加盖，首先要从最下面开始加，而且每往屋顶上面加一层材料（最好是树皮），动作要轻一些。

大块的桦树树皮用来当屋顶效果特别好。

记着还要在避身所外围围上一圈，使其尽可能地防风。

在避身所中生火

避身所的主要功能就在于保暖，增加内心的安定感，而要达到这个目的最好的办法莫过于在里面生一堆火。不过，并非所有避身所都可以生火，就是可以生火，也要很小心才行。条件允许的话，在求生过程中还是值得尝试一下的。在避身所内生火，可以帮你摆脱那种困兽于洞的感觉。

如果你打算在避身所内部生火，首先你得辟出一块空间来，甚至在搭建床铺之前就要留出这个空间。先清出一块地方用作火坑，周围用树枝、沙堤或者保龄球大小的石块围住，这些都有助于把热量反射回避身所。再用岩石（最佳选择）、泥土或者湿润蓬松的原木隔开火堆和你的床。搭建避身所框架的时候，要在屋顶上留出烟孔，注意火焰的高度，同时确保火堆的正上方或附近没有容易着火的易燃物。还要确保避身所和外界空气流通让火堆能有充足的氧气，但又不能让风吹过你的身体。最后，要专门留一个地方放你收集来的柴火。关于在避身所内生火，更多内容详见第六章的“火”。

在避身所内生火的好处在于，它可以让你在夜晚或者外面风雨交加时仍然保持温暖和舒适。尽管室内的火堆都不大（沿石面的长条小火堆就可以保障身体温度），但要维持火的燃烧并不是一件易事。室内火需要你不断添加小块的烧火柴，也就是说你能睡的时间非常少。差不多是你瞌睡20分钟，火就灭了，然后你就会被冷醒；然后你睡眼惺忪地醒来，继续往火里添柴……就这样一直持续到第一缕阳光出来，带来你祈祷了一夜想要获得的解脱。

斯特劳德的小贴士

避身所要搭建得足够大，至少你待在里头不要感觉到局促拥挤和不舒服。不过也要注意避身所的热量保留问题，不要建得太大，那样不利于保暖。另外，避身所的门要尽可能小一些，而且要比床的位置低一些（尤其是天冷的时候要注意这一点）。

有地热的避身所

如果不在避身所室内生火，还要保障避身所温暖。一个粗犷但有效的办法便是，在你打算搭建避身所的地方生一堆火（最好是在平坦的大石头上）。你可以让这一堆大火烧上一整天，然后你趁这个时间多准备一些搭床铺、墙和屋顶所需要的材料。

等到夜晚来临，慢慢让火熄灭，然后在热碳上覆盖2.5厘米厚的沙子或土壤。避身所就直接建在这个地方。晚上，热量会从地下的热炭中析出，让你感到温暖和舒适。如果你是选在平坦的大石头上生的火，那便可以直接把热木炭推到一边（这些热木炭会持续燃烧，你整晚待在避身所内还是可以享受到火的温度）。然后再把草木床垫摊在加热过的石头上。我常常这样做，有时候甚至在避身所内连续待上两到三小时都会觉得受不了，因为底下的床太热了！

应急的短期和长期避身所

避身所有几种基本的类型，而具体选择哪种类型要根据所处的地方、周围能提供的材料以及你自己随身携带的物品灵活调整。

应急短期避身所和长期避身所有一个重要的不同。应急短期避身所就是指那种立刻需要用到的，一般都是前面一两个晚上，帮助你抵御不利天气或者某种迫在眉睫的危险。这种避身所一般较为粗糙原始，居住其中也会有不同程度的不适，可能会漏水、灌风，而且只能承受短期的人类活动。这种避身所只能在很短的时间内保障你的生存，而这也是搭建短期避身所如此重要的原因所在。

一旦在应急的短期避身所中住了一两天之后，接下来你一定要思考长期的解决方案了。要搭建长期居住的避身所，你需要注重舒适度和承受力这两个方面。因此，搭建长期避身所的难度一般更大，耗费的时间更长，需要的材料也更多，而且会消耗你更多能量。不过只要其他方面的生存问题解决了，长期避身所将带给你巨大的心理力量。你会感到更温暖、更舒适、更有安全感、能休息得更好……因此，幸存下来的机会也就更大。

应急的短期避身所

直立上身靠着树干或石头睡觉是一件很痛苦的事，而在求生困境中，你必须尽一切努力找到温暖干燥的避身所，让你自己得到休息。说到成功找到并利用好应急的短期避身所，你需要记住一点——从本质上来说，你也属于动物。所以就把自己当成被困山林的野兽，也不用怕弄脏衣服或指甲。

在这种情形下，孩童的表现一般都好过大人，这是因为孩子不怕弄脏身体。比如说，孩子很乐意钻进树洞，把树洞当成避身所。而成年人却受累于对幽闭空间的恐惧感。爬入树洞可以让我免受雪打风吹，但里面看上去那么脏，黏糊糊的，肯定还有很多爬虫在里头。担心爬虫倒不是没有道理，但这样的树洞可以暂时保证你在一个温暖、干燥的地方过夜，从而保住你的性命。

其实，最简单的应急短期避身所就是我们小时候在秋天常常玩的一样东西：落叶。如果恰好是秋天迷失在落叶林中，你很容易就能堆起一堆树叶，然后像虫子一样钻进树叶堆中。落叶堆的保暖程度绝对让你惊喜。

天然的地洞或倒下的树也可以当作临时的避身所，在里面垫上落叶（最好是用落叶把自己盖起来）效果更好。洞穴或者动物巢穴也可以，只不过这种地方一定不能久待。

好似动物一样钻入落叶堆中（做成一个窝）能让你撑过一两个晚上。

披屋：介于短期和长期避身所之间

如果要在应急的短期避身所和长期避身所中划一道界限，那就非披屋莫属了。这种房屋结构需要自己动手搭建一部分，所以比完全的应急短期避身所要复杂一些，但也不是很适合当作长期避身所，因为它还存在很多缺陷。

披屋只有一边墙体可以挡风，如果风只从一个方向来，那倒还好。可一旦风势改向，披屋就无法再起到遮风挡雨的作用，你会发现自己躺在床上被风吹雨淋，当然你千辛万苦生起来的火也会跟着遭殃。另外，披屋没办法留住热量。

在天气良好或者原材料不够建造完整避身所的时候，那就选择披屋吧。要建造一座披屋，首先你要在两棵相距一段距离的树之间架一道梁，而这道树梁的长度要能够容下你的身体。横梁架设的高度也要能让你舒适地坐直身子。如果找不到距离合适的两棵树，那可以用 Y 形的大树杈或三脚架代替。总之避身所要能容纳你横躺的身体，同时也要在地面加以固定。再在两个 Y 形支架中间架一道横梁。

我从不会在披屋中停留太长时间，尽管在里面待一两个晚上还是可以的。既然已经费心思搭出了披屋，何不再设一堵墙搭成正规的 A 字形屋呢？毕竟后者是绝佳的长期避身所。

树杈之间的横梁可以并排架设（横梁数量则是越多越好），它们就相当于屋脊。屋脊坡度越高，屋顶就越能有效地排水。有塑料膜的话，可以在屋脊上铺一层塑料膜当作防水层。注意不要把塑料膜弄穿。

如果没有油布，可以在屋脊上面叠加防风屋顶材料。这些材料可以尽量多地叠加，直到你觉得避身所可以提供所需的保护为止。

要加固披屋，你还可以在披屋较高一端的下方筑一道矮墙。在土里打两根木桩，木桩之间的距离要跟你打算筑墙的原木之间的距离相匹配。

把原木打入木桩，还可以用泥土、草、苔藓或任何其他合适的材料填塞缝隙，让墙面更加结实防风。完成这项工作之后，做出来的墙面就能很好地反射热量，尤其是当你用新木筑墙的时候，因为新木不会跟老木那样容易被点燃。

我个人并不喜欢在有风的地方搭建披屋，而地球上哪个角落几乎都有风。像亚马孙雨林这种地方，因为几乎从不停歇的雨水通常都是倾盆而泻，这种避身所反倒能发挥作用，尤其是当屋顶一边高一边低的时候。

披屋可以看作是打造更稳固 A 形避身所的第一步。当你把披屋敞开的两面封起，便得到四面都能有所保护的 A 形结构避身所。

斯特劳德的小贴士

缺少睡眠是一件很危险的事情，会导致失望沮丧、头脑不清、动作笨拙、压抑绝望等后果。但如果在温暖的大太阳底下睡大觉，又可能让你错过了被救的机会。所以你需要搭建一个舒服的避身所，尽可能利用晚上的时间充分休息。

长期避身所

当你意识到救援并不会很快来到时，就有必要把应急短期避身所转为长期避身所了。钻入落叶堆或许能帮你临时撑过一两个晚上，但你不可能在里面住上三个星期，而且一旦碰上下雨，躺在落叶堆中也会特别难受。

说到长期避身所，就一定要考虑舒适问题。这个临时的家，至少要能让你直起身子坐吧。当然在荒野中，要搭出一个可以让人自如站立或行走的避身所是可望不可求的奢侈，所以索性也不往这方面想了。下面要提到

图为在亚马孙雨林，我的瓦欧向导之一金塔正教我如何用芭蕉叶为披屋挡雨。

的这些避身所可以在不同地理特征的地方搭建出来，具体根据所处地方的自然特征和可用的材料而定。

寻找长期避身所 最理想的长期避身所是那种不需要你动手搭建的，这样可以帮你省下不少精力……而且可以让你轻松不少。行进途中，关键就是要冷静地抉择到底是在偶然撞入的干燥洞穴中过夜还是继续往前赶路，而如果继续赶路，几个小时之后你无论如何还是得自己搭一个避身所的。

事实上，在世界的一些地方——尤其是北美——当地人在荒野山林各个重要位置都建有求生小屋。这些小屋不仅能为你遮风挡雨，里面通常还存有求生装备和食物。

作为行程规划和准备的一部分，你需要提前研究找到这种避身所的可能性，并在地形图上标注地点。我就曾经在加拿大北部的拉布拉多地区误打误撞找到过这样一个避身所，那天刚好是带着一个雪橇犬队，而且眼看就要变天了。尽管那个相对较新的小屋没有食物和装备储存，但约莫 9 平方米的小屋中设有木头炉子和一些劈好的柴火，这样就解除了我的后顾之忧。不然，我还得为去哪儿找一个干净、舒适的地方过夜而头疼呢。

因为我出发之前咨询过当地专家大卫·霍拉迪，我知道这个洞穴中的这种石头不会“裂开”，所以在里头生火是安全的。

裂开的石头足以把你压成肉饼。

身处山洞，你要面临的危险就是在洞内生火。相信你也想象得到，形成山洞的岩石并不耐热，一旦生火便可能让石头受热迸出裂缝，进而让顶部的石头突然砸落。

要是你运气好找到一个很大的山洞，摸索情况时可不要自己迷了路。记得要随时在山洞壁或地上做标记，哪怕是在山洞口系一根绳子也可以。记住，有时候山洞里面可能已经有别的占领者，或者你在里面的时候，别的一些山禽猛兽也可能循迹过来寻找避身之所。如果一定要生火，也要选在靠近洞口的地方，以阻止别的动物贸然进入。（不过，有时候过来寻找避身所的动物也可以成为你的猎物！）

一切完备的天然或人工避身所都相当少见。你也不要浪费力气到处去找这样的地方了，只要能找到一个容身之处，就已是万分幸运了。

说到天然的冬季避身所，很多求生指南上都提到"树坑"，也就是针叶林底部四周围着雪中间少雪的地洞，据说这种地方无需额外再搭建（其实这种说法并不可靠，往往还需再收拾一番）。我曾在北美洲的森林里蹬着雪鞋度过了很多个冬季夜晚，却很少见到这种神奇的、一进去就可以睡觉、由树干和雪形成的天然雪屋。不过，这种地方在北美西海岸的山林里倒是不少见，只是要找到一个也需要花费不少时间和力气。你可能还是得自己挖一个树坑避身所，这一点我接下来会着重讲到。

如果没能找到山洞，图中这样的悬石头可作为次选的天然避身所。

动手搭建长期避身所 关于长期避身所需要谨记的一点是，很多地方都可以自己搭建避身所，但具体怎么建要看所处地的自然条件及手头上现有的材料而定。跟其他求生任务一样，建造一个像样的长期避身所的能力，取决于你自身的适应能力和创新能力。

A 字形房屋 跟披屋不一样的是，只要建造和维修得当，A 字形房屋可以当做长期避身所，能在很长一段时间内满足人的居住需求。A 字形房屋结实耐用，能有效（即便不能说完全）挡住雨水，而且隔热层做得好的话，还具备保温留暖的功能。A 字形房屋最好的一点是，每次返回营地你都可以往屋顶上加盖隔热防水材料，使居住条件不断改善。

要建造出 A 字形房屋（只有一个人的情况下），首先你要清出一块地方（必要的话，提前挖出一个火坑），搭好床铺。然后，找一棵断树当作屋脊梁（约 3.6 米长），再找一棵树枝粗壮且离地面约 1.2 米高的直立的树。把屋脊的一端架在树枝的内侧，与树干相接。实在找不到可以架屋脊的树，用大石头、两根分叉的大树枝、树墩或者任何其他类似结构替代也都可以。脊梁两侧搭上树枝，当作檩木。这些檩木要与脊梁形成约 45 度的夹角，檩木间隔约几英寸。树枝的坡度越高，屋顶排水的效果越好。

檩木的顶端比所搭屋脊的高度不能超过 2.5 到 5 厘米，不然就没办法在屋顶盖瓦。若是觉得檩木较为单薄，可以在这些树枝檩木上方再交叉铺一层遮盖物。然后把其他所有可以找到的能隔热防雨的材料全部铺上去。你要想尽一切办法，甚至不惜把森林地面上的碎屑残骸也捡起来用以保护房屋。

不要忘了在 A 字形房屋的入门处堆一些保温材料，这样你人钻进屋子之后就能直接把那些材料拖进去。（记住屋门一定要建得比避身所低。）你可以用一些木棍和小树枝编成格子做成栅栏门。如果栅栏门的格子都是由双股枝条编的，再在中间放一层保温材料，把三者合成一体，那保温防风效果就更好了，

道格 · 盖特谷德曾在这样一所 A 字形房屋里住了一整个冬天。他曾经这样说过："那年冬天住在小屋里，我发现最大的问题就是因为屋梁靠着一棵树。每当下雨，雨水冲刷树干，顺着屋脊往下流，结果滴得我满身都是。我应该用两根叉形木棍的，那样就能避免这个问题。一定要把屋梁搭着树的话，我也会特意让屋梁超出树 1.8 米。这样一来，后头睡觉的区

域就会相对变小，屋子里前头部分就有了可以干活和活动的区域，”

曲梁避身所 当你周遭都是 1.8 米高的灌木丛或树干跟台球杆一般粗的矮树丛，你可以选择曲梁避身所来解决问题。先要找到 20 根这样的梁，然后把上面的枝杈和叶子清去。

1. 收集 20 根这样的梁之后，清去上面的枝杈树叶，然后把树枝插进土中，搭出避身所的大致轮廓。

2. 从顶端系上树枝，使其固定到位。

3. 然后，用手头上有的材料盖在上面，用以保温防风。

悬挂式避身所 吊床或平台式床这种悬挂式避身所有两种好处。首先，它是吊离地面的，保暖效果好；其次，可以帮你隔开爬虫毒蛇，比如蝎子、蛇、蜘蛛和其他一些咬人或叮人的生物。

图中是我在亚马孙搭的一个平台式床，用来替代吊床效果很好。

窝棚（圆锥形帐篷） 跟北美印第安人匠心独运的圆锥形帐篷类似，窝棚由三根中心柱组成，柱梁的顶部系紧或钳紧形成三脚架。若要增加支撑，可以用更多树梁撑住三脚架。再用周围可以找到的所有材料加盖上去。作为对比，印第安人的圆锥形帐篷同样结构粗糙，但其墙面会用人工材料盖好，比如油布、塑料膜、降落伞伞面，甚至帆布等。

这两种避身所有一些共同的优点，比如都很结实牢靠，由于墙面坡度高，所以避雨效果特别好，而且能让人坐直身子（有时你甚至能直立身子），还可以让你在屋内生火，因为烟雾会直接从顶部飘出。打造空气通道让氧气进来，有助于排出烟雾。

油布避身所 如果带了求生工具包，里面至少要有两个垃圾袋，甚至有太阳毯（或太空毯）。像这种物品（有油布就更好了）在搭建避身所方面可谓十分宝贵，因为只要你有绳索之类的东西，单凭这些就可以搭出一个帐篷。

如果屋顶只是盖了一层塑料薄膜，要注意雨水或其他降落物可能在薄膜上形成水坑，从而导致漏水，甚至造成整个避身所坍塌。

凡是在搭建避身所的过程中用到塑料薄膜，都要防止薄膜不被刺穿、撕破或者遭到其他损坏。不然，只要有一道破裂的口子，塑料薄膜不仅不能防水，这道口子还会越来越大。

如果是在沙漠和其他干燥的环境中，可以用塑料薄膜和露岩或沙堆配合，以阻挡火辣的阳光。

在任何有树的地方，你都可以在两棵树中间拉一根绳子，然后把塑料薄膜搭上去做成最简单的 A 字形结构。再用石头或别的重物压住薄膜的四个角。同样的道理，你也可以用塑料膜搭出披屋。

斯特劳德的小贴士

除非真的是别无他选，不然我并不建议往地下挖洞当作避身所。这不仅是因为挖坑是一个需要耗费大量劳动的事情，而且一般往下挖都会碰到一些自然的阻碍，比如挖到树根或石头。就连沙漠的沙地，要想往下挖也是很困难的一件事情。

另一方面，如果你幸运地找到了现成的土坑或凹坑，那就要想尽一切办法把它当做避身所的基础（如果这个凹坑不是用来储水的话）。清出里面的碎屑杂物之后，再用树枝和其他枯木在凹坑的上面搭出一个屋顶。最后用塑料膜（如果有的话）、树叶和泥土盖上去。

有一次在加拿大不列颠哥伦比亚省的大山里被大雨围困了一周，我用太阳毯当作避身所的屋顶，然后在地上挖出一个沙坑，当作避身所。那绝对是我住过的最暖和的避身所。

关于避身所的地区考虑

究竟搭建哪种类型的避身所，即便不能说全部由所处地方的条件决定，至少也大部分由其决定。你所处的地方，将决定你必须要用哪些材料，你需要搭建何种避身所，需要怎样的保护以抵挡恶劣天气和动物野兽的侵袭，以及是否需要屋内生火。

图为在非洲度过的一周，我用降落伞伞面材料做成了这个吊床和另一个避身所。

干燥地区、沙漠和峡谷

在这种地方，你一般能找到很多悬石和洞穴加以利用。早期的美国强盗和歹徒就常常把洞穴当做藏身之所，而且这种洞穴系统维持了好几十年。

在沙漠中，避雨并非首要问题，从这一方面来讲，避身所并没有那么重要。然而，避身所真正的作用是阻挡阳光和风。露岩和悬石至少能在一定程度上抵挡恶劣天气。洞穴仍然能提供更大的保护。所以要提前研究当地地貌，找出洞穴所在地的特征。

斯特劳德的小贴士

在周末求生课程中跟一群相处默契的朋友躺在避身所中，并不能让你想象出在真正的求生避身所中睡觉是多么痛苦的一件事情，真到那时候，你唯一的念头就是赶紧回家。在求生避身所中休息从来都不是一件舒服的事，经常都得忍受寒冷和幽闭恐惧，而且还得被烟熏得够呛（如果你生了火的话）。但不要气馁。避身所最大的意义就在于保暖，并让你得到一些睡眠。

如果你需要在沙漠中搭建避身所，像垃圾袋、太阳毯和油布这种塑料膜是至关重要的。你可以把塑料布挂在悬石上或摊开在两座沙丘中间的位置，以躲避毒辣的阳光。

无论你最终在沙漠中选择何种避身所，你的床一定要避开地面和有毒生物，比如毒蝎子、毒蜘蛛，这些毒虫往往会被你身体的温度吸引过来。睡觉的时候，鞋子也一定不要放在地上，早上起来穿鞋子之前，要先把鞋子倒过来翻转并把两只鞋子互相敲击几下，以检查鞋子里面是否藏着蝎子。要知道，毒蝎最喜欢藏在鞋子里，通过这种方式咬伤了很多人。

北方森林、温带森林

如果说有什么求生环境是一定需要避身所的，这种地方是最好的选择。葱郁的树木不仅提供了充足的烧火燃料，还能提供众多天然原材料。

森林里最适合搭建避身所的原材料就是云杉、松树和腐朽的桦树。常青树的大树枝是绝佳的屋顶和墙面材料，而且只要把树枝尾端的开叉折向空中，就能很好地防雨（尽管防风效果并不是很好），而且既可以保温又可以用来垫床铺。

大块的老树皮是取之不尽的屋顶材料。树皮上经常有些小孔，可以通过多盖几层解决这个问题。

跟很多天然材料一样，大树枝也不是你召之即来的东西。一次，我给一对夫妻上求生技能课，当时正在讲大树枝充当避身所材料的优势。那本是一个绝佳的教学机会，因为我们当时正穿过一个“圣诞树”林。然而，走了两百码后，却从云杉林走到了一个落叶林，那里根本就看不到大树枝！我们的讨论主题自然而然转为如何用树叶搭出临时避身所了。

区区几百码的距离，可落实到求生的具体问题上，却有着天差地别。所以旅行的时候，要留心周围所看到的自然原材。

如果能碰上被风刮倒的树，露出根床，是很幸运的一件事。这些根床就相当于直径 3 米的土墙，常与地面形成直角，可直接当作避身所的墙体。

在森林里还时常可以碰上巨石。如果石头够大，跟上面提到的根床一样，也可以当作避身所的一面墙。

在应急短期求生时，根床的用途很大，相当于现成的防风墙。

在避身所的搭建过程中用到大石头的好处在于，如果靠着石头生火，石头可以帮助反射热量。

北极和极地地区（或冰雪区）

在北极，最好的避身所莫过于冰屋（冬天）。然而，冰屋的建造需要高超的技能和训练。未经培训，很少有人能一次成功地造出冰屋。你首先得知道要什么样的雪砖——切割雪砖就像是切割泡沫塑料——然后清楚整个建造过程。单凭书上的几张照片，你是很难成功造出冰屋的。这也是为什么所有打算在冬季前往北极的人都必须上求生课程的原因，而其中的必修课就是冰屋的搭建。

在这种冰天雪地的地方，还有一个选择就是雪洞。尽管很多相关书籍对雪洞的描述，都让人觉得雪洞很容易搭建，其实不然（至少初次尝试并不容易）。有一次，我在冬天被困雪地中，却找不到一个合适的地方来挖雪洞。不过，只要选对了地方，雪洞确实能在严峻的天气条件下帮你保住性命。

雪穴跟雪洞很相似。两者的区别在于，雪洞需要先找到一个雪堆，然后往里挖。雪穴则需要你靠着自己的双手先堆出一个雪堆，然后再挖出雪洞。这也行得通，但我觉得这并不能算真正意义上的求生避身所，原因有四：第一，你所处的地方得有足够多的积雪，才能堆出雪堆；第二，你需要一把雪铲（至少有一双雪靴）帮你挖；第三，这个过程会耗费你大量体力；最后，整个过程很可能累得你汗如雨下。

如果你决意要造出一个雪穴，那就先在背风的一边挖出一个入口。不管是怎样的雪洞避身所，确保顶上开一个小洞用以通风换气。最后，还要在洞里面烧几分钟的火，以使冰面变得光滑。光滑的雪洞顶可以反射身体热量，湿气也会沿着雪洞的边缘慢慢流下，而不是直接滴在你身上。

无论你是决定挖一个雪洞还是雪穴，挖的过程都会让你全身湿透（你身上也会落满雪花）。所以要记得时时拍落身上的雪花，同时尽量少穿几件衣服，以最大限度降低流汗的可能性。

北极的夏季则是另一番景象了，你的首要事情肯定是要躲避那些虫子。尽可能选择风大的地方，那种地方虫子少。

挖雪洞

1. 先挖出一道雪沟。雪沟相当于应急的雪洞。一边挖，一边利用挖出来多余的雪加高墙面。

2. 用手头上有的材料在雪沟底部铺上一层，然后在雪沟的顶部横向架上树枝当作屋顶。

3. 在屋顶上加盖一层油布或应急毯。若手头上没有这种人造材料，也可以用大树枝、树皮或树叶代替。

造雪穴

1. 先找一个积雪量足够造出雪穴的地方，或者可以让你挖出雪洞的沟坑和角度。这本身就是一个任务。

2. 在雪避身所的关键位置插上几根木棍。这样一来，当你挖入雪穴内部看到棍子，就能知道已经挖了多远以及雪墙的厚度是多少。

3. 把雪堆中间掏空，挖出一个雪洞。内平台高度必须高过入口处，这样才能顺利排出冷空气并留住暖空气。

4. 挖洞的时候要在里头插一根杆。万一洞顶塌陷，这根杆子能救你的命。万一真发生这种意外，你要慢慢转动留在里头的长杆，直到其在上方捅出一个雪洞。

斯特劳德的小贴士

冬季避身所的内部一定不能有积雪。土著人，尤其是因纽特人，他们钻进避身所之前一定会一丝不苟地拍掉身上最后一片雪花。你也需要这样做。不然，等到身上的雪融化，你就等着全身湿透，备受煎熬吧。

丛林地带

身处丛林，最好的避身所就是披屋与吊床或者平台床的结合，以避开丛林地面的毒虫。

因为丛林植被茂密，通常并不需要考虑风的因素，你也可以在披屋中放心地生火。只是要确保床铺不是摊在地上！我的一个瓦欧朋友有一次从睡梦中醒来，竟然发现一条蛇就缠着他的大腿睡着了。他一动不敢动，就那么静止地躺了 7 个小时，直到那条蛇休息够后自己游开。

你的丛林求生工具包中一定得带蚊帐，这能大大提高你的睡眠质量。你可以把蚊帐罩在床上或者裹住自己的身体，这样绝大多数咬人的飞虫都咬不到你了。

沿海地带

大多数海滨区都有足够的原材料可以用来搭建避身所，因为这种地方一般距离温带森林不远。海边的浮木也可以用来搭建避身所。

还有一种常被忽略却也可以用来帮你搭建避身所的材料就是被水流冲上岸的海滩废料。这其中可能有渔网、塑料制品、滚筒等，作为一个适应力极强且足智多谋的求生者，你需要想办法进行废物利用。

在某些海滨地区，你可能还会看到许多大石头，那些石头足以搭出一个石头避身所。记得要把避身所搭成 U 形的形状，上面再用合适的材料盖住，包括浮木都可以考虑。但有一点我需要郑重提醒：搭建这种避身所需要付出很大劳动力，搭建过程并不容易，尤其是在你缺少食物、力气匮乏的时候。

我用从海滩上捡起的废料搭建了这个避身所。

山林地带

山区多被森林包围，因此前面“北方森林、温带森林”一节中提到的用树搭建避身所的方法，也适用这里。

对于积雪很厚的针叶林，一个办法就是挖树坑，也就是常说的树坑避身所。先找到一棵树枝低垂的树，然后绕着树干刨挖积雪，等挖到理想的深度和直径或者挖到地面为止。底下挖到的所有枯枝都要记得清除（用来当烧火木也可以）。你也可以在树坑的底部放一些常青树的树枝或其他材料，以增加舒适度和保暖度。

无论你选择在山区的哪个地方搭建避身所，都要考虑雪崩、滑坡或落石的风险。

沼泽地

靠近沼泽地的地方通常较为潮湿，所以你的首要问题就是要确保床铺不能铺在地上。一个选择是搭出一个沼泽床。找到三四棵挨得较近的树。用结实的长杆在同一高度将几棵树连接起来，这就相当于床铺的框架了。你可以把长杆搭靠在树枝上或者用绳索捆住。接下来再往框架里面交叉放上一些东西。最后在床铺表面铺一层你可以找到的软一点的保温床垫材料。

沼泽床尽管能让你不至于睡在水中，却阻止不了鳄鱼。

第八章 食物

似乎所有旅途中的人，都会担心在求生环境中挨饿。事实上，这种担心有些多余：即便不摄入任何食物，你都可以存活一个月（甚至更久）。有些人可能觉得不可思议，因为大部分生活在发达国家的人已经习惯了一日三餐甚至更多餐。一想到要好些日子吃不饱饭，即便是饿几个小时的肚子，都让人感到害怕。尽管在没有食物的情况下存活绝不是舒服的体验，但确实存在这种可能。

出发之前就研究好什么东西可以吃，如何抓捕或采摘，以及如何加工使之可食，到了真正要寻找食物的时候便会轻松许多。身在野外，或许周围的食物很多，但你首先得认得出来才行，必要的话还要知道如何准备食物。而没有弄清楚食物是否可食用之前贸然进食可能会造成危险。

我第一次看到杨桃是在哥斯达黎加。一开始，我还不能确定这种水果是否有毒，但我的求生搭档兼军队求生专家迈克·基拉伊已经扑上去了。要不是他，可能我都不敢尝试，从而错过如此重要又丰富的食物来源。

很多早期探险家睡在云杉树枝搭建的床上却死于坏血病，而云杉枝放入水中烧开成茶，就可以提供他们所需要的维生素 C。

管理精力

缺少食物最大的影响在于身体精力水平的严重下降。在很多求生境况中，一周不吃东西我也没太大关系，但我能清楚感觉到精力的不足。由于精力消耗，我很容易感觉疲倦，每次只能连续干一个小时左右的活儿，然后就得坐下来休息 20 或 30 分钟。做一会儿事情，就得坐下来或躺下来休息。一整天就不断重复这个过程。

所以先不要想着你需要多少东西大快朵颐，你要接受肚子饿得咕咕叫的事实本身就是困难的一部分，然后集中精力做某件事情，凝神增加身体能量。

你还要密切管理你的活动水平，以降低身体对食物的需求。这就意味着能坐的时候绝不要站着，能躺的时候绝不要坐着，能睡的时候绝不要醒着。任何能降低心率、助你放松的事情都能帮你保存能量，而这种能量精力是活下去的必需。一旦精力匮乏，你将面临无精打采、漠不关心、最终导致抑郁等重大风险。

斯特劳德的小贴士

你摄入的食物越多，身体就需要越多的水分用来帮助消化，或者加速身体脱水的过程。另一方面，如果你的旁边就有可供饮用的新鲜水源，每隔半小时就要强迫自己喝一次水。这不仅有助于洁净身体系统，还能增加饱腹感。拍摄求生考验时，我常常用这个方法。

关于野生食物的迷思

可能在求生世界中，再没有比采集和食用野生植物和蘑菇更被浪漫化的概念了。很多人以为荒野之中一定有许多可以吃的野果植物。别傻了，寻找可食植物本身就充满危险。在这个过程中，你将遇到一些挑战。

识别辨认

想要识别辨认出世界各地的植物可不是一件容易的事情，即便书上清楚写着植物的拉丁名字，还配了图。同样一棵植物，因为所处地方或时节不同，所呈现的样子也是不同的，而绝大多数的指南书并不会告诉你这一点。有些植物安全可食、数量丰富且易于辨认，但光凭看书并不是学习大多数野外可食食物的方式。你需要深入了解当地植被的专家为你现场进行一手教学：你需要用鼻子闻、用手摸，甚至尝一尝味道。只有这样，需要用到时你才可以辨别出来。

可得性

跟普遍的观念相反，野外食物其实并不丰盛。一些地区性的例子除外，比如热带岛屿上的椰子树或索诺兰沙漠的仙人球和仙人掌。不过，即便有椰子，吃完掉在地上或你用棍子敲打下来的椰子之后，接下来你也得爬到 9 到 18 米高的树上才能摘得剩下的椰子，这可不是一件容易的事。

真实情况是，经常你要走上几英里的距离才可以找到一种可食用野生植物。之前在亚马孙求生历险的时候，我唯一找到野果的地方就是一片茂密的丛林，而且那片丛林以前还是一个农场。不然周围就只剩下大片大片的绿叶，而那种叶子连我的瓦欧老师都不吃。

即便是在北安大略为期一年的荒野之旅中，我的妻子苏和我也只找到一两处长了许多蓝莓和树莓的地方，我们都不敢坐下来一次吃太多。

季节

大部分野生食物，尤其是野果，大多只在一年中特定的时节生长。

纬度

野生食物的可得性还根据特定的地区而有所变化。一般来说，距离赤道越远的地方，野生食物就越少。所以如果你是在落基山上，那么你能找到野生食物的时节就只有春天和浆果季节了。除了浆果之外，其余食物都很难入口，而且不易消化。

距离赤道越远，你就越要依赖肉食动物或爬虫以获取食物。所以说，亚马孙的瓦欧人竟然没能教我辨认太多野生绿色食物，这似乎很奇怪。原来是他们认为，只有小动物才会吃绿色植物，那会让他们变弱，所以瓦欧人的主要食物就是肉、木薯（一种类似土豆的根类植物），还有几种野果。

过敏

食用以前从未接触过的植物，可能会让你产生严重的过敏反应。考虑到辨认和食用野生食物存在的这种风险和其他不确定因素，最保险的办法就是至少要认识两三种遍布世界且易于辨认的野生食物。本章的后面，我会附上我个人推荐的三种野生食物和三种爬虫。

可食性测试

如果没有别的选择，只能食用不认识的野生植物，你也应该作最后的努力进行可食性测试，也就是先少量摄取看看反应如何。

因为可食性测试需要花费较多时间和精力（且有潜在风险），所以要确保目标植物的量是足够的，这样才值得进行测试。注意，这种方法并非对所有有毒植物有效！下面是要遵循的一些步骤：

1. 一次只尝试一种植物，测试期间切勿食用任何其他东西。

2. 用该种植物摩擦身体较为敏感的部分，比如手腕，等待 45 分钟到一个小时，看是否产生恶心、荨麻疹、晕眩或呼吸不畅等反应。

3. 如没有任何不良反应，可取少量该种植物，然后按照自己计划好的方式进行准备。

4. 食用之前，先用嘴唇的外面触碰准备好的食物，以测试是否有火辣、刺痛或痒的感觉。

5. 如果 5 分钟后未有任何反应，才可以把该种植物放到舌头上，保持 15 分钟。

6. 若 15 分钟后依旧没有反应，再少量咀嚼 15 分钟，观察是否有不良反应。切忌直接吞咽。

7. 咀嚼 15 分钟后，若仍然感觉良好，这时才可吞下。

8. 等待 8 小时。若这时你察觉到身体有不良反应，则要催吐并尽可能多地饮水。若没有不良反应，则可以吃上一小把。

9. 再等 8 小时。如果还是没有任何不良反应，这时你才基本上可以放心。

斯特劳德的小贴士

在世界的任何一个角落，几乎所有的草都是可以咀嚼的。但不要把草咽下肚子，只要咀嚼然后吞下草的汁液就可以。这是让身体获取一些营养的好办法。

小动物和爬虫

关于小动物，好消息是在世界的很多地方，你都可以看到它们的身影。不管是虫子、蚂蚁还是青蛙，很多都可以列入菜单。但问题是，我们大多数的人对于直接生吃虫子、鼻涕虫和蜗牛都很抗拒，也就是俗称的餐盘恐惧。相信我，饿了几天之后，你很快就能克服这种恐惧。

几乎所有地球文明都曾有过一段吃小动物的历史，无论是亚马孙平原的毒蛛、印度的巧克力蚂蚁或是北安大略的卷尾蛆。但也不止我们人类是这样，绝大多数食肉动物和凶禽猛兽也都吃虫子。如果你面临饿肚子的风险，那么这些富含蛋白质和脂肪的小东西显然很具诱惑力。别忘了，昆虫蛹也是可以吃的。

要顺利地吃这些小动物，需要遵循下列几条基本准则：

- 克服恐惧。要知道，你的祖先也曾享用这些滑溜溜的、蠕动的小东西，为什么你不可以呢？
- 认识可能有毒的生物所具备的特征，避开下列这些：
  1. 毛茸茸。
  2. 颜色亮丽。
  3. 释放强烈的味道。
  4. 叮人或者咬人的。
  5. 可能传播寄生虫疾病的，比如苍蝇、蚊子和虱子。

6. 移动缓慢且在开阔地带出现的小动物。有毒的生物之所以不害怕出现在这种地方，是因为它们知道自己有毒！

尽管绝大多数有毒的生物你都应该远离，但是有几种还是可以吃的，只要能把其身上带毒的部分去掉就可以了。有一次在沙漠中，我就几乎是只靠吃蝎子活过来的。无意中切下来一只蝎子脚，结果发现吃起来像虾的味道。当然你得事先咨询当地专家，因为食用这种明知有毒的动物只能是作为最后没办法的办法。

如果缺少相关知识，那么食用任何你认为有可能造成你生病的东西，都一定要进行可食性测试。

抓虫子

很多可以吃的生物，比如青蛙和蛇，都喜欢朽木和石缝这种潮湿、阴暗的地方。所以勘探清楚之前，不要贸然把手伸进这种地方。

如果你所在的地方靠近水域，比如湖，那你只要坐在岸边等着数周围有多少爬虫就行了。比如，你可能看到一队水蛭在几分钟的时间里陆续从你面前游过，你只需要伸手下去把它们抄上来就行。简单烹煮之后，水蛭的味道其实还不错，有点像小银鱼的味道。

之前在卡拉哈迪沙漠时，我曾用瓶子式的陷阱捉到过上十只蝎子。其实我只是在距离蝎子洞 2.5 厘米的地方挖了一个小洞，然后在里面放一个罐子。蝎子从洞里钻出来后，就会落入罐子，在里面上不来。

爬虫的烹饪和准备

食用爬虫最安全的方法就是先把它们煮熟，因为这样可以杀死其身上的寄生虫，尤其是带坚硬外壳的爬虫。

首先，你要尽量去掉爬虫的内脏废物。这就意味着要去掉内脏或挤出爬虫体中的排泄物，如果你知道该爬虫的肛门在哪里的话。对于蠕虫，只要把它们沉入水中几分钟，它们便会自动排净身体里的废物。而对于蟋蟀，你只要一只手抓住蟋蟀的头，另一只手抓住蟋蟀的身体，然后用力一扯就行了。

所有可食用的爬虫都要经过当地专家的检验才行。比如哥斯达黎加一些看起来人畜无害的青蛙，实际上可以致人死亡。

瓶式陷阱在任何能找到蝎子的地方都可以应用。你甚至可以只用一个小孔洞就可以抓住蝎子，只要你把洞壁弄得够陡够高。蝎子不善于垂直方向的攀爬。如图所示，陷阱需要放置在正对着蝎子洞口的位置。

鱼

鱼是一种绝佳的求生食物。你可以把鱼钩一天 24 小时放在水里，然后坐在旁边休息或做别的事情。但你可千万不要以为抓鱼是一件简单的事情，不管你所处的位置多么偏远或者面前的鱼看着有多少，要想抓上鱼来，绝对还需要一些运气。

之前在阿拉斯加的时候，我曾试图用一根长钓线、上好的鱼钩和一大块鱼饵坐在海上皮艇里钓鱼。那些鲑鱼在我的皮艇周围跳上跳下，却没有一只咬鱼饵。与此同时，我的渔网在水里放了 48 小时，还亲眼看到一群鲑鱼游过去，却还是没能抓到一条鱼当晚餐。

尽管淡水鱼不会有毒，但有些海水鱼的鱼皮如果生吃则可能让人中毒。有几种热带鱼的毒性特别强，而唯一辨别确认的办法就是咨询当地专家。没有相关知识和指示，你就得自己衡量为了吃一条鱼是否值得冒中毒的风险。对于任何你怀疑有毒的鱼，食用之前都要进行可食性测试。

跟你在野外抓到的任何生物一样，尽量把整条鱼都吃下。鱼皮（假设无毒）的营养价值很高，所以也不要浪费。很多专家反对吃那种看起来已经腐坏的鱼（鱼眼凹陷、味道刺鼻、颜色古怪），但我认为如果实在没有别的办法，吃一点腐鱼也没有关系。不过，要是你因为吃了腐鱼而感觉身体不适，则要赶紧吞下一些木炭灰（按照 194 页的方法）或者进行催吐。

抓鱼

钓鱼的方法有很多，最常见的就是用鱼钩和钓线配合。你需要一些最基本的钓线或绳子，越细越透明越好（当然，还要有鱼钩）。如果没有这种细线，你可以从衣服上拆几根下来，比如毛衣或者解开绳索取几根线。

光凭鱼钩和钓线还不够，要想增加钓到鱼的机会，你还需要鱼饵。如果你可以吃的食物本身就很少，这时就需要仔细权衡了：你可能需要付出已有的东西，以博取更大的回报。昆虫、生肉、虫子都是很好的鱼饵。不管何种情况下，鱼都更可能咬那种本身就生活在水中的鱼饵。

若确实没有鱼饵，你可以自己动手做一些类似鱼饵的东西诱惑水中的鱼。任何可以动弹且能吸引鱼儿注意力的东西都可以成为很好的迷惑物：一小块卡片、裤子上的拉链、一根线头、一枚硬币或者一个钥匙。显然，放进水中的鱼钩越多，你能钓到鱼的机会就越大。如果你靠着的是一片活水，那可以考虑弄一串线（分散系在几棵树或石头上），分别勾住几根钓线和钓钩。

比鱼钩和钓线更好用的是渔栅，只是渔栅需要先花费时间造出来，但在合适的条件下，它可以让你收获更大。最常见的渔栅本质上就是能关住鱼或者能把鱼赶到你目标方向的篱笆。

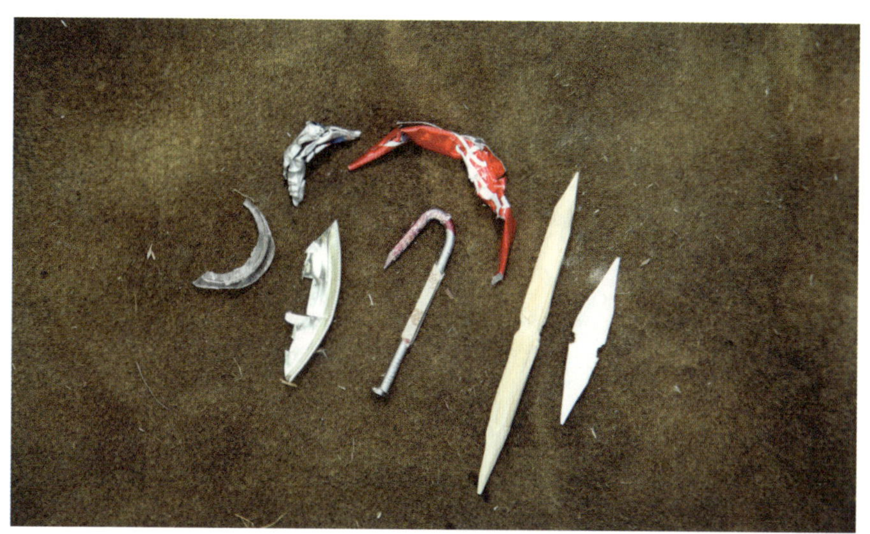

如果你手头上没有鱼钩，用动物骨头和荆棘倒是很容易造出来。像安全别针和指甲这种物品也可以使用。讽刺的是，鱼骨其实是特别好的制作鱼钩的材料，因为鱼骨的可弯曲性强。

要制作简单版的渔栅，你需要先用绳子把一些木棍绑到一起（记住，你要留住的是鱼）。根据实际需要，你可以做出一个或多个截面的渔栅，然后把渔栅插入水道出入口的泥土中。理想情况下，鱼儿会陆陆续续游到某个地方，然后你便可以用鱼叉叉鱼或者用渔网捞鱼。

如果是在靠近海边的地方，你还可以利用潮汐帮助你抓鱼。比如，在只有涨潮时才会被水没过的沙滩上摆一圈石头，潮水会把一些小鱼席卷到沙滩。待到潮水退去，小石堆中很可能就有鱼留下。

尽管设陷阱抓鱼是可行的，但前提是你得有那个时间和精力去这么做。捕鱼方法更接近于传统的生活技巧，而非求生技巧。实际操作起来可没有看起来这么容易，需要很长的时间才能熟练掌握，而且过程中需要耗费大量精力，这也就意味着你得提前备好必要的物资（或者至少能根据手头上现有的东西及时调整）。另外，只有在时节合适、地方理想的情况下才能尝试这些方法。这里面涉及了太多不确定因素。

给鱼下药，也是最被浪漫主义化的野外求生技巧之一。尽管通过把某些植物汁液与水混合确实可以让鱼晕眩甚至死亡，但这种办法最好还是留给植物鉴定专家来实施吧。即便身旁有当地人教你使用何种植物，想利用这种办法抓到鱼的希望还是很渺茫的。

捕鱼技术

选择某个狭窄的水道，把周围加高，把鱼困在某个范围内。然后再用鱼叉叉鱼（但你要小心——叉鱼并不是件容易的事！）

手工打造一根钓鱼竿，钓鱼竿平行连接数根钓线而不是一根。这个办法可以增加钓到鱼的几率。

用木棍和原木做一个渔栅。把鱼围住之后，再去抓就容易很多了。

可能你看《荒岛余生》里的汤姆·汉克斯叉起鱼来十分简单，实际上可没这么轻巧。如果说你所在的地方刚好有许多鱼聚集在小池塘中，那么你得考虑做一根带倒钩的鱼叉。取一根长木头，直径不能超过 2.5 到 5 厘米。为了达到最佳效果，你首先得把木棍的一头削尖，在木棍的顶端削出几个倒钩（往上弯）以防止叉中鱼之后被鱼滑脱。

倒钩鱼叉用长木棍做成，直径不超过 2.5 到 5 厘米。为了达到最佳效果，你首先得把木棍的一头削尖。

在鱼叉的顶部削出几个朝上的倒钩，以防止叉中鱼之后被鱼滑脱。

如果你手头上有渔网或者能即时做出一个来，便可以把渔网支在水中，或者在水里拖动渔网捕鱼或淡水虾一类的小动物。还有一种有效的捕鱼方式也可以用到渔网，尤其是在溪流这种小水域。绕渔网周边搭一圈板子，一般都是用木棍围成，然后绕着渔网的边缘系上几根绳子，所有绳子都归到渔网上方 30 到 60 厘米的中心处，再在上面牵一根绳子，并将其悬挂在旁边的树枝上。两只手握住牵引绳较远的一段，渔网则顺势吊到水中，当鱼儿游过网的中间位置，迅速将其拉起。

最后要说的一点是，到了晚上鱼儿很容易被光吸引。若你手上有光源，首选的办法就是用光直射水底。

瓦欧女人是渔网捕鱼的好手，图为她们在亚马孙流域的支流中捕鱼。

南太平洋的火炬捕鱼法能增加你抓到鱼的几率，因为鱼儿通常会被明亮的光线吸引。还能让你看到在水里睡着的鱼。不过，这种办法并非万无一失。万一不小心踩上一只石鱼（译注：背脊上的刺有毒）可是会有性命之忧的。

猎物

在求生的情况下进行捕猎，这个想法很是吸引人，很大一部分原因就在于你可以吃到野味，但其实所谓的野味跟我们日常吃的肉差不多。事实上，打猎的难度特别大，尤其是当你的猎物比兔子大的时候。

没有枪，没有弹药，也没有任何的打猎经验，这种情况下还想打到大家伙无异于天方夜谭。那我们该怎么办呢？瞄准小猎物。

设陷阱抓小动物

只有在极少数的求生环境下，才有可能捕捉到大的猎物。接受了这个事实之后，你可以把目光转向小一点的猎物。设陷阱捕捉小动物的优势跟捕鱼一样：你可以同时设多个陷阱，放在那里等着收猎物就行。只要操作得当——陷阱必须设在合适的地方，这种简单的装置能让你捕到不少猎物，足够你生活一段时间。

除了为你提供食物以外，设陷阱的另一个好处在于它的主动性，这让你感觉到自己正在努力改善处境，从而获得内心的满足感。做这些工具，能让你连续几个小时集中在一项求生任务上。这能让你心灵充实，有助于克服内心的无聊、冷漠和抑郁，从而帮助你活下去。

动物陷阱还有一个好处就是这种办法在全世界都能用。比如说，用树木搭成的陷阱在非洲的大草原和在北极的寒带森林一样有用。

关于陷阱，数量越多越好。你设的陷阱越多，就意味着你会多一份运气。只要条件允许，即便同时设 45 个捕兔陷阱都可以。前期你需要投入更多精力，但是到了后期你将得到更大的回报。

尽管很多人都吹嘘复杂陷阱的好处，但我的理念就是谨遵 KISS（Keep It Simple，Stupid. 的缩写）原则：简单至上。陷阱设得越复杂就需要付出越多的努力，所要求的技术也更多，关键是所得并不会比普通陷阱多。

如果能在陷阱里放入诱饵，成功的几率又会大一些。一开始可以在陷阱周围撒一些诱饵。这样可以诱使小动物去尝试诱饵的味道。待到外围的诱饵被吃完了，小猎物便很可能会鼓起勇气跳进陷阱，对诱饵的渴望超越了天生的谨慎。记住，绝大部分的陷阱都不会让动物丧命，而被陷阱困住的仍活着的动物（很可能已经受伤），无论个头多小，此时都会表现得特别可怕，乱抓乱咬，拼命挣扎。这时候，你必须用木棒或其他重物敲击它的脑袋，把它砸死才行。这个过程并不美好。求生，从来都不是一件美好的事。

如果你运气够好，成功地用陷阱捕获到了猎物，记住你要的不是跟逛屠宰点一样，精挑细选出几块肉。在求生境况下，除了内脏和已知有毒的部分，你要把剩下的所有部分都吃进肚子。

陷阱

基础的陷阱其实很简单——当猎物走过的时候，一根绳圈便会收紧困住猎物的腿。不过，想让陷阱发挥作用还是需要进行一些调整。绳圈得能让猎物的脑袋钻过，却又不能让猎物的身子穿过，而且离地面的高度要刚好跟猎物的脑袋与地面的高度差不多。

把简单款陷阱改良一下，可以做成拖动套索。在猎物行走路线的两边各放一根开叉的树枝，然后在小路上方放一根横木（略高于猎物脑袋距离地面的高度），然后从横木上挂一个套索下来。一旦猎物进入套索，横木就会移动落入旁边的草木中。而猎物会因为奋力挣扎而很快筋疲力尽。

陷阱设在哪里

设陷阱的地方一定不能距离避身所太远。出于两个原因，你是绝对不想走很远的路去取猎物的。首先，来回检查陷阱的情况无疑会浪费精力。更重要的是，如果距离太过遥远，你甚至没办法每天去查看一次。即便你运气好抓到了某个小动物，可如果你过了很久才过去，有可能就被别的动物捷足先登，抢了你的食物。

其次，陷阱一定要设在明显有动物活动痕迹的地方：比如奔跑和行走的痕迹、脚印、粪便、被咬过或被抓过的植物印记。设置陷阱的时候，尽可能不要破坏现场，不然你就提前暴露自己了。

最适合设置猎小动物陷阱的地方就是不同类型森林的交界处，比如成熟原始森林与沼泽地的交界处。大型动物常常到这种地方来猎取小动物，小动物来这儿则能猎到更小的动物，而所有的动物都喜欢到这儿来喝水。

最简单的陷阱就是在动物必经的路上设一个套索，套索系在旁边的木桩上。其原理就是，当动物经过陷阱，套索会被牵动收紧卡住小动物的脖子。而猎物越是挣扎得厉害，套索就会收得越紧。

斯特劳德的小贴士

只需一个套索，你就能埋下陷阱。制作套索，只需用绳子的一端打一个小圈，然后让绳子的另一端穿过这个小圈，套索就做好了。

捕兔陷阱 先用绳子做一个套索，让套索自然地挂在接近地面的小树枝上。套索与触发装置相连，牵引绳一端连接触发装置，另一端系在头顶上方的树干上。只要有轻微的动作触发装置便会启动。如果运气好，有兔子经过套索，只要它的腿或爪子碰到绳子，触发装置将立刻启动，套索离开小树枝悬在半空中，兔子就被牢牢套住。

松鼠陷阱 因为松鼠在各地的数量都相对较多，所以松鼠陷阱往往也能在求生情况下让你收获颇丰。所谓的松鼠陷阱，就是在与树干呈 45 度角的位置放一根长杆或长树枝。

松鼠陷阱的原理就是，松鼠会从那根长杆爬上树。当它感觉到脖子上的套索时，便会往旁边跳去，从而落入陷阱。

触发装置是捕兔陷阱的关键部分。触发装置需做得牢固些，不能让它随便启动，但又要保证一定的灵敏度，能感知兔子的动作。

图中白色绳子系在树的枝干上。挑选的枝干必须足够结实，能承受一只兔子的重量。

要打造松鼠陷阱，先要在长杆的顶部和四周松散地系三到四个套索（直径约为几英寸）。松鼠爬树的时候，至少要穿过其中一个套索。最好在陷阱里头放点诱饵，这样效果更好。

圈套

即便没有绳子或绳索之类的东西，你也可以通过挖陷阱来捕获猎物。陷阱的类型有很多种，从很简单很基础的陷阱到需要用到绳子的复杂陷阱。考虑到求生的情况复杂，所以还是越简单越好——往往越简单的也越成功。

“4”字形陷阱　这种陷阱通过挤压猎物来发挥其作用。所以要想达到效果，一定要有足够的重量，能压死或者至少拍晕你的目标猎物。

要制作这种陷阱，首先要找三根大小差不多的木棍，长短大小自定，从 7.5 厘米到 60 厘米都可以，主要看你的目标猎物有多大，然后如图所示那样分别挖出凹口。

记住，要做出好的 4 字形陷阱需要练习，所谓熟能生巧。木棍凹口的角度将决定这一陷阱的作用大小。

“4”字形陷阱的木棍（从上到下）：分别是立棒、弹棒和诱饵棒。

诱饵首先要放在诱饵棒上面，然后把三根木棒摆成数字 4 的形状，而重量主要是施加在顶棒（弹棒）上面。当猎物开始咬诱饵时，陷阱被触动，引得重物落下来从而把猎物压住。

道格陷阱　这种方法跟 4 字形陷阱类似。要做成这样一个陷阱，你需要三根长短不一的木棒（两短一长）和平板石这样的重物。

道格陷阱所需要的原件跟 4 字形陷阱很相似：两根立棒和一根诱饵棒。

在道格陷阱中，诱饵是放在较长木棒的末端。当猎物触碰立棒时，石头或重物就会砸落下来，将猎物压在下面。

派尤特陷阱　跟 4 字形陷阱类似（不过更容易操作），派尤特陷阱还需要用到一根绳子。你需要三根差不多长的长棍和一根短棍。详细操作见图片说明。

瓶式陷阱　跟我之前在卡拉哈迪沙漠用过的捕蝎陷阱类似，瓶式陷阱用来捕捉老鼠和野鼠这种小型啮齿动物的效果很好。

先挖一个 30 厘米深的坑，确保土坑的底部比顶部要宽，坑的顶部越小越好，不过其宽度至少要能让你的目标猎物掉下去。在土坑上方距离地面 2.5 厘米到 5 厘米处放一块长树皮或树枝，下面用石头或树皮垫着。

小啮齿动物喜欢钻到树皮或木头下面以躲避危险，从而掉进你提前挖好的坑中。因为土坑上窄下宽，坑壁的角度让它们一旦掉进去就爬不上来。不过，查看猎物的时候要小心一点：蛇也喜欢这种土坑。

制作派尤特陷阱

1. 先找好需要的木棍，并削好切口，（从上到下）分别是斜棒、抓棒、立棒和诱饵棒。

2. 要设置派尤特陷阱，先要在木棒上放上诱饵，然后如图所示立起陷阱。斜棒需要支撑石头的重量。

3. 图为从另一个角度拍摄的派尤特陷阱。如果有动物碰到诱饵棒，抓棒则会掉下来，斜棒随之弹起，石头砸落，你的晚餐就有着落了。

捕鸟

任何一种鸟都可以吃，但通常我并不太考虑它们，主要出于两个原因：鸟很难抓，其次捕鸟陷阱较为复杂，搭设的难度很高。

如果你想要抓到小鸟，一个很重要的准备工作就是你得先跟踪它们的飞行轨迹，而且还要有绝佳的运气。比如之前我在库克群岛待过一两周，当时刚好有一群刚孵出来的褐鲣鸟正学习飞翔。它们从窝里掉出来，就落在我的脚边！要是我早几周或者晚几周过去，肯定连它们的影都看不到。

不管你相不相信，最容易抓的鸟其实是黄莺，因为你常常能在某棵树上或者某片树丛里看到几十只黄莺。而抓捕这种鸟最原始的工具就是甩棒。

要是你手头上有捕网（或者能做一个出来），便可以在靠近鸟巢的树旁边支一个捕网。鸟的飞行轨迹一般不会突然改变，所以你可以通过这种办法抓到一两只鸟。如果能找到鸟巢的话，鸟蛋其实也是很不错的食物。

动物足迹及其他活动信号

松鼠足迹和老鼠足迹之间的区别是否有必要知道呢？没有必要。你并不会在意你的猎物是只地鼠、鼹鼠还是只鼠兔，你想要的只是把它吃进肚子。所以你只需要知道它们的足迹在什么地方，找到足迹就能找到老鼠所在的地方，你的陷阱和圈套也应该设在那儿。

除了要寻找足迹之外，你还可以留意动物的拖尾或奔跑的痕迹、排泄物、窝巢、地洞和抓痕。

打猎

除非你是位经验丰富的猎人，而且身上带有武器，不然想靠打猎获取食物的可能性很小。不过，我也认识那种可以徒手抓到野鹿的人。在北美洲，在荒野中走失的人中有一半是猎人。但你要记住，打猎是一项需要耗费大量体力的工作，随着精力水平不断下降，你的猎捕能力也会跟着下降。

制作打猎工具

最好的打猎工具跟最好的捕猎陷阱一样，都是越简单越好。所以我不会在这里跟你解释如何制作弓箭。不仅是因为弓箭制作难度很大，关键是弓箭的使用也需要大量练习才能掌握。没有多年经验，没有人可以靠着一根弯曲的树枝和一根绳打下一头鹿来的。

在求生情况下，最简单但用途最多的打猎工具就是掷棍。掷棍其实就是弯成 J 字形的手腕粗的硬木，看起来像是缩小版的曲棍，长度约为 0.5 到 0.75 米。有些人会把掷棍的一端削尖，尽管这并不必要。掷棍可以用来抵御凶禽猛兽，也可以当作挖掘棒使用。

不过，掷棍的用处其实并不大，因为当你需要用到的时候，它往往不在你手边。一次在非洲平原，我背着背包徒步，背包里还放了一根掷棍。走了几分钟之后，我突然发现距离我 1.5 米的地方有一群鸟停在地上。结果自然没有打中，因为在我从包里拿出掷棍的当间，鸟就扑腾翅膀飞走了。

掷棍的使用方法就是依靠本能：把掷棍朝目标动物或鸟扔去，以期将其砸晕或砸死。本质上来说，掷棍属于投机捕猎的范畴。你应该随身携带一根掷棍，这样走在路上说不定就能打中某个小动物或某只鸟。

当然这种错误我以后不会再犯。

你不可能总是带着掷棍进行长途跋涉，只为某种捕猎的可能性，因为这需要耗费太多力气，而且掷棍的命中率并不高。关于掷棍，只在时机合适的时候用用就行了。

剥皮和处理

如果你担心引来猛兽，最好在离营地有一段距离的地方清理猎物，靠近水源的地方最好。给大型猎物剥皮，先把它背部朝下放在地上，然后从喉咙到尾巴划开兽皮，注意要避开生殖器官。刀刃要略微往上带，确保只割开兽皮和腹部肌肉，避免割到内脏，因为切开腹部或肾部等内脏有时候会造成很难闻的味道，毁掉你来之不易的猎物。

小动物脱皮更容易一些。你可以顺着腹部或后腿直切到肛门。把手指放在切缝两边的肉皮下，然后往两边一扯，还连着肉的地方用刀子割开。如此一来，动物皮便会顺势往后滑脱。

小心地切过腹部肌肉，这时候才可以切除或拔出露出来的内脏，一般内脏器官多在颈前部或肛门处有粘连。不过，不要把它们全部扔掉，大部分内脏可以食用，至少可以当诱饵用。动物的肺、心、肾、肝是可以吃的，但颜色不对或看起来有病变的肝脏不要食用。要避开胃肠，尽管胃里的东西或许可以吃（比如鱼腹中的小龙虾），但那也只能是没办法的办法。

烹煮

我个人认为，求生情况下只有一种烹煮食物的方式：水煮。煮熟的食物最有效，因为食物的营养很多都保留在汤中，而且喝热汤会让人感觉舒服。

没错，水煮的食物确实吃起来会让人觉得无味，但我宁愿在紧急情况下忍受那种无味，也不要吃用明火烧烤或烹调的东西，那样食物的很多营养和脂肪会流失。

如果因为没有炖锅而无法水煮，那就用别的办法替代。用叉子叉着烤肉的话，你可以把肉串在绿色树苗的枝杈上，悬挂在小火上烤。如果有烧出来的木炭最好。蹿得老高的火焰常常会把食物的外层烤焦了而里面却还不熟。不断地翻转树杈，把肉烤匀烤透。

还有一个办法就是用石头煎。用大火加热几块扁平石头，然后直接把食物摊在石头上煎熟。

食物的保存

如果你运气好，所得的食物一时半会儿还吃不完，最悲伤的事情就莫过于眼睁睁看着食物变质。因此，掌握一些在野外保存食物的方法也很重要。

首先，你要把所有脂肪部分切除。脂肪本身可以吃，可以当作诱饵，用蜡烛加热可以产生油脂，可以用来防水，还有很多其他用途。

如果天气允许，最简单的办法就是把食物挂起来任其自然风干。找一个阳光充足又通风的地方，用几根木棍和木头支起一个挂架。把肉切成细条，挂到挂架上。几天之后，肉便能自然风干。你可能会发现风干后的肉变黑变硬了，这并非一件坏事。事实上，这样可以防止飞虫在肉中产卵导致生蛆腐烂。（不过真发生这种情况时，要把蛆留住——蛆也是可以吃的！）

让肉变干还有一个更好的办法是烟熏。把切成薄片的肉挂到挂架上，同时在挂架下面生一堆能冒烟的小火（最好用腐木烧）。烟熏不仅能让肉呈现绝佳的风味，而且能防止虫蝇的靠近。手头上有布的话，可以用一些布绕盖在肉架上形成一个布围子，这样能更好地留住烟雾和热量，加快整个烟熏过程。北美土著居民世世代代都有把圆锥形的帐篷当熏制房的传统。

生肉经过适当的烟熏之后，看上去干燥、缩水、易碎。经过烟熏加工，无需烹煮也可以食用。图中所示即为在太阳底下晒肉，同时在底下生火利用烟雾赶走蝇虫。

最后还有一种办法，可以通过用盐水浸来保存肉。盐水必须把肉全部浸没。手头上的盐如果够多，还可以把肉分层放置，每一层都用盐覆盖。不管用哪种方法，食用之前一定要把盐洗掉。

食用腐肉

所谓腐肉，就是已死动物的尸体残骸，相信很多人绝不会考虑吃这种东西。但如果我们要在野外生存下来，就不得不考虑这件事了。

这本书的绝大部分读者在生活中与腐肉唯一的交集，恐怕就是把它们丢进垃圾桶了。当今时代，我们的食物用卡车、火车、轮船运载，跨越江河大陆，经过许多人的手才最终送到食品店，这个过程不可谓不精妙。

可是人在荒野，我们的肚子却能接受某些腐坏（或者看似腐坏）的食物。这也是为什么我曾在阿拉斯加吃过腐鱼。尽管那条鱼在太阳底下晒了一整天，但我觉得它并不会对我造成什么伤害，事实也的确如此。在不久的以前，大部分的人类文明都有生吃肉和吃腐肉的传统。比如，北魁北克的蒙塔格奈人就曾把北美驯鹿的内脏塞进其肚子，然后将其挂在树上，在夏天的高温中放几个星期。等到驯鹿变成一堆恶臭难闻的腐肉时，蒙塔格奈人竟将其奉作美味佳肴。

如果你下决心要吃腐肉，任何情况下尽可能弄熟再吃。让我在生吃腐肉和饿肚子之间选择，我会选择前者。

吃木炭

如果你因为某样东西吃坏了肚子，赶紧吃一些木炭（就是掰下一小块烧过的木头）或许能让你得到解救。木炭可以吸附消化系统中的许多毒素。

非洲的求生专家道·克鲁格还针对木炭解决肠胃问题进行了更广泛的探索。他会磨出一茶匙量的细木炭粉，加入水中，一天之内根据实际情况可以喝几次这样的木炭水。不过，一次不要喝太多，因为这会造成便秘。也不要服用有毒的木头烧出的木炭。

关于食物的地区性考虑

野外环境中成功采集和猎捕食物的关键，在于了解每个地区特有的几种植物和动物。下面列出的野生植物和动物食用安全、易于辨认，而且物种相对丰富。

干燥地区、沙漠和峡谷

三种最佳可食用野生植物：

- 仙人掌。
- 仙人掌果。
- 牧豆。

三种最佳可食用的野生小动物：

- 老鼠。
- 蟋蟀和蝎子。
- 响尾蛇：记住一定要把蛇的脑袋和存在致命风险的剧毒牙齿砍下并用土埋起来。

北方森林、温带森林

三种最佳可食用的野生植物：

- 香蒲。
- 浆果（时令）。
- 野生茶（茶针、茶叶和茶果）：云杉、蓝莓、黑莓、覆盆子、拉布拉多茶。

三种最佳的可食用的小动物：

- 爬虫（蚯蚓、蛆、蟋蟀）。
- 啮齿类动物（包括松鼠）。
- 兔子。

北极、极地地区

三种最佳的可食用的野生植物：

- 驯鹿地衣（石蕊）。
- 浆果（时令）。
- 柳树嫩芽。

三种最佳的可食用的小动物：

- 啮齿目动物。
- 鸟蛋（应时）。北极是少数几个能让你一次性找到整群鸟蛋的地方。
- 鱼。在寒带森林这种地方钓鱼，不确定性很大。你可能跋涉穿越了几英里的茂密丛林，却找不到一个湖。而夏季的北极，到处都是水流。（水流中未必有鱼，所以要先查探一番，看是否值得一试）

海上或开阔水域

三种最佳的可食用的野生植物：

- 巨藻。
- 海草。
- 任何一类绿色植物。

三种最佳的可食用的小动物：

- 藤壶和其他附于船底的甲壳类动物。
- 跟随船的荫凉而来的小鱼。
- 浮游生物。你可以在船的后面拖一个袜子来捕捉浮游生物。浮游生物会在袜子里聚集，为你提供一茶匙左右的咸食。

（当然，你也可以尝试从船上抓大鱼，不过这并不容易。也有人靠着偶尔落在船上的鸟维持生命。）

丛林地区

三种最佳的可食用的野生植物：

- 野果。
- 棕榈坚果。
- 棕榈芽心。

三种最佳的可食用的小动物：

- 雨水形成的浅小径流中的鱼。如果你有渔网，一般都能从这种径流中捞上一些小鱼和甲壳类动物。

- 河中的鱼。
- 昆虫和蛆（只要你能分清有毒无毒）。

海滨地区

三种最佳的可食用的野生植物：

- 巨藻。
- 墨角藻。
- 海白菜。

三种最佳的可食用的小动物：

- 爬虫（蚯蚓、蛆、蟋蟀）。
- 啮齿目动物（包括松鼠）。
- 兔子。

山区

三种最佳的可食用的野生植物：

- 浆果（时令）。
- 野生茶。
- 蘑菇（只适用于有经验的蘑菇采集者教会你如何辨别何种蘑菇可安全食用的情况）。

三种最佳的可食用的小动物：

- 啮齿目动物（包括松鼠）。
- 兔子。
- 爬虫（蚯蚓、蛆、蟋蟀）。

沼泽地区

三种最佳的可食用的野生植物：

- 香蒲。
- 睡莲块茎。
- 野生茶。

三种最佳的可食用的小动物：

- 青蛙和水蛭。
- 蛇和乌龟。
- 啮齿目动物。

非洲地区

三种最佳的可食用的野生植物：

- 野黄瓜。
- 野生西瓜。
- 大羚羊豆豆根和球茎。

三种最佳的可食用的小动物：

- 蛇、蜥蜴和乌龟。
- 地上的鸟和群居织巢鸟（可以在树上的大鸟巢中找见）。
- 啮齿目动物和獴。

团队求生 VS 个人求生

面临食物问题时，作为求生团队的一分子既有利又有弊。人多力量大，在采集食物和辨认食物方面存在优势。可一旦涉及食物的分配问题，你会发现团队其他成员对于正当的分配比例会有截然不同的意见。

作为团队的一分子还有一个好处，就是当迫不得已要吃某种很让你恶心的东西时，你会更容易接受一些。比如，当你饥肠辘辘，看到你的同伴已经开始吃蛆，你可能也会照他那样做。

团队越大，碰上擅长打猎或垂钓的能人的机会就更大，而这能彻底改变每个人求生过程中的食物困境。

至于坏处，可能大家对于最喜欢的食物和最想念的食物的讨论会无休无止（当你享用了一两条鼻涕虫后）。这些讨论可能让人获得几个小时的欢愉，可当现实境况越来越清晰地摆在面前时，也会无可避免地让人感到沮丧。

第九章

求生旅行和导航

努力求生的时候，你常常会反复考虑该先做哪件事才是你当下最需要的：是要先找水、找食物还是搭避身所？是先制作信号还是先生火？所有这些都对你能好好活着至关重要，你唯一要决定的是先做哪件事。至于问题的答案，当你全面考虑所面临的现实情形、所处的地区和天气条件后，自然知道该如何选择。不过在荒野之中你要做的最重要（也是最艰难）的决定，其实是向别处进发还是留在原地的问题。

当然，有些情况你必须先往前走，比如碰上坠石或雪崩这种危险，你必然要先跑一段距离以摆脱眼前的危险。除开这种情况，要做出是走还是留的决定，从来都不是一件容易的事情。毕竟，两个选择都有它的好处与坏处。

停下还是前行

很多人——尤其是那些曾上过求生课的人——脑海里都有一个声音，他们的指导老师曾经说过，无论遇到什么情况都应该留在原地不动。可惜，这并非在任何时候都是最好的建议。

可能你所处的地方有充足的食物和水，可以给你填饱肚子，甚至还有木头可以生火。但与此同时，你身处偏远地方，没有人会来找你，所以你要想活着回家，就只剩下一个希望：靠你自己。

在决定往前走之前，你需要问自己一些问题：

- 你是否知道往哪里走是安全的以及如何抵达？
- 如果没有方向，是否要冒着迷路的风险前行？
- 你要走多远才可以到达安全的地方？
- 你或者你的同伴有没有人受伤，你们是否有足够的体力可以走出去？
- 是否有人知道你的位置，他们是否有可能来找你？
- 如果有，他们大概要多久之后会开始寻找？
- 你所走的这条路，是否有可能碰到别的旅行者，或者是否会有救援者往你这边来？
- 哪个选择更危险：你所在的地方还是你必须要去的地方？
- 现在所在的地方是否拥有生存必备的条件，比如水、避身所、火/燃料和食物？
- 你身边是否有车子或者其他容易从空中发现的较大物品？

在很多情况下，留在原地不动是你最好的选择。毕竟，谁也无法保证转角能出现奇迹。一般来说，如果你不知道该往哪儿去，或者也不知道一路上应该如何保障自己的生存，那就留在原地。绝大多数的研究表明，人们迷路之后往往会在同一个地方转圈，这是因为不熟悉地形和地貌特征导致。因此，这会让求生者更加迷失，也加大了救援者的搜索难度。

下面是留在原地的一些原因：

- 你身上有伤，如果往前走可能让伤情恶化。
- 再往前走，可能进入更危险的地界。
- 你身边有车，这不仅能提供避身所，而且比起在草丛中独自穿行，留在车边更容易被人发现。
- 留在原地你可以搭建条件更好的营地，生出信号烽火，甚至可以开始猎取食物。

- 有人（朋友、家人或官方人员）知道你的路线和目的地。或许他们发现你没有如期抵达目的地或回家，不久便开始寻找你的踪迹。若是你贸然改变路线，很可能会错过他们，从而彻底错过救援机会。

如果能事先留下出行计划或飞行路线，得到救援的机会也会增加。在最初的 24 到 72 小时里，救援者找到你的时候，你很可能还活着。可要是过了五六天，他们找到的很有可能会是你的遗体。

尽管留在原地不动似乎是明智的，但有时候往前走反倒是最佳选择。有一次，我想在安大略有名的阿冈昆省立公园的沼泽区找一个适合上求生课的地方。当时我正处于教学生涯的巅峰期，有点过于自信。那次我偏离了正常路线，一个人钻进草丛中，也没有把行踪告诉任何人。就连我的妻子都以为我三天之内不会回家。

当我终于找到一个适合教学的绝佳地点后——深入草丛几英里的一块沼泽地，我便开始徒步朝我藏在草丛中的独木舟走去。没走出几米，我突然看到一只漂亮的母驼鹿正在黄昏中吃草。我决定模仿鹿的叫声，想看它如何回应。于是我把双手放在嘴巴前作喇叭状，模仿母驼鹿的声音。

当时正是交配的季节，而在那样一个“求爱的季节”，公驼鹿大概是美洲大陆上最危险的动物。很多人都听说过驼鹿攻击和毁坏牵引式挂车的事。所以我没有模仿公驼鹿的声音，就是怕引来愤怒的公驼鹿。

当时，那头温柔的母驼鹿只是抬头看了我一眼，就继续吃它的草去了。我再次模仿鹿的叫声。这一次，竟然没有任何回应。我耸耸肩，打算欢快地往回走。就在这时，一头起码有半吨重的公驼鹿从母鹿旁边的草丛中狂奔而出，它那能摧毁卡车的鹿角笔直地对着我。显然，他并不喜欢我的游戏。

我拼命狂奔，穿过一片茂密的针叶林。跑了几百码之后，我看到一棵半倒的树，就赶紧往树上爬，这才没被公驼鹿追到。而那头公驼鹿在树下不断发出低沉的咕哝声，哼着鼻子，还不住跺脚，把底下的小树践踏了个遍。

我突然记起（这也是我讲这个故事的目的），当时没有人知道我身在何处，也没有人在等我。如果我不马上采取行动，等到秋天黄昏的太阳落下，我就得在森林里过夜，甚至停留更久。我意识到我必须往前移动。

过了几分钟，我爬下树，脚一落地就往前狂奔，而那头公驼鹿还紧追着我不放，最后一直追着我到了湖边，我偷偷潜入水中（没脱衣服）并悄悄游回我的独木舟旁，这才逃过一劫。直到今天，那仍然是我在荒野中经历的最可怕、最惊险的事件。

求生旅行的计划和准备

求生旅行跟任何一种其他的荒野旅行都截然不同。因此，你必须要提前好好计划一下行程。只有当你完全准备好的时候，才可以出发。

出发之前，要给出一些信号，让找你的人或者到你营地来的人知道：你所在的地方，你离开了多久，你朝哪个方向走的。你可以留一张字条，或者标记你前往的方向，或者在显眼的地方标记你的路线。如果你有橙色的胶带，用胶带进行标记最好。如果你选择留字条，包含的细节信息越多越好，包括你带的物资情况和你的健康状况。

如果可以的话，出发之前要备好水和食物，把所有你认为用得上的防护服带上。至少要带几个火种球，旅途中储存在干燥的地方保护好。如果可以，最好带上信号发送装置。

现实世界中的求生者

生死攸关的决定

说到从求生困境中活着出来，对于我们任何一个人来说最艰难的决定就是，到底是留在原地等待救援还是主动向前寻求帮助呢。往往，这是一个关乎生死的决定。

来自盐湖城郊区的一对夫妇，托马斯和塔米莎·加纳就遇到了这种绝境。当时，他们被一场暴风雪困在犹他州西南部一个荒无人烟的地方。突如其来的暴风雪让车子深陷泥潭，而且前不着村后不着店，显然不可能马上得到救援。

夫妇俩在皑皑白雪的大山里痛苦煎熬了 12 天，就靠着那辆皮卡车、两箱格兰诺拉麦片、一些冰水、一罐喷雾除臭剂、一点化油器清洁剂、一个打火机，还有他们家的狗美杜莎生活。

这对夫妇当时身上都只穿着牛仔裤和薄外套，他们只能不时地发动卡车引擎以获得些许暖意。熬了九个寒冷刺骨的日夜之后，托马斯和塔米莎认真地分配了格兰诺拉麦片条和水。可是到最后，他们还是只能吃美杜莎吃剩下的狗粮，他们知道必须要做出选择了：到底是留在原地祈祷救援队能及时找到他们，还是撇下能让他们暂时安身的卡车，自己出去寻找救援。

托马斯之前当过鹰级童子军，他决定主动出击。他记起之前看过一集名为“我差点死了：求生的科学”的节目，在那集节目中，我用皮带和车座垫的泡沫临时扎了一对雪靴，于是托马斯也用卡车的座垫和几根弹力绳做成了靴子。靠着穿运动鞋的妻子在后面推，美杜莎在前面拉，托马斯成功地在两英尺深的积雪中踏出了一条路。等到夜幕降临，他们用打火机点燃化油器清洁剂生了火，两个人和一只狗便围在火边取暖。火势一小，他们便喷一点喷雾除臭剂维持住火势。

夫妇俩带着他们的狗徒步前行——不顾身体的脱水、疲惫和冻伤，坚持了三天三夜，在深厚的积雪中跋涉了 24 公里。每当迟疑的时候，塔米莎便会默念她的咒语“再过一天，我就到家了”。在他们被困的第 12 天，夫妇俩终于看到远处有一辆亮黄色的扫雪机，赶紧招手让扫雪机停下。

正因为他们的足智多谋和明智决定，加纳夫妇和美杜莎才能活着走出困境。在不得不做出选择的关键时刻，他们仔细权衡并作出了正确的选择。

旅行要考虑的事情

一旦你决定开始旅程，有许多因素你都需要考虑。

天气和气候

短期天气状况会对你造成什么样的影响，这是一个很重要的问题。如果你知道有一场暴风雨正在酝酿之中，那么先不要行动，至少暂时不要。大部分恶劣天气——尤其是极端恶劣的天气都是来得快去得也快。在雨中旅行，如果防雨装备差，会导致你体温过低。

装备的携带

一旦开始行动，你很可能需要想个办法携带那些能帮助你保命的装备（但愿你不会把求生工具包落下）。你手上拿的装备越少，你的旅途就会越轻松。因为你需要靠双手防止自己跌落，靠双手清除路途中的障碍，同时还要标记线路。你若是很幸运，拥有一个背包，那就再好不过了。可万一你没有呢?

其实，只需几样天然材料，花上一点时间和精力，你完全可以自己做出一个手提袋。你需要的不过是一条毛毯或者类似的物品，还有几根绳子而已。把你的手提袋弄得严实牢靠，你才能尽可能行进得又快又远。不过，当你在荒野之中跋涉了一整天，终于到达目的地，却发现打火机从临时自制的手提袋中掉出去了，这绝对是个悲剧。

自制手提袋

1. 要自己制作手提袋，你需要先把要带的东西摊开放在毯子上或者类似能够铺地的东西上。

2. 如图所示把毯子折起并捆好。

3. 用这种上卷的方式，你可以把所有要带的东西背到肩上，从而让双手得到相对解放。

伤员的转移

在一些紧急状况发生时，你可能会遇到需要转移受伤伙伴的情况。受了伤的旅行同伴绝对是一个巨大挑战，一个正常人处理一个伤员几乎不太可能。如果有两个人或者更多人，转移一个伤员倒是可以做到的。

如果要转移的是小孩子，可以把他们放到背架或自制的手提袋中。对于大一点的小孩或成年人，你可以用木杆做一把椅子或者担架。把伤员放在上面，两个人抬着担架就可以了，尽管这样也很辛苦。如果只有你一个身体健全的人，那你要想带上受伤的同伴，唯一的办法就是做一个可以拖拽的雪橇。这样的装备，其实就是担架加上交叉的前柄，注意手柄要做得向上翘起，这样一来拖拽者不用太弯曲身子便能拉动。更多处理伤员的建议，详见第十三章“求生急救”。

行走速度

求生旅行的风险很高，容不得半点疏忽。你要知道，求生旅行中你的行走速度必然会比正常出行慢许多。所以，首先你要把步子调整到中等速度，毕竟不是在赛跑。最重要的是，你要知道自己去的是哪儿！

要制订切合实际的目标。选择的目的地距离要适中，以免到了目的地之后把自己累瘫。万一设定了目标，结果却达不到，这是很让人泄气的事。而你走得越快，受伤的风险就越大，就越可能错过能让你安全抵达的路线。你甚至会因此错过适合过夜的山洞，或者隐藏在山林中的小屋。当以合适的速度和节奏行进时，世界会在你面前徐徐展开，你能捕捉到很多机会，这些机会非常重要，它们能够让你摆脱求生的困境。

斯特劳德的小贴士

旅行途中，不时回头看看走过的路，万一不得已要原路而返时你能认出沿途风景。这一点很少有人能做到，但只需要花几秒的时间，却能让情况大大不同，非常值得。

夜间行路

夜里赶路是一件很危险的事情，一般来说我并不推荐。最大也是最明显的危险是你看不清脚下的路，这样一来你可能会踩到毒蛇或者掉进坑里摔伤自己。还有，除非你对那个地方了如指掌，有夜视能力，不然你绝对会错过分叉小路或者可以藏身的避身所。而且，大多数猛兽都是夜间出动，因此你被攻击的风险也大大增加。再者晚上赶路会导致你白天睡觉，而救援者往往是在白天进行搜寻。

如果碰到不得不晚上赶路的情况，在某些静水河或静水湖中划船前进可能还安全一些。不过，你要擅长划独木舟才行。

唯一能打破“不要赶夜路”这一铁律的例外便是沙漠，因为白天的温度可能太高，赶路太过危险。而晚上在沙漠赶路或许是一种很棒的体验，因为温度下降，天空无边无际，你可以利用星星或满月来指引方向。

我曾经在亚马孙丛林中尝试过一次夜间赶路。当时光线昏暗，我刚走出栖身地，那是当地土著人的一个废弃老屋，回头就看到一只美洲豹正在后面盯着我。我心里很清楚，要想穿过茂密的丛林小路到达我想去的地方——一个瓦欧村庄——需要不短的时间，但我决定冒险一试。我打开录

如果你是结伴出行，而你的一个同伴受伤了，图中这种带交叉手柄的担架可以让你拖动担架直立前行。

影机的灯光指路，而那只豹就一直紧跟在我身后。终于我赶到了那个村子（村子周围竟然都是锁链一般的栅栏，目的就是为了阻挡豹）。第二天我才知道，那个追随者是一头雄豹，重达 90 多公斤。

斯特劳德的小贴士

旅行的时候，尤其要注意保护好双脚。如果备足了袜子，一定要定期换，避免穿着湿漉漉的袜子走路。

走水路

不管是沼泽地、河流、湖泊还是小溪，走水路总比穿过茂密的树林和荆棘丛生的草地要安全一些。不过，跟你想的一样，水路也有水路的风险。可能这会儿风平浪静，但如果水下暗涛汹涌，或者当你走到中间的时候一场突如其来的风暴卷起千层浪，你怎么办？还有一种风险需要考虑，水下同样会有危险的生物（具体得看你所处的位置），比如短吻鳄、鳄鱼、河马、北极熊、海象、海狮、鲨鱼或者大象。而且，走水路你还需要对所带的装备进行防水保护。

至于究竟采取怎样的水路方式，主要有这么几个选择。不用说，最好是你有自己的交通工具，比如小船或者独木舟。如果没有，就只好自己造一个出来，一般都会选择造一个木筏。可能你觉得哈克·费恩的故事很浪漫，但其实造木筏以及整个木筏之旅，都是很艰难的过程。如果这是你唯一的安全选择，或者你确信走某条水路可以让你更快地到达安全的地方，那就值得一试。坐上木筏出发之前，记得要先测试一下木筏的情况。千万不要把自己的生命寄托在一个粗制滥造的木筏身上。

如果你不会游泳或者缺乏行船经验，那就尽量离岸边近一些。在河流转弯的地方，要走河流的内侧，一般靠内侧的地方水流没那么急。湍急的水流存在不少风险，包括障碍物（沉木和其他可能困住小船的植物），清扫物（低垂的树枝），急流险滩（一定要绕过这种急流，切勿直接趟过去），还有瀑布。

如果你是沿着河流徒步前行，前面被一条水道拦住，而你又没有现成的船可以用，也有几种最后的办法可以顺流而下，只不过这些方法危险极大。你可以试着抓住某种可充气的防水容器（比如你带的橙色垃圾袋），或者像食物盒那种有浮力的东西，想办法在上面加点东西。香蒲也同样可以在水中浮起来，很多旅行者都有过用香蒲制作漂浮物的经历。

造木筏

求生情况下，要造出一个木筏并不容易。根据具体情况，你可以用绳子把木头绑成一个筏子，助你行出一段距离。

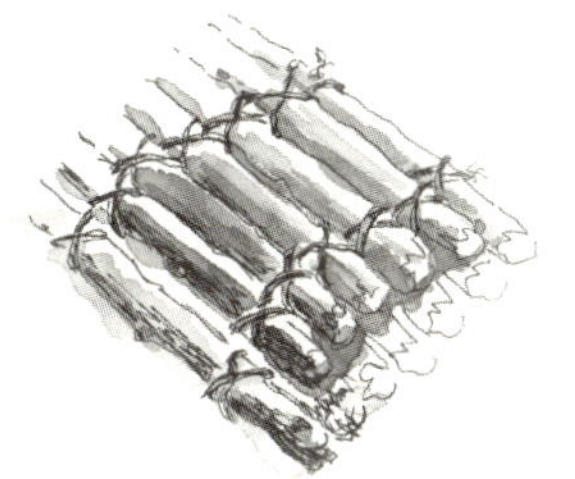

把长度大小差不多的木头捆到一起，用图中所示三种方法的任何一种做成简单的木筏板。

可能的话，在筏子上做一根舵杆，这样你就可以掌控方向，避开水中的障碍物。

渡水

永远不要低估流水的力量。如果不用涉水就能抵达目的地，那自然再好不过。

关于渡河，首先你得找到适合横渡的地方，这个地方不一定是你最初下水的位置。你要找水流浅或者水流慢的地方（有时候水泡多的白水翻腾区通常是最容易渡过的地方，因为这种地方的水比较浅，底下有石头可以让你踩）。下水之前，你要先确定自己到了对岸是否能顺利上岸。

渡河或者渡溪的时候，你始终得面朝下游背靠上游顺水而行。千万不要背对下游或者逆水而行，冒被水卷走的危险。可以找一根木棍、树枝或者别的支撑物帮你在水中保持身体平衡。要知道，15 厘米深的急流就可以把一个成年男人冲倒。

如果你不得不游泳渡过急流，记得臀部要尽可能抬高，避免弄伤脊椎。用脚踢开碰到的石头，双足也要尽可能抬高，以免卡进石缝导致身体翻转。用手臂往后划水，这样上岸时比较安全。

双足要顺着臀部滑行，切勿用大跨步的姿势，那样大部分的压力都会落到某一条腿上。如果你身上背了背包，一定要解开臀带，同时调松肩带，这样你被水流打翻的时候可以把背包丢开。如果能扯住就一定不要松开，不过你肯定也不希望被背包拖到水下，对吧？千万不要尝试赤脚渡河。这是一个艰难的妥协，尤其当你的鞋子并不湿的时候，然而鞋子弄湿总归比脚踝骨折或者划伤脚好一些吧。

如果你是集体渡河，应该让体格最强壮的人走在最前面，其他人依次扶着前面人的腰跟在后头。团队中强壮的人要为弱小的成员分担压力。也可以大家手挽手一起过河。总之，最强壮的人始终要排在最前面，而最弱的人排在中间。还有一个选择就是把一根绳子分别系在河的两岸，这样其他人就可以抓住绳子从下游横渡。

万一你在水中滑倒被水流冲走，要尽量保持面朝上的姿势，双足对着下游顺水而飘。注意脚趾要伸出水面（或者尽量往水面抬），身体的后半部也要尽量抬高，以免造成尾骨骨折。

因为双脚放在水下结果撞到了树或者石头或者水下其他的沉物，导致旅行者从船上跌落结果溺水而亡，这种可怕的故事有成千上万个。一旦发生这种情况，水流首先会击中你的脸，然后将你压在水中直至溺亡。所以一定要把双脚放在你面前以杜绝这种情况发生，顺流而下的途中必要时也可以用脚踢开挡路的石头和其他障碍物。

旅途中，有时候你可能还要被迫渡过结冰的水面。尽管这样能缩短路程，但风险太大。寒冷的冬天一旦落入水中几乎是必死无疑。而一把碎冰锥及漂浮求生工具套装，在这种时候能救你的命。碎冰锥在几乎所有运动用品商店都可以买到。

在下面这些地方要注意避开弱冰：

- 冰上有凸出物的地方。
- 河流的直段。
- 雪坡延伸到冰面上方的地方。
- 水道的汇合点。
- 可以看到阴沟口的地方。
- 可以看到雪下的较暗部分。

基本的求生导航

如果你连基本的导航技能都没掌握，比如如何使用指南针，就贸然进入荒野探险，这无异于将自己置身险境。关键的导航技能相当直接，易于掌握，而且任何人都可以学会。学习如何划独木舟，生一堆篝火或者支一个帐篷，同时还要学会看地图和使用指南针。我高度推荐你在独自出行之前，先自己实践一下。很多大学都在晚上设有这种课程。

地图

地形图可以大大增加你求生成功的机会，但前提是你得知道如何使用地图，而且要始终保护地图不被损坏。

出发之前，一定要检查地图的成图日期。如果地图内容陈旧，你会发现地图上表示的内容对应的实地已经发生变化，这将导致你在判断自己所处位置时产生很大的偏差。我就曾见过整个湖在老地图上压根儿就没有体现（新地图上有）的情况。

确保你能正确解释地图符号的含义，并识别主要的地形特征。

要正确地使用地图，首先你要确定方向。最简单的情况是，你把地图水平摊开，地图的南北刚好跟指南针的南北方向一致。

如果你不确定北边是哪边，仍然可以根据地形地貌关系确定地图的对应方向。这样做时，你一定知道自己在地图上对应的大概位置。找出你所在地区的主要地形特征（比如山顶、山谷、山脊），并在地图上寻找对应标记。如果是在地貌相近的地方比如丛林和森林，这种方式可能会比较困难。所以，需要等你到达地貌特征更容易辨识的区域后再次定位。有些地形图还会标记出不同类型的植被，这也可以帮你确定自己的方位。

根据地图制定路线是本书第一章“行程计划和准备”的重要内容。如果你已确定出行，那就先跟向导一起坐下来，熟悉地图。

指南针

我在学校学习的指南针课程全都是以定位比赛作为结束。这几乎已经成为一种传统，而我们这些学习求生课程的人，也在巨大的同伴压力下纷纷想赢。我很幸运，我上课的那一年拿了冠军，从而避免了许多调笑。不过，我那个时候还比不上我的求生伙伴道格·盖特古德那个年代，他比我早几年，所以我觉得邀请他跟我一起来写接下来的这些内容比较合适。

在如今这个充斥着电子设备的世界，简单的指南针有时候让人感觉很无聊。毕竟，它只是默默地指示南北。但是别看它简单，指南针其实是能帮你走出荒野的最重要的一样东西。了解基本的指南针使用知识，对于求生至关重要。

如果你可以熟稔并高效地使用指南针，那么无论你身在何处，也无论中间有多少艰难险阻，任意选一个远方的目的地，你都会有信心抵达。

指南针的组成部分

要学习使用指南针，首先要弄清楚它的组成部分。下图便是一个定向指南针，配合地形图使用效果非常好。

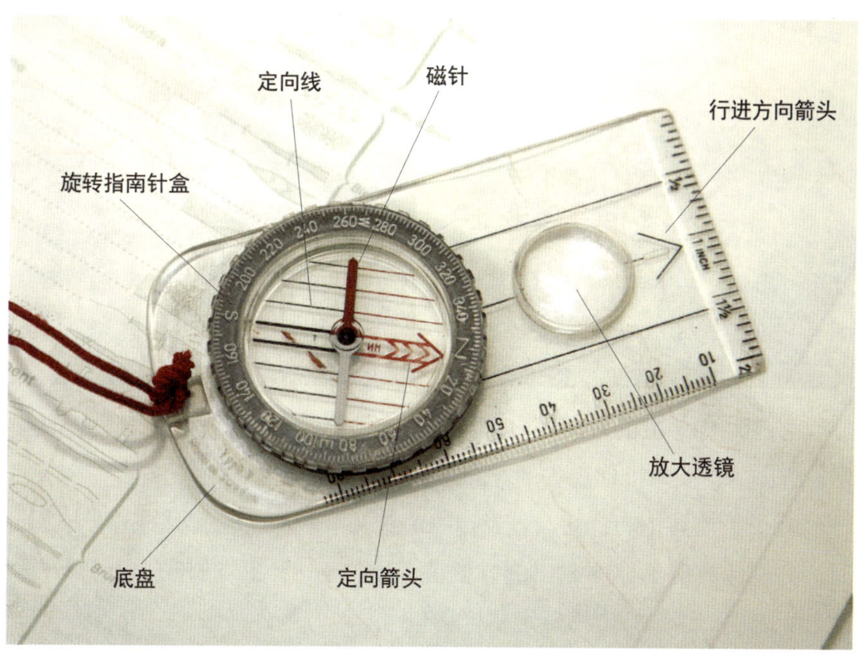

指南针。

指南针有三个基本组成部分：

底盘　有指示行进方向的箭头、平行定向线（与地图配合使用）、刻度，还有指示器。

旋转指南针盒　可以任意旋转。边界刻有数字和标记符号。从标有 N 的北边开始，旋转 360° 后回到原点。指南针盒的底部有一个红色的定向箭头，同样与定向线保持平行。

磁针　在指南针盒内保持平衡，磁针通常为红色，而且总会指向北方（只要把指南针放平且远离金属）。

无地图测定方位

简单来说，方位（指南针表盘上 360 个点中的一个）就是你要去的方向与磁北的关系。测定方位，是为了把地标当作导航辅助，从而按照既定的方向前行。山坡、大岩石、样子奇特的树、池塘还有湖泊都可以满足这个目的。测定方位的具体方式和步骤如下。

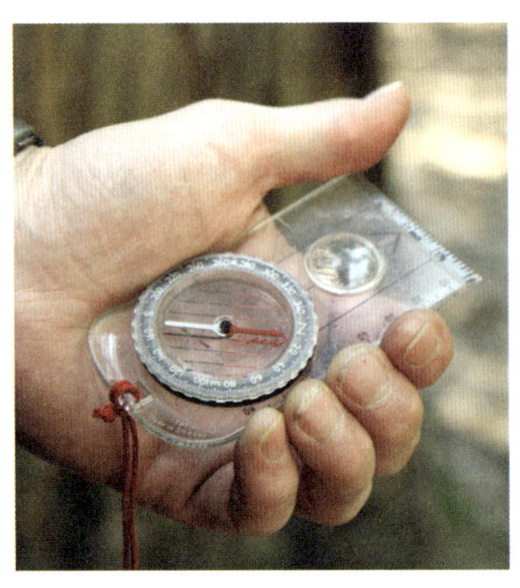

1. 面朝你想去的方向。水平放置指南针，保证磁针能自由摆动，让指示行方向的箭头对准你想去的方向。

2. 然后旋转指南针盒，直到定位箭头转至磁针红色一端的正下方。此时，刻度标数就是你要测出的方位值（比如 148°）。在该方向选择一个地形标志物，这个标志物一定要容易与别的地方区分开来。

3. 让指南针保持在选定的设置值，目光离开指南针走向你的目标物。等走到目标物前，再在相同方向的路线上另找一个地标。这个过程可以通过“指南针重设”来实现。跟之前的步骤一样，把指南针摊平在手心。确保方位值仍然为 148°（或者你选定的其他值）然后缓慢移动身体，直到磁针的红色一端移至定位箭头红色部分的正上方。行进方向箭头此时便会指向你要去的方向。

4. 指南针的后端一定要靠近或抵着你的腹部，行程方向箭头则要指向前方。这样一来，你和指南针始终都能朝向同一方向。千万不要只是眼睛盯着指南针，自顾自地往前走，因为这样你很容易偏向一边，头部与身体也并不总是能保持在同一直线上。如果在正确的方向选择了地标物，便可以把指南针放下朝地标物走去，途中要绕过障碍物。冒险竞赛者经常使用这种方法：瞄准远处的一个目标，然后全速冲向目标，之后再瞄准下一个目标。

要调整或者撤回动作，可以在下面两个选择中任选其一：

1. 旋转指南针盒，让磁针的白色（南）一端与定向箭头的红色端对齐，然后沿行进方向箭头指示的方向返回。

2. 把初始 148° 设置值往上加 180° （一圈 360° 的一半），并走回到你最初的地方。这个过程中，要确保磁针红色一端与定向箭头的红色一端对齐。

地图和指南针

与定位指南针配合使用效果最好的地图便是地形图。下面是地图配合指南针使用的基本指南。跟我前面说的一样，最好与当地向导一起到测向实地进行深入研究。

地形图

地形图是地表起伏形态和地理位置、形状按一定比例在水平面上的投影图。地形图常见比例尺为 1 : 50000，也就是地图上的一厘米相当于实际地方的 50000 厘米。这种地图会标示出等高线、网格线、人造地物，以及湖泊、沼泽、河流这种天然地貌特征。

等高线可以让你明确各种地形特征，比如山峰和山谷、悬崖和斜坡。网格线则是从南到北（上下延伸，也叫网格北）、从东向西延伸（从左到右）。在比例尺为 1 : 50000 的地图上，每个网格代表一平方英里。南北线所指示的方向跟真正的南北向基本一致，但与磁北的方向未必完全相同。地图网格北与磁北之间的差值被称作磁偏角。

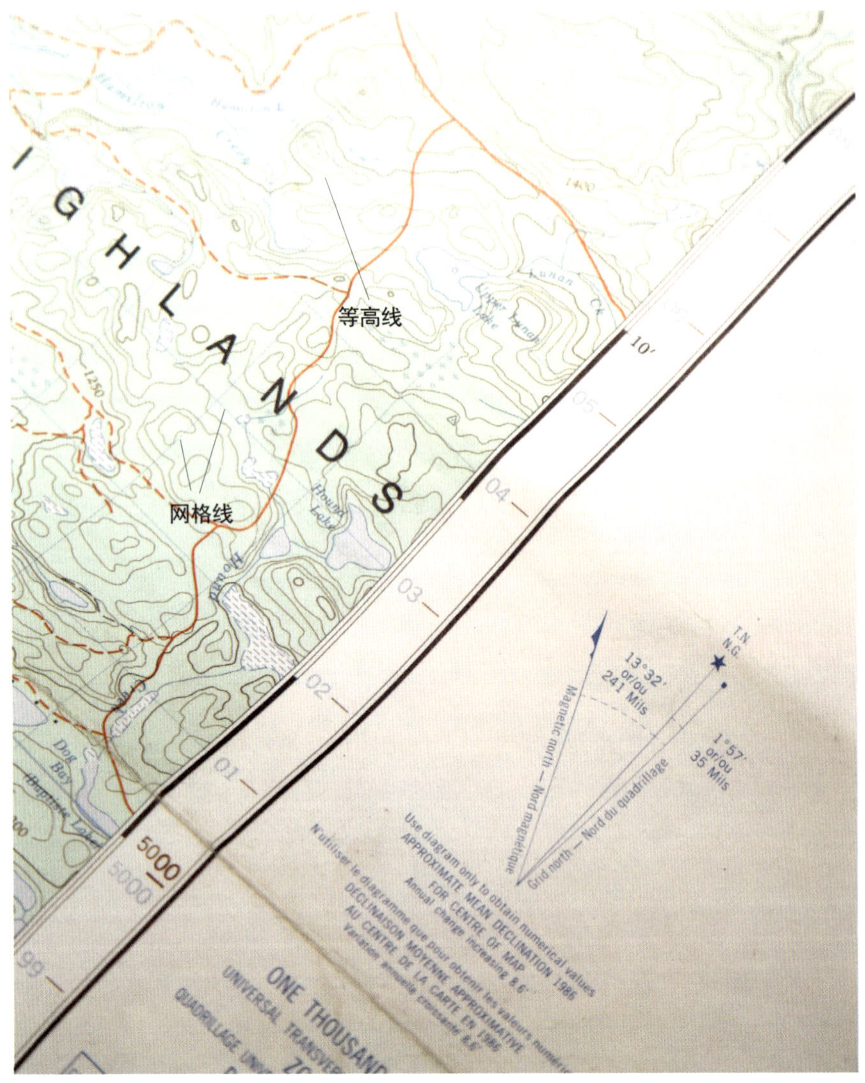

你可以在地形图上找出目标地点的详细地理信息。

用地图测定方位

用铅笔在地图上把你出发的地方标上（a）并把你要去的地方标为（b），然后用直线连接（a）和（b）。把指南针的一侧沿这条直线放置，行程方向箭头对准你要前行的方向。转动指南针盒，让一条定位线与地图的一条南北网格线平行或者完全覆盖。

要获得准确的读数，必须要让定位箭头的一端对准地图上方。正确的定位如图所示。

偏差调整

既然已经测定了方位值，那么必须要对偏差进行调整。利用地图一侧的图解，找出地图网格北与指南针磁北之间的偏差度值。注意，下面的这张地图分别标出了磁北、真北和网格北（因为是地图与指南针配合，所以真北可以忽略）。偏差值同样标注在地图上。因为方位值是利用地图的网格线测出来的，所以指南针盒要根据表中的网格北标记转动。如果你在地图表格中看到磁北是在网格北的左边，就把指南针盒往左转（逆时针方向）。如果你在地图表格中看到磁北是在网格北的右边，则把指南针盒转向右边（顺时针方向）。不管是哪种情况，指南针盒转动的数值都要与地图给出的数值一致。

记住，磁北每年都会有轻微的变动。地图也会告诉你每年磁北变动了多少，以及你如何针对这种变化进行调整。你必须现在就针对偏差对指南针进行调整，它也会为你指引出正确的方向。

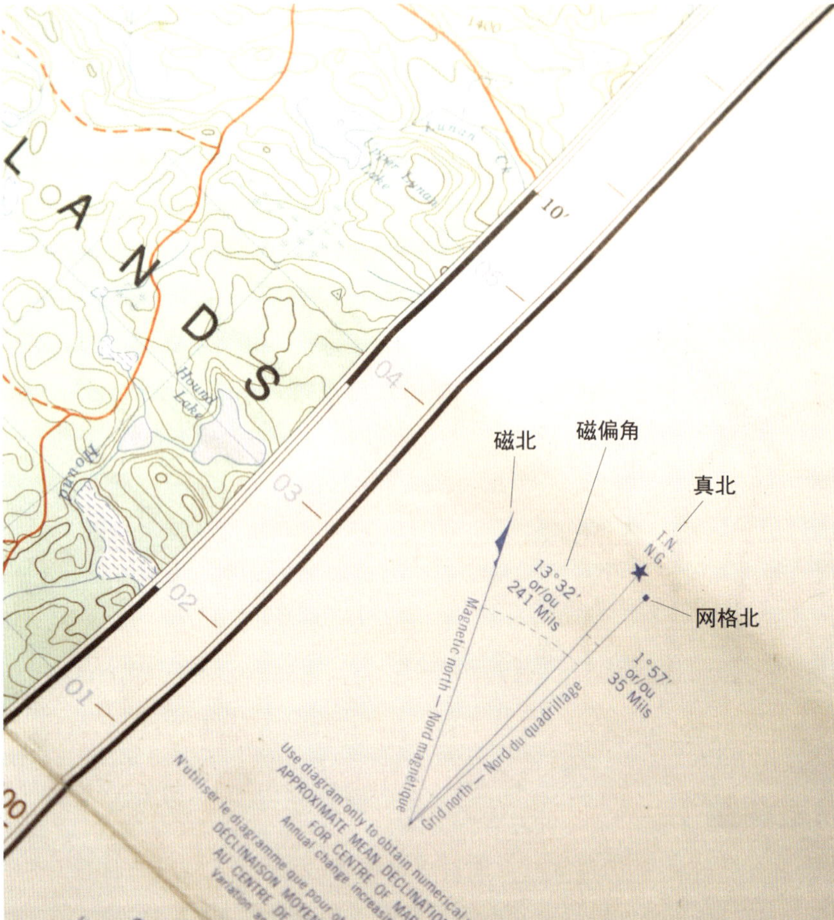

标示偏差的地形图。

实地与地图间偏差的调整

如果你想把实地测量的定位值转换成地图标记，可以从磁针开始。以地形图上的偏差值作为参考，转动指南针盒使其对着网格北方向。

斯特劳德的小贴士

地图转实地时，旋转指南针盒使其对着磁北方向。实地转地图时，旋转指南针盒使其对着网格北方向。

制作简易指南针

眼睁睁看着自己的指南针被水流冲走或者掉进了深渊，这情景肯定让你茫然失措。不过不要惊慌，利用随身携带的其他日常用品或者在周围找到的一些材料，仍然有办法找出东南西北。尽管这些办法都不能做到精确，但至少能让你知道大概的方位。

方法一：磁针和纸放入水中。磁针任何时候都会指示南北。

木棍阴影定位法　这种办法是通过太阳来确定方位，左西右东上北下南。不过这种办法不适合在纬度 60° 以上的地方使用。

利用木棍阴影来确定方向

1. 先把一根木棍或树枝插到地上。要选择能清晰地看到影子的平整地方。然后在影子的尖端做上标记，这一端始终代表西边。

2. 等待 15 分钟，在这期间影子的尖端会有所移动，再在新的位置做好标记。重复这个过程。

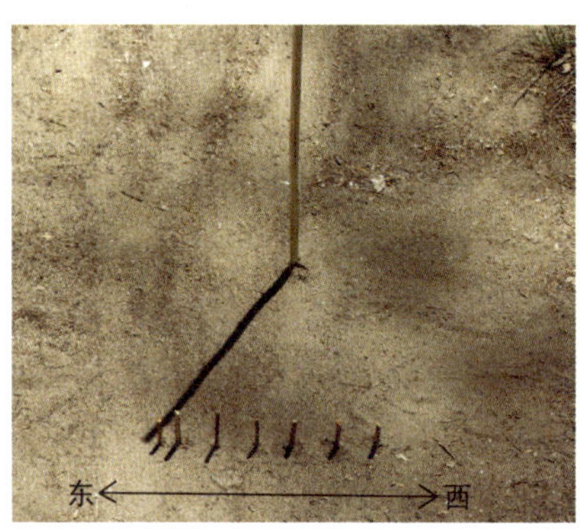

3. 最后把所有标记点用线条连起来，这条线就可以看做基本的东 / 西线。

手表定位法：尽管这种方法的偏差可以多达 24°，而且也并非适用全球任何一个角落，但手表有的时候可以临时当作指南针使用。若是你带的是电子表，那就把实时时间用表盘的形式画在纸上，并按照下面的步骤来确定方向。

这个方法必须按照标准时间来才行。南北线通常都在时针线和 1 点钟线的中间。若是正午之前，则把这条线向时针右侧挪一半距离；如果是正午之后，则向时针左侧挪一半距离。

在南温带地区（南回归线与南极圈之间的区域），让 12 点指针刻度朝向太阳。时针与 12 时刻度平分线则为北线。夏令时，北线位于时针线与 1 点钟指针刻度的平分线位置。注意，离赤道距离越近，这种方法的准确率就越低。

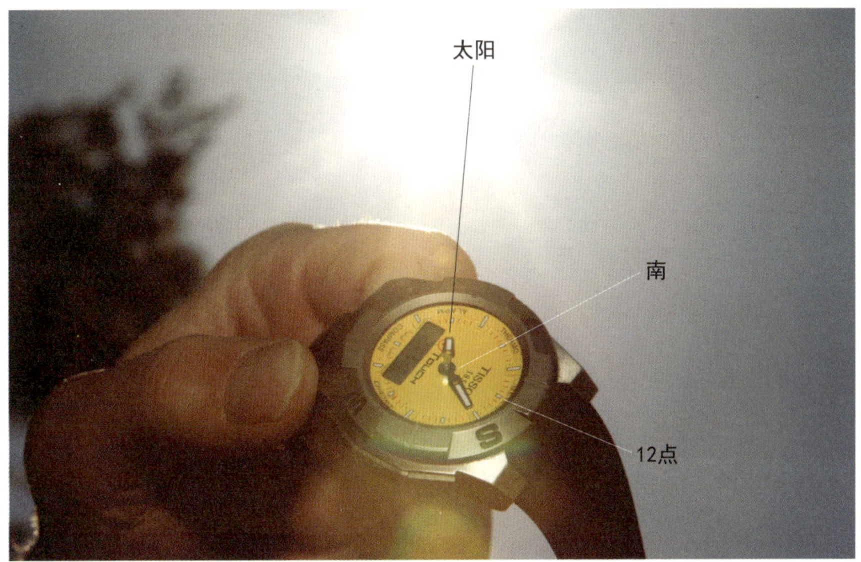

如果是在北温带地区（北回归线与北极圈之间的区域），直接让时针对向太阳，则时针与12点钟刻度平分线的反向延伸方向就是南方。

通过自然特征辨别方向

说到在荒野中辨别方向，天气其实是一个很重要的工具。不过你要记住，千万不能只相信一种结果。你可以多次尝试，再把得出的结果综合考量，这样可以降低犯错误的风险。

若是在准备和计划行程的过程中你已经知道当地盛行风的方向，你便可以利用这一点来指引方向，因为风对植被和地貌有着显著影响。某些旗状树的生长形态，很大程度上就是由风型决定。这些树（比如白松）的树枝不会迎风而长，而是顺着盛行风的方向生长。旗树通常指着东西方向，但具体还得看所处的地区。

苔藓一般生长在树的北侧，因为北侧的阳光少。但这并不是说树的南侧就看不到苔藓，有时候整个树干都会长满苔藓。所以，再次强调一下，要把所有情况综合起来看。大石头周围的融水通常都是在南边到西南边的位置。

在北温带气候中，许多花要么朝南要么朝东，以最大限度获取阳光。索诺兰沙漠的桶形仙人掌也是一样。

天体也是很好的导航工具，尤其是北极星。也许你会认为夜空中的星星不断变化位置，但北半球的北极星是永恒不变的。要想找到北极星，首先要找出大北斗七星。先把勺子最外沿的两颗星星找出来，然后在脑海中连一条虚线。然后把这条虚线往远处五倍于大北斗勺子深度的地方延伸，这会让你找到小北斗七星柄部最末一颗星。这颗星便是北极星。默默做好标记或者在地上插一根木棍指向北方（北极星）。等到天亮，你便可以照此来辨别方位。

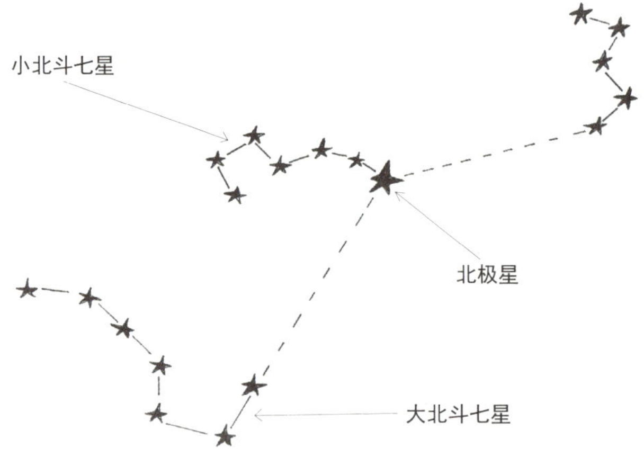

你可以通过先找大北斗七星勺子最外沿的两颗星来找北极星。沿着这两颗星的连线的延长线，便能看到最亮的北极星。

在南半球，你则可以通过南十字星座（及其两颗指针星）找到南方。先找到十字星座的顶端星，然后通过长轴画一条虚线。接着再从两颗指针星的中间位置画一条垂直于两颗指针星连线的垂线。这条垂线和上面那条通过长轴的虚线相交。这个交叉点靠近南极的位置。

你还可以利用月亮来辨别方向，或者至少弄清楚南北的大概方位。如果是新月，则连接新月两端向地平线作延长线。如果是在北半球，则所触点为南方；若是在南半球，所触点则为北方。

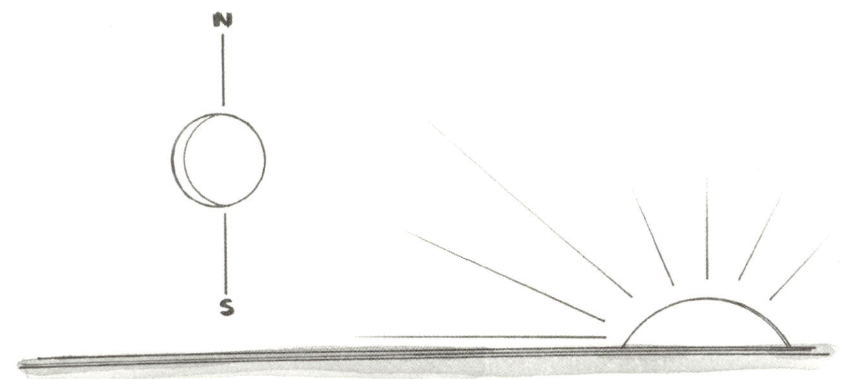

如果月亮在日落前升起，亮面是西边。如果月亮在午夜后升起，亮面在东边。

沿水路前行似乎是一个可行的计划，因为水路或许能把你带到有人的地方，或者无边的荒野。你可能是沿着碎石河岸轻松前行，或者在河岸两旁的茂密森林中艰难穿行。若在计划和准备阶段提前掌握该区域的地形特征，将帮助你更好地做决定。

火车轨道或输电线也并不一定能带你找到回家的路。或许转弯便是城镇，也有可能走出去好远，却是一片荒芜。输电线往往还会把人带到沼泽或湖泊，因为电线一般是在这种地方架设。

之前拍求生电影的时候，有一次曾在途中碰到几条火车轨道。尽管后来我收到了很多信件，纷纷责备我没有沿着铁轨走，但是当时我非常确定在铁轨东边几英里的地方就有一条高速公路。火车铁轨会把我带向哪里，我却不知道，所以我选择走确定安全的路线。我穿过铁轨，走到高速公路上，并成功地找到了回家的路。

全球定位系统（GPS）

GPS 是以卫星为基础的导航系统，可以随时随地提供精确的地理位置数据。GPS 装置可以显示当前位置的纬度和经度坐标，输入目标地点坐标后，该装置还会告诉你该往哪个方向走。大多数 GPS 装置都带有电子指南针。最好选择带环形天线的，这种装置在大树底下也能确保良好的信号，而且内置记忆卡里有地形图，所以你可以跟踪活动轨迹，并轻松使用“前往”功能在地图上找到任何地方。

你需要记住一点，GPS 装置需要电池才能正常使用，一旦电池失灵无异于雪上加霜。所以绝不要把所有希望都寄托在 GPS 上。你还必须要掌握使用地图和指南针的方法。

在树上做记号

在求生旅行和导航中，一个常被忽视但实际相当重要的事情便是，行进时标记周边环境的自然特征（也就是常说的做记号）。其他旅行者可能会看到你留下的这些标记，从而增加你被救的几率。当你发现走了错路想回到先前的地方时，这些标记也将起到很大作用。

在树上做记号指路，最好是用皮带刀、斧头或者弯刀这种尖锐物割下小块树皮。当然，你也可以用求生工具包中的橙色胶带。

标记信号的时候，确保树的两边（也就是你来的方向和你要去的方向）都要标记到。这样一来，当你走回头路的时候，也就一眼能看到那些标记了。很多冒险者就是因为忘记做这件事，结果在绝望中迷失方向。

若是你手头上没有任何工具可以撕开树皮，那么也可以通过折断树枝来进行标记。确保你所折断的树枝与人的视线在同一水平线上，而且能指示出你离去的方向。

标记信号最好选绿色的小树，因为小树的树皮不会太硬。老树的树皮要硬得多，三两下便会把你的刀刃磨钝。

在视平线上进行标记是最有效的方式，这样一来你一抬眼便能看到，无需费力寻找。体力和条件允许的前提下，做的标记越多越好。

直线前行

迷失方向的时候，大多数人都是在绕圈，而且往往是顺时针绕圈。我们习惯性地往右边走，因为下山或爬楼梯时，人都会习惯性地选择靠右。而且习惯用右手的人右脚通常没有左脚那么灵活，以至于左脚常常步子更大一些。

因此，在求生环境中要想做到直线前行并没有你想的那么容易。现在我告诉你一个好办法：对于路途中的障碍物，你可以有意识地往两个方向走。也就是说，时而绕着往左走，时而绕着往右行。

特定地区的旅行导航

干燥地区、沙漠和峡谷

在这些地方，是否前行主要取决于你当前携带的水量以及可以在别处找到水的可能性。若是你觉得自己带的水不足够支撑走完全程，而且途中能找到水的机会也不大，那就不应该再往前走，除非别无他选。

任何曾举着冰淇淋在滚烫沙滩上走过的人，都会明白在沙漠中行走是多么艰难的一件事情——无论脚上的鞋子装备多好，可以说是步履维艰。最好是找到一个有灌木有草的地方待着，这种地方的沙层一般较为紧固。不过毒蛇蜘蛛也喜欢这种有草的地方，所以你要注意防范被咬，但这仍然是最上乘之选。若是找不到灌木丛或草丛，那也要沿着沙丘之间较硬实的谷底走，千万不要在上面走。

万一被沙尘暴困住，立刻停下脚步或者找到自然掩蔽物的背风面。标记出行进的方向，坐下或者躺下，用布盖住头（尤其是嘴鼻部分），等待沙尘暴过去。

若是在峡谷区穿行，一定要格外小心缝隙型峡谷（两边都是峭壁的狭窄峡谷），很多旅行者都葬身在这种地方。在这种地方最大的危险便是山洪暴发，这种山洪往往是突然发生，没有多少先兆。山洪可以在万里晴空的日子里突然闯进缝隙型峡谷，这其实是因为别的地方可能有大暴雨，而表面的流水便都在峡谷中聚集。山洪暴发时水面最高可达 18 米。强劲的风火雷鸣一般的声音，通常便预示着有山洪在靠近。

寒带森林和其他温带森林

寒带森林和其他温带森林对行程造成的不便之处主要在于，人在茂密的丛林中很难对周边环境有一个整体的把控，这时候就需要用到指南针了。你需要不时地测定方位才能成功走出密林。当然，你也可以爬到树上获取更好的视野。

寒带森林和温带森林中的河流、小溪、沼泽、湖泊全都属于开阔地形，所以只要你有船只并且会划船，走水路无疑是最好的方式。

然而，在寒带森林最大的危险莫过于过高估计行走的速度。很多时候才走一里路，感觉自己已经走出了好几里。

斯特劳德的小贴士

以团队形式穿过森林（和丛林）的时候，有可能走在你前头的人会帮你扯住树枝，以免树枝反弹打到你的脸。这自然能体现出同伴的体贴，但你可千万不要完全指望这个。很可能某个时候前面的人大意了，没能抓住树枝。如果你也是心不在焉，树枝可能戳进你的眼睛，造成严重后果。记住，随时都要抬起一只手做保护自己的准备，或者干脆把距离拉开一些。

北极和极地地区

没到过极地地区的人，自然是错过了地球上最美的风景之一。不过在极地行走面临的一个大问题是，某些时候你会感觉自己是在一个巨型乒乓球内行走，尤其是当起冰雾的时候。

可想而知，在一个巨大乒乓球里行走是多么容易迷失方向，你很难分清哪里是天哪里是地，因为天和地都是一片雪白。有一次在北极，我差点走到了 9 米冰雪峭壁的边缘。在最后的时刻，我才意识到自己在做什么，赶紧停下了脚步。我双手双脚趴在地上，缓了好一会儿，这才看清几英尺之外的情形。

一般来说，南极一望无垠的开阔视野让旅行者相当享受，自然地理特征也易于辨认（如果没雾的话）。但是你要记住，在任何一个有深冰厚雪的地方，碰上阳光明媚的晴朗日子，你随时会有雪盲的风险。所谓雪盲，就是因为强烈的太阳光线灼伤了你的视网膜，这种伤害可能持续好几天。

任何情况下，都不得在暴风雪即将来临的时候往外走。即便是有寒风呼啸，都要尽量避免外出。

在海上或开阔水域

在开阔水域航行时，要密切留意一些微小信号，说不定旁边就有陆地。比如：晴朗天空中大团聚集的静止不动的云团（或者多云的天空中，其他云团都在移动，唯有某几个云团静止不动）；热带地区天空略带绿色；北极地区，云层有淡色的反光；还有鸟群聚集（或有嘈杂鸟声）的地方。浅色

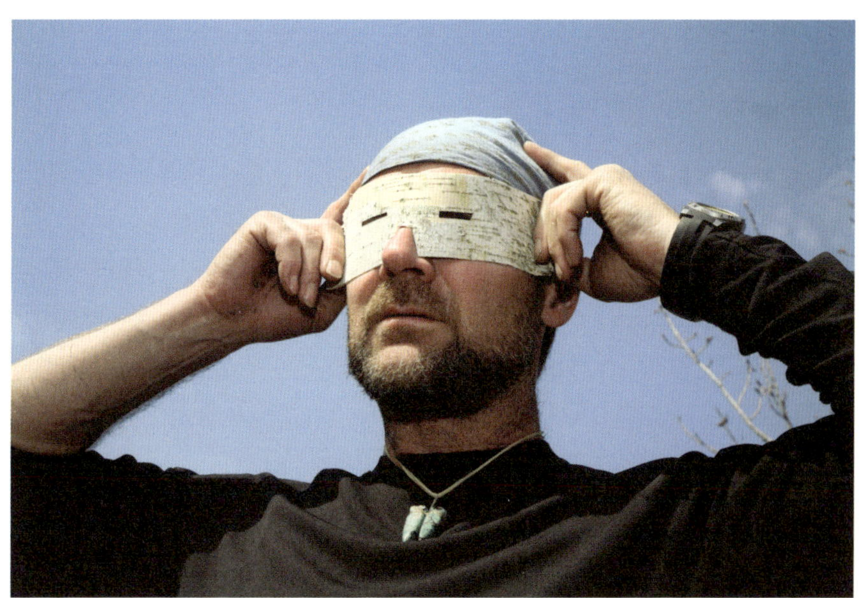

用太阳眼镜或者滑雪镜保护眼睛不被太阳紫外线灼伤。如果你没有这种保护性眼镜，可以用桦树皮、纸或者任何一种其他的材料自制一个。只需要留出几道平行的划痕让你看到外面就行。

因为太阳毯可以让你看到外面，若是没有太阳眼镜的话，可以扯一小块太阳毯下来保护眼睛。

水体一般代表水域较浅，同理，漂浮物多的地方水一般也比较浅。

丛林地区

丛林大概是全世界最难穿行的生态系统之一，所以会有“危险丛生”这种俗语。很多时候你压根儿就不知道自己身在何处或者要去向哪里，也不是总能找到路或者河流。如果有可能，尽量跟着水流走，这样遇上村庄的几率能大一些。

作为计划和准备工作的一部分，你需要带一把质量上乘的弯刀。用刀在丛林中砍出一条路不失为一个选择，这样也能避免被毒虫咬伤或者让毒虫潜伏到你身上。

走的时候还要不时警惕地抬头看上面和低头看脚下，因为树上和地上都有不少毒蛇出没。

丛林树林中的原木和温带森林的原木完全是两码事。在森林里，我建议你直接跨过去或者绕过去，以免滑倒骨折。而在丛林恰好相反——你最好是走上去而不要跨过去，因为很多毒蛇都喜欢藏在原木下方的狭小空间或小洞里。当旅行者跨过原木，脚跨到另一边，那么脚踝刚好就在毒蛇的面前，被蛇咬到也就不足为奇了。

山林地区

溪流最终将带你离开山林，但有时候你可能发现自己站在高达 30 米瀑布的顶端——那对你不利。不过，因为水道两旁一般都有树木，所以你很可能找到可以落脚的地方，帮助你继续走下去。

尽管有时暴雨过后也有滑坡的危险，但雪崩仍然是在山林地区穿行时面临的主要风险。电闪雷鸣时，要注意避开山脊和山顶；考虑到山洪，暴雨过后也要避开地势低洼的地方。

第十章

危险和障碍

荒野有时会出现危险，但我们需要先在脑海里过一遍可能存在的危险。在求生条件下，用处最大的品质便是自信。如果你坚信自己能克服艰难，也不惧怕自然的力量，幸存的机会就会大大增加。

要想安然无恙，你需要做好主动进攻和被动防御两手准备。从主动方面讲，你需要自发地做一些准备工作，比如发送信号、找水、生火、搭建避身所、寻找食物等。而被动方面的措施则包括防范野外自然存在的许多危险。换句话说，当你被剧毒的黄金眼镜蛇咬了之后，即便有再多水又有什么用呢？

关于荒野的危险（从毒虫猛兽到恶劣天气），你需要记住的一点是，它们并非恶意把你引入，它们就在那里，不声不响。所以这些危险因素是否会对你造成不利影响，主要取决于你自己的行为。

比如，穿越寒带森林却不留意方向，结果一头闯进了大黄蜂的老窝或者脚卡在了某个小洞中。像这种后果严重的情形，只要你放慢脚步，更加小心谨慎是完全可以避免的。潜在危险始终在那里，但你的行为将决定它们对你造成怎样的影响。

或者说，天气晴朗了好几天，于是你便决定不搭建避身所。这样一来，等到天气变坏，你如何能在倾盆大雨中继续生火取暖呢？天气迟早都会变。让你遭受危险的恰恰是你不搭建避身所的这个决定。

记住，在求生过程中，真正对你造成阻碍的往往不是那些大家都公认的可怕之物（比如食肉猛兽和毒蛇）。相反，恰恰是那些被你忽视却又大量存在的小问题拉慢了你的脚步。小问题被忽视太久，就会像滚雪球一样越滚越大。

天气

在求生环境中你会面临很多潜在危险，而天气是最可怕的。可能很多人都乐于去讲危险动物、毒虫猛兽，或者因为吃错植物而遭遇危险这种故事。但对我而言，天气是最可怕的不可控因素。恶劣天气将是你最大的敌人。到现在为止，我还没被毒蛇咬过，没被黄蜂叮过，也没有在旅途中严重饿过肚子，但我每一次都要忍受或者逃避糟糕的天气。

天气可能太热或太冷，也有可能太干或太湿。可能风太大也可能太过风平浪静。但不管是哪种天气，都会对你造成不同程度的影响。或许是带给你便利，让你有时间去完成求生任务；或者对你形成严峻的考验，以至你只能硬扛到恶劣天气过去。

之前在卡拉哈迪沙漠中，最让我担心的便是酷热难耐的天气，我只能想尽办法逃避。幸运的是，我后来找到了一棵小树（好几平方英里才见到唯一的一棵树），在树下休息了好几个小时。要知道树的荫凉下与大太阳底下的温差足有 20 度，是那棵小树帮助我活了下来。

忽略天气，只会让你安全回家的几率大大降低。承认和尊重恶劣天气的存在是你求生的第一步。根据所在地区和时节的不同，有一些天气情况（排名不分先后顺序）是你必须要准备面对的。

- 暴风雪和风寒。
- 极端高温。
- 洪水。
- 飓风。
- 沙尘暴。
- 雷暴 / 雷雨。

关于应对此种事件的更详细叙述，详见第十一章“天气”。

掠食者和危险动物

我们在媒体上见过很多人类被动物追杀的画面。有时候可能有人确实是葬身猛兽之腹，但绝大多数情况下，他们的死亡原因更多是因为我所说的“偶然性捕食者”的行为而非真正的掠食者行为。

偶然性掠食者（比如黑熊）最在意的是要得到食物，一般都是一些小动物或蹄类动物、鱼类或植物。之所以会遇上这些偶然性捕食者，大多是因为人类闯进了它们的地盘。

另一方面，真正的掠食者（比如大白鲨或老虎）都是机会主义者，它们把人看作机会。有时候是我们自己大咧咧地闯入它们的领地，相当于自己送上门。

任何动物都有一种神奇的能力，可以感知到你的心理状态，比如你是自信还是恐惧。一旦你流露出恐惧，它们便会完全占据上风。而当你表现出自信和强大，这些动物在攻击之前都会三思而后行。比如鲨鱼，它们不喜欢猎物反击，最粗暴的时候它们会从正面袭击你。

出发之前就要做好准备工作，熟悉旅途中可能遇到的每一种动物。

偶然性掠食者

走入荒野，让我们害怕的大多数动物，根本就不是以人类为猎物的掠食者，比如黑熊、毒蛇或大象。这种动物只是偶尔攻击人类，其原因更多是由于当时的情形环境所致，而非预谋性攻击。下面是我列出的一些我认为最常见的偶然性掠食者名单：

- 狼、土狼及其他类似犬科动物。
- 美洲狮、美洲豹、美洲虎、黑豹及其他类似猫科小动物。
- 黑熊、灰熊、科迪亚克棕熊、棕熊和其他熊类动物。
- 鲨鱼（大白鲨除外）。

身在荒野，要对动物怀有适当的敬畏之情，但不能盲目恐惧。一旦这种敬畏变成了恐惧，当正面相遇时你就丧失了理性行动的能力，你可能僵在原地，等待灭亡。

比如说，你没有新鲜水可以喝了，当地的天气条件很差，但你还有一点可以生火的燃料。通过看地图你知道几英里之外有个更好的地方，但你却不敢前行，因为你担心路上碰到大熊。这种对于熊的恐惧实际上对你的求生造成了阻碍。

一般来说，偶然性掠食者并非针对人类。只有当我们以无可避免的方式出现在它们面前，不管是闯入它们的队列还是夺了它们的食物，比如刚好碰上带着孩子的雌性动物，或者只是因为离得太近吓到了它们，这时候才会有麻烦。这些动物比我们大得多、强壮得多，当它们因恐惧而反击时，人类往往并不占优势。

不过之前也有过先例，曾有人被野生动物以掠食的方式生吞活剥。尽管这种例子很少，但是野生动物还是相当危险的，因为它们的行为无法预测，跟同类物种的驯化动物的行为方式不同。

驯化动物（尤其是熊）有时可能也是危险的，它们熟悉人类，不把人类当作威胁。驯化动物总把人类和食物关联在一起。因为人们总喜欢把垃圾扔在屋外，或者在后院或动物公园给它们喂食，只为拍上一张好看的照片。

在美国怀俄明州的黄石国家公园，有段时期竟然有妈妈把花生奶油涂到自己孩子的脸上，然后让几百磅重的黑熊把奶油舔掉，只为拍一张照片！不过，荒原地区很少有驯化动物。

为了避免遭受偶然性掠食动物的袭击，你可以采取下列措施：

- 弄出动静，让别的动物知道你的存在。
- 在你明知有偶然性掠食动物的地方行走时，要尽量弄出大的动静。唱歌、吹口哨或者挂一个熊铃……任何能让那些动物知道你存在的动作都可以。它们先听到你的动静，也许会主动走开。在我最早接受求生训练的时候，我得一个人去到北安大略的偏远地区。我知道那里有许多黑熊（到处都是熊的嘘声），所以我一边走一边吹口琴。反正，吹口琴本身让我的心安定了不少。

- 确保扎营地的干净，不要有太多食物的味道。
- 如果你在灰熊的地盘看到刚被宰杀的动物，一定要与其保持安全距离。灰熊常常会与猎物保持一段较远的距离，但一旦有人敢靠近它们的猎物，它们很快就能察觉到。
- 不是万不得已，不要在大型掠食者动物的地盘上出没。

对付大型动物的办法很多。对美洲豹有效的办法可能对灰熊就不管用。一般来说，碰上偶然性掠食者，你需要做下列这些事情：

1. 不要惊慌！转身逃跑很可能激起该动物的掠食本能，因为你这么一跑无异于告诉它，你就是猎物。所以如果说你面前的动物一开始对你并不感兴趣，当你开始逃跑，它必然就对你有了兴趣。

2. 平静且从容地走开。不要有突然性的动作，以免惊吓到它。正面对着它，但不要看它的眼睛。有些动物会把目光接触看做挑衅。(唯一例外的是鲨鱼，如果你双眼直视鲨鱼，可以有效延缓它攻击的时间。)

3. 你可以把双臂举到头顶摆动，让自己看起来更大更具威胁性，还可以弄出很多动静，或者跟旅行同伴一起手挽手。

4. 记住，你是游客！不管你当时多么确定要走的方向，要走某条路或者要在某个确定的地点扎营，这种时候一定要先走为上！

很多年前，我参加加拿大北部纳汉尼河河上向导的一次招聘考试。试卷上有一个问题是这样的：如果一只熊无意间走入了你的营地，甚至在你弄出百般动静后——比如把锅子拍得砰砰响，又或者向它扔石头想吓跑它——依旧不肯离开，你会怎么办？我的回答是走开。后来考试官告诉我，我是三年来第一个做对这道题的考试者。毕竟，那里是野生动物的家园，不是我们人类的地盘。我们不过是过路人而已。

多年的研究和上千个事例讲述都表明，唯一可以用“装死”糊弄过去的动物就是北美灰熊和科迪亚克棕熊。至于其他偶然性掠食者，人类展示出攻击性反倒有取胜的可能，因为这些偶然性掠食者也害怕受伤。有一个例子是这样的，一个女人通过徒手扭大熊的鼻子挫败了大熊的攻击。事情就是这样！大熊痛得嗷嗷大叫，然后就大步走开了。这些动物并不知道你是否有让它们受伤的能力，所以它们很容易被你唬住。只有大灰熊，无论面对比它强大多少的动物，依旧是面不改色。

在我最喜欢的一部电影《猛虎过山》中，当杰里迈亚问拜尔克劳为什么明知麋鹿能看到他的脚，还是要躲到马群的身后时，他回答："麋鹿又不知道一匹马究竟有几条腿！"

真正的掠食者

即便是最令人恐惧的危险动物，它们来到这个世界上不是为了伤害人类，也没有谁教它们猎捕我们。下面这些动物的菜单里没有人类：

- 非洲狮。
- 大白鲨。
- 北极熊。
- 湾鳄。
- 老虎。

北极熊主要是学习如何捕获海豹，而狮子主要学着捕小羚羊和斑马。掠食者要靠强壮的身体才能获取下一餐的食物，所以它们都害怕受伤。第一次和你打照面，本能告诉它们不要攻击你不要吃你，而是赶紧躲开，因为它们不了解你。要知道在荒野之中，未知往往意味着威胁。当对方对你的好奇心战胜了恐惧的时候，你就要当心了。

那么，为什么我们还总是听到吃人的狮子或北极熊跟踪因纽特人穿过了冻土地带这种消息呢？这是因为除了捕食别的动物，真正的掠食者也是机会主义者。如果有某种柔软、气息好闻、且多肉（比如你和我）这样的活物进入它们的世界，它们很可能不知不觉地就把我们当成潜在的晚餐。

在真正掠食者横行的国度，你可以采取下列措施来保护自己：

- 避免被发现　人类在荒野之中属于比较大声、笨手笨脚的生物。如果你闯入了真正掠食者的地盘，动作要尽可能放轻。为了不给任何一个掠食者机会，尽量做到不引起它的注意。

- **尽可能弄出动静**（你可能觉得我自相矛盾！）响动可以把掠食者吓跑。尤其是当团体出行时适合用这个办法，毕竟人多有优势。(从这两种截然不同的办法可以看出，要想在照面时，预测某种动物的行为或者你应该做些什么是多么困难的一件事。)
- **制造障碍** 如果你保持静止，无论静止多长时间，尽量利用自然物在你和掠食动物之间形成障碍。这一点对避身所也格外重要。在非洲，我曾经在避身所的外围用灌木刺搭出了栅栏。尽管这无法阻挡对我有恶意的狮子，但至少可以阻拦它一下，为我赢得逃跑的时间。
- **计划逃跑路线** 即便有保护，有时还是走为上计。在非洲，即便有灌木丛围成的篱笆作为保护，我还是会特意把避身所搭在靠树的地方，以防狮子王一时有了兴致想来这里瞅瞅。我会从树上挂一根绳子到避身所内，危险发生的时候，至少我还可以爬到树上。

非洲狮、北极熊、老虎、鲨鱼和湾鳄这些动物体型庞大，轻轻松松便能要了我们的命。面对体重高达 227 到 907 公斤的庞然大物，似乎人获胜的机会很小。但你要记住，真正的掠食者（跟随机掠食者一样）比其他任何野生动物都更怕受伤。与兔子这种温顺动物（兔子可以忍受伤痛继续寻找食物）不同的是，掠食者一旦身受重伤，它们捕食的能力——也就是填饱肚子的能力将大打折扣。比如，因为跟驼鹿纠缠而导致下颚受伤的狼，就等于被宣判了死刑。这类动物更倾向于撤退，而非正面对抗。

斯特劳德的小贴士

用火驱赶动物的方法可能并没有你想象中那么有用。一堆小火可以带给你些许温暖，一点能让你看清避身所周围情形的亮光，燃烧的木头也可以当作“武器”吓跑野兽。但太大的火光却会激起掠食者的好奇心，也会引来昆虫和蝎子。尽量选用有分量的硬木来烧火，这样可以让火持续燃烧整晚，获得耐用持久的火炭，万一受到攻击还能有强大的“导弹”当做武器。

不过，真正的掠食者对你发动攻击时，你唯一的办法就是奋力回击。若是你不幸被困海上，切忌胡乱拍打弄出太大动静，因为鲨鱼会被这种响声吸引过来。之前在加勒比海拍摄鲨鱼特别节目时，有一次我踩水的正下方就有数条柠檬鲨，附近还有两条虎鲨（既是随机掠食者，又是真正掠食者）在游荡。我们面临两难选择，到底是用最快速度游到船边还是平浮水中等船开过来？当我快速游动溅起大量水花，一条大鲨鱼直接朝我扑过来，显然是被我的动作惊动了。

如果你在流血，千万不要进入水中，因为不管血量多小，鲨鱼都能在水里敏锐地感知到。最后，不要往水里扔内脏或垃圾，因为这同样会把鲨鱼引过来。站在任何一艘游艇上，当你把食物残渣扔向船外，回头看的时候你都会看到后面跟着成百上千条鲨鱼。

假如真的碰到鲨鱼，唯一的选择就是反击防御。鲨鱼最敏感的部位是它的鼻子，所以直接朝着鼻子打过去。记住，鲨鱼喜欢从后面偷袭，所以一定要想办法正面对着它。如果周围有珊瑚礁或沉船的话，就用背抵着它们。与你的潜水同伴背靠背，把手头上的所有东西拦在你和鲨鱼的中间，比如你的水下摄像机，然后浮出水面！

在巴哈马群岛与加勒比海礁鲨同游特别刺激，尽管也很惊险。

避身所要避开掠食者的攻击

在非洲平原和卡拉哈迪沙漠拍摄求生影片时，我非常荣幸有机会向库斯·摩尔克罗夫特、拉夫·甘杜扎以及道·克鲁格学习，这三位是非洲学识渊博、经验很丰富的求生专家。我曾问过道·克鲁格对于应对非洲野生动物有什么想法，他说：

> 在非洲的荒野求生，意味着你可能与狮子、豹子、土狼这些动物狭路相逢，尤其是到了晚上，躲在避身所中的求生者最容易受到攻击。
>
> 这并不是说这些掠食者会像食人动物一般直接冲你而来，但它们好奇心重，可能也想着弄点现成的东西吃。这些动物的感官特别灵敏，隔着很远的距离也能察觉到你的存在，甚至在晚上也能把你的动作看得一清二楚。
>
> 这些动物行动起来无声无息，所以你很难靠耳朵听到它们的动静。你唯一能做的（也是必须要做的）就是尽可能加固避身所和睡觉的地方，并提前计划好紧急情况下的逃跑路线。你也可以设置简易的报警装置，一旦有活物出现在避身所周围就能把你叫醒。
>
> 关于避身所的安全问题，一定要有周密的谋划和扎实的建造，因为你面对的是既强大又聪明的掠食动物。如果不这样做，你只会在自以为是的安全感中遭受突然袭击。多花一点精力来保证避身所的安全，让你有个安全的地方，晚上你会睡得更安稳些。

建立预警系统

求生环境下晚上独自一人，如果能在掠食者靠近之前先建立起预先警报系统，你的心里就会更踏实一些。你可以用一条长长的细绳或钓鱼线当绊线在避身所周围围上一圈，距离地面约 0.5 米。线的一端连接在某个物体上，该物体能在被拉动或被撞到时发出响声。

在寂静的深夜，放在大石头上面平衡木板上的小石头，如果滚落下来会把你惊醒。你也可以多设几个触发装置，让大木头落在干燥的树枝上发出响亮的噼里啪啦声。

应对危险动物的贴士

关于对付危险动物最好的方法有很多理论，下面是几个小技巧：

- 要妥善准备，好像要迎接某个不受欢迎的不速之客。
- 避身所内或附近不要有任何肉或其他有味道的东西。把你吃的食物用绳子吊起来挂在树枝上，与避身所至少要保持 46 米或以上的距离。
- 不要在避身所外面留任何东西，这些东西可能被狮子和土狗吃掉或者搬走。
- 不要把火生得太大，因为大火会引来一些野兽和昆虫。
- 白天小便要尿在避身所周围的灌木丛上。因为尿在灌木丛上比尿在地上的气味更大，传得更远，这种味道有助于驱赶动物。
- 晚上千万不要离开避身所！

愤怒的蹄类动物

尽管媒体经常报道熊、美洲豹、狮子这种动物异常危险，其实还有一个动物群体很少被提及，但它们才是你在荒野之中可能遇到的最危险的动物（即便它们不会把你吃掉）：蹄类动物，或者说有蹄类哺乳动物。

每到交配季，一头重达 680 公斤的公驼鹿完全被睾酮驱动，一点就炸。众所周知，驼鹿特别喜欢攻击汽车。一旦碰上交配季的公驼鹿，你极有可能命丧当场。因此，所有蹄类动物——即便是看似最温顺的麋鹿，在交配季节都构成严重的人身威胁。

即便是碰上它们当中带着孩子的雌性，也足以让人畏惧，因为它们只需用蹄子踢一脚就能要了一个人的性命。

其他危险动物

- **大象** 还需要说吗？
- **野牛、麝香牛、水牛** 力大无穷，头脑聪明，非洲的野牛几乎可以说是你将遇到的最具攻击性的动物。
- **河马** 让人惊讶的一个事实是，每年河马造成的人类死亡比狮子还要多。

- **犀牛** 焦虑紧张，极具防御意识，每只犀牛都有一个超级无敌大的角。
- **鸵鸟** 鸵鸟为了保护自己的鸟巢，一击爪子就能让你皮开肉绽。

可怕的爬虫

可怕的爬虫是指那些让我们胆战心惊的会咬人、叮人的动物。其中包括蛇、蜥蜴、蜘蛛、蝎子、蚂蚁、蜜蜂、扁虱和水蛭。了解这些生物，了解如何安全地穿过它们的地盘是一件很重要的事情。

尽管有些爬虫看起来跟狼蛛一般让人恶心，但它们却跟其他近亲一样遵守着动物世界的准则。除了水蛭和扁虱等极少数的特例，这些爬虫并不想跟人类有多少交集，人类也不是它们的目标。只有做好出行前的调研工作，才能知道真正需要防范哪些东西。

这些爬虫攻击你只有一个原因：你突然闯入它们的空间并让它们受到了惊吓，或者是它们闯入你的空间结果也受到了你的惊吓，或者是你主动攻击它们。鉴于此，任何时候都要小心谨慎地行动，动作不能太急。

因为爬虫的数量众多，所以爬虫对你的威胁其实比掠食者和其他危险动物还要大。我曾孤身一人在丛林里待了七天，尽管没有碰到毒蛇，却看到了许多超大个头的毒蚂蚁、几只蜘蛛和一只毒青蛙。

关于爬虫，最重要的原则便是尽量减少与它们的接触。比如在蝎子众多的沙漠，我就会把床垫高，这样就不至于一觉醒来发现身上趴着一只毒蝎子。

遭遇这些可怕的爬虫大多发生在晚上，因为蝎子、蛇还有蜘蛛这些动物喜欢温暖的地方，而你的身体无疑就是辐射能量的热源。可能听起来有点难以置信，但它们确实只是想依偎在你身旁取暖。只有当你不小心或者出于慌张而突然做出某些动作时，它们才会咬你。可能你睡了一整晚，一觉醒来，压根儿就不知道有多少毒虫从你身上爬过。

非洲的一个人就经历过一条树眼镜蛇（全世界最具攻击性、最危险的蛇）溜进他的睡袋中只为夜间取暖的事。当那个男人反应过来，他几乎要癫狂了，他认为那条蛇肯定会咬他。于是，他的同伴们决定让两个人扯住他的肩膀把他从睡袋中拽出来，另外两个人则扯住睡袋往外拉。他们确实这么做了，而且只用了短短几秒的时间就完成了这个动作，而那条蛇也在这短短几秒的时间里咬了那个人 13 次，他当场毙命。其实，如果那个人不动弹，等蛇自己爬出来，或许他还有活命的机会。

说到避开爬虫这个问题，如果对当地的情况有所了解将起到很大作用。出发之前就要了解需要注意哪些爬虫，那些爬虫又都生活在什么地方。一般来说，你需要遵循下列这些原则，从而降低与可怕爬虫接触的可能性：

- 手和脚要远离石缝、茂密草丛或空心木头这种阴暗的地方。如果你需要到这种地方获取物资或者寻找避身所，也要先用长棍敲打探索一番，把可能造成麻烦的爬虫吓走。每一次你把脚靠近石洞、石缝或者地洞的时候，都相当于经历一次被咬伤的风险，因为蛇最喜欢蜷缩着待在这种地方。即便是踩在蛇洞的边上，也足以让你被咬。
- 封紧裤口、袖口和衣领。
- 绝不能席地而睡。如果有蚊帐，最好用蚊帐裹住身体（而不要只是把蚊帐盖在身上）。
- 睡觉时切忌把鞋子或衣物放在地上，而且穿回衣服或鞋子之前一定要摇晃几下检查里面是否有东西。大多数被蝎子蜇的情况都发生在旅行者一觉醒来贸然伸脚穿鞋子的时候。
- 情况允许的时候最好穿防护服。大多数蛇咬人都是咬在脚踝处，所以穿一双高过脚踝的皮靴可以起到防范作用。还有防虫外套和裤子以及普通蚊帐都有助于避开绝大多数会飞的咬人虫。
- 小心为上！爬虫并不容易被发现，所以在穿过它们的地盘时一定要时刻保持警惕。注意抬头看上面。你肯定也不想贸然一头撞进黄蜂的老巢，或者扯住某根满是叮人蚂蚁的树枝。走过茂密草地时也要格外注意脚下。
- 你不惹它们，它们就不会惹你。之前在亚马孙雨林，一位瓦欧人用棍子捉弄一只蜘蛛取乐。他三番两次地用棍子对着蜘蛛戳啊戳，终于那只蜘蛛受不了了，突然一蹦三尺高直接撞向那个人的脸，并用自己的毒牙戳进那个瓦欧人的鼻子。后来瓦欧人告诉我，那是他有生以来感觉最痛的一次经历。

有毒植物

那些曾受过毒葛之苦的人都知道，一旦接触上有毒的植物——更不用说吃，那种滋味相当难受。植物中的毒素影响不一，从轻度的皮肤瘙痒到致人死亡，不一而足。

行程策划和准备工作很重要的一部分便是了解你在荒野中可能遇到哪些植物，尤其是因为很多可以吃的植物看起来都像有毒。同时，也不要相信下面这些关于有毒植物的误解：

误解：“动物可以吃，人就可以吃。”
事实：不对。有的植物动物可以吃，但我们人一吃就会中毒。

误解：“把植物用热水煮一遍，毒素就没有了。”
事实：某些情况下，热煮并不能消除毒素。

误解：“红色……死定了。”
事实：有些红色植物确实有毒，但并非全部。

误解：“白色……没问题。”
事实：很多白色植物和浆果都是有毒的。

不了解的情况下，切勿随便触碰或食用某种植物。一时不慎，便有可能一命呜呼。头晕恶心、腹泻、腹部痉挛、心律不齐、呼吸紊乱、头痛、幻觉，这些都是中毒的症状。

如果你怀疑自己吃了有毒的植物，要立马进行催吐。这样可以吐出一些有毒物质，但并非全部。催吐之后，如果所带的水量足够，尽可能多喝一些水稀释体内毒素。

对于某种你不了解但觉得可以食用的植物，而且别无他选的情况下，在食用之前一定要进行可食性测试。（有关可食性测试的更多内容，详见第八章“食物”）绝对不要吃任何菌类！辨别蘑菇是否有毒是一门特别复杂的科学，一旦吃了有毒的蘑菇，几乎可以让你瞬间毙命。而且蘑菇的营养价值并不高，不值得你冒如此大的风险。

我的朋友戴夫·阿拉玛对此也有自己的补充意见："在求生境况下，饥肠辘辘的时候，即便是含毒量不高的植物也能要了你的命。放在平时酒足饭饱时，食用含毒量不高的植物可能只是引起腹痛，或者最多让你去一趟医院急诊而已。"

若是你怀疑自己的皮肤接触到了有毒植物，第一步就是要赶紧用肥皂和冷水冲洗掉皮肤上的油脂。万一边上没水，就用泥土或沙子搓洗皮肤（要是接触的地方已经起了水泡就不能这样做）。

触碰过感染部位之后再摸到身体其他部位，很容易造成毒素和感染的扩散，所以千万要忍住不能抓挠！用绷带把感染部位缠绕起来，可以防止身体其他部位被感染波及。

除了触碰和食用未知植物带来的危险之外，其实植物还存在一种造成伤害的可能，只不过鲜有人知罢了：火烧植物。燃烧成堆的毒葛吸入有毒气体而让性命堪忧，这种事情并非个例。

植物可能造成的危害也不仅仅只是通过毒素。很多植物都满是荆棘、尖刺、倒钩等，被割伤之后疼痛难忍，如果处理不当，还会造成伤口化脓。曾经就有这么一个倒霉的徒步者，他在穿过沙漠的时候因为走路不小心脚下一绊，便本能地伸出手去阻挡身体的摔倒，结果摔在了一棵树形仙人掌上，以至于整个手掌被长达 10 厘米的尖刺刺穿。

有些植物还可能因为依附其上的虫子而变得危险。某些植物与昆虫互帮互助。比如，亚马孙丛林就有这样一种灌木，里面住着许多保护意识极强的蚂蚁。一旦你靠近灌木丛，那些蚂蚁就会跳出来对你发动攻击。万一你用手扯到那些灌木，后果不堪设想。鉴于此，穿过爬虫众多的地方，哪怕再不舒服，都要记得戴上手套并把裤腿扎进袜子里。

大家可千万不要小看鞋袜的防护作用。有一次在亚利桑那州，我因为大腿剧痛而中途停下。检查之后才发现，原来是仙人掌的刺刺穿了我的皮靴。而我人生中唯一一次被蝎子蜇到，就是因为当时在沙漠里穿的是凉鞋。我用手把蝎子从脚上（我的脚麻木了将近两年）扯离，结果还被它咬到了食指。

缺乏睡眠

相对于极其恶劣的天气、凶猛的掠食者、足以置人于死地的有毒植物，缺乏睡眠似乎看起来没那么严重，但事实上后者的危害却是最大的。尽管睡眠的缺乏需要累积到一定程度才会致人死亡，但它最大的风险在于睡眠缺乏会影响你在荒野之中的行动能力。事实证明，睡眠缺乏会对大脑的运转、成长、恢复和一般能力造成负面影响。

在求生环境中，人通常睡眠不好，但还是要尽可能地增加睡眠量，这一点相当重要。睡眠能让你精神饱满、警觉、身体保持正常运转，而且睡觉时消耗的能量比醒着时少。

求生专家戴夫·阿拉玛说："可以坐着，就不要走；可以躺着，就不要坐。"我再补充一句，如果不用考虑救援信号的话，可以睡着，就不要醒着。我大多会选择在下午 2 点左右天气暖和时小憩。不过，等待救援的时候，睡觉是不合时机的，我会尽可能地保持清醒，尽管晚上我经常难以入睡。

饥饿

毋庸置疑，人类必须要有食物才能生存，但我们大多数人都过高估计了食物在求生环境中的重要性。我发现，这也是人们在荒野之中面临的与食物有关的最大风险之一：总认为自己需要一日三餐才能确保身体的正常运转。

事实上，即便没有食物，你也可以存活很长一段时间，有时候甚至长达一个月。饿了两周之后，你的身体机能可能会有所下降，但这也并不意味着你会很快死亡。

此前拍摄求生影片时，因为没东西吃给我造成的最主要问题就是精力不足。我每工作 20 分钟，就得坐下来休息 20 分钟。然后我再起来干 20 分钟，感觉身体疲惫，再次停下休息。在我找到食物以前，就一直保持这种状态。更多详情参见第八章"食物"。

身体脱水

是否要喝未经净化的水，这个决定归根结底还是关于风险的问题。饮用未经净化的水是否可能让你丧命？有可能。但有时候，这种不良反应需要一周或者更久的时间才会显现出来。另一方面，脱水却会让你快速死亡。即便是脱水三四天时间，都将让你的行动能力大幅下降。

显然，你的第一选择自然是干净水或过滤水。但如果没有别的选择，即便是不干净的水也还是喝了吧，然后祈祷身体出现不良感觉时你已经脱离险境。

当你见到被污染的水源，一定要保持理智。是否还有别的水源？水中的污染物是否有致命风险，或者只是脏污而已？记住，看起来干净剔透的水也可能含有致病因子。更多详情参见第五章“水”。

寒冷天气

之前为《探索频道》拍摄特别节目，我在阿拉斯加有过一段求生经历。那一次，我享受到了纵身一跃跳入阿拉斯加湖冰洞中的快感，并与一位研究人类耐寒能力的著名专家在冰寒刺骨的水中待了 13 分钟。关于低温症和冻伤，我专门请教了我的这位专家朋友戈登·吉斯布雷希特——一位体温调节领域的教授，并撰写了以下内容。

低温症

置身荒野之中，人们最常意识到的一种危险便是低温症，也就是说人的身体核心温度从正常的 37℃下降到 35℃或以下。

低温症的开始阶段一般发展较慢，而且患者通常很难发现。即便是冰水，都至少需要 30 分钟时间才能让人变成低温症。如果只是冷空气，则需要数小时或数天的时间。

身困寒冷环境，凄风冷雨的共同作用可能会让你人有性命之忧。很多人是在明媚天气中出发，所以身上只穿很少的衣物，携带物资也不多，万一碰上这种情况就只有叫苦连天了。如果没有额外准备衣物，这种天气状况确实能要人命。旅行同伴也需要互相留意对方是否有低温症的征兆，主要有四种情况：喃喃说话、动作笨拙、脚下踉跄、东倒西歪。如果出现性格转变、动作变得粗枝大叶、浑身颤抖这种情况，表明人体可能太过寒冷。赶紧进到避身所中休息一下，摄入一些高卡路里的饮料和食物直到感觉好转。

冻伤

冻伤是指身体组织受冻。轻度的冻伤指浅层冻伤，也就是皮肤被冻伤，而重度的冻伤则是皮肤下面的血肉被伤到。显然，受冻的程度越深，造成的危害就越大。

一旦身体组织中的水结冰并形成冰晶，这些尖锐的小分子将损伤身体组织（所以你绝对不能揉擦被冻伤的地方）。冻伤的主要后果在于损伤毛细血管。这些小血管原本负责在血液和身体组织间输送氧气和营养物质。身体组织解冻后，被冻伤的地方也会随之回血。但是由于毛细血管被损伤，血液无法再通过毛细血管提供生命所需的氧气。

我们给户外爱好者的建议是：绝对不能让身体麻木僵硬。当身体感觉越来越冷时，感官也开始从寒冷发展到疼痛到麻木，再到最后一无所感。麻木便是身体组织接近冰点的一个警告信号。这时候，你必须要让部分麻木的身体摆脱寒冷环境或者增加摩擦。只需要把双手插进腋窝便可以确保双手不被冻僵。如果手指插到腋窝下仍然被冻僵，那么你所面临的首要问题恐怕就不是冻伤这么简单了。

“棒冰教授”戈登・吉斯布雷希特和我在阿拉斯加湖冰冷刺骨的水下沉潜了 13 分钟，以测试身体对于低温的反应。

地区性危害

干燥地区、沙漠和峡谷

到目前为止，全世界干旱温暖地区面临的最大危险来自太阳，但这并不是唯一的危险因素。你还有可能碰上毒虫、满是荆棘的植物和仙人掌、被污染的水以及飞尘扬沙造成的眼部不适。

极端燥热可能对人体造成一些特别严重的影响。中暑性痉挛和中暑虚脱都是因身体缺水缺盐造成的，其症状包括头痛、大量出汗、身体虚弱、头晕目眩、过敏易怒、身体痉挛，有时甚至还有意识模糊。如果你出现上述症状，赶紧到荫凉下面凉快一下。在身体上撒一点水也能有所帮助。

中暑比起中暑虚脱来说更加严重，而且会阻碍身体自然降温的能力。若不及时处理，甚至可能导致死亡。其症状包括皮肤发烫干燥、肉眼可见的缺汗以及头痛、晕眩、意识模糊、恶心、呕吐等。若你怀疑自己中暑，赶紧到荫凉地方，并尽可能往身上倒水（即便是被污染的水也可以）。每隔几分钟就要喝一次水，不过一定要小口小口饮用，一次性喝太多会造成呕吐。

我最危险的一个求生瞬间发生在卡拉哈迪沙漠。连续喝了两天滚烫的热水，阳光和风把我身体里的水抽干，把我逼到中暑的边缘。当时荫凉底下的温度是 47℃，阳光底下的地表温度高达 61℃。到那天午夜，我只感觉身体越来越热，尽管太阳已经落下去很久。我尽量保持身体静止，不断用一块湿的大手帕擦拭脖子和头部，这才捡回一条命。要知道，中暑来势汹汹，很快就能让人死亡。

在沙漠中，最严重的天气情况就是沙尘暴。若你不幸碰上沙尘暴，一定要想办法躲到避身所的顺风向位置。捂住口鼻，默默等待。有些沙漠的沙子带碱性，一旦进入人体七窍，具有很强的刺激性。在卡拉哈迪沙漠这种地方的盐田吸入咸的空气，也会造成严重的鼻窦和肺部不适。

最后，要记住这些地区确实可能出现海市蜃楼，而且会对人构成威胁（北极也会出现海市蜃楼）。海市蜃楼最大的风险是它会形成一种视觉幻象，让你以为远方某处就有水源。这种幻象会诱使你朝着某个你原本不会去也不能去的方向走去。对于远处看到的大湖，一定要慎之又慎，万一是海市蜃楼呢？

北方森林和温带森林

最近几十年，森林大火屡见不鲜。靠近大火发生地的好处在于，大火可以引来救火队员，从而增加你获救的可能性。坏处在于，你有可能葬身火海。发生大火的时候，一定要往盛行风相反方向跑，通常大火会顺着盛行风蔓延。有条件的话，尽量往湖边跑。记住，上坡的火势一般比下坡的火势更大，烧得更快。

对在森林中穿行的困难度估计不足也是一个很大的威胁。可能你的目的地看似就在一英里之外，但要想在树木茂密的森林里穿行一英里，实际上需要耗费几个小时的时间。

北极和极地地区

关于极地地区，最大的威胁就来自于天气。许多经验丰富的旅行者被北极的暴风雪夺去了宝贵的生命。任何情况下，都不得在暴风雪中出行。如果碰上了暴风雪（或者即将来临），立即回到你的避身所中。如果你还没有避身所，马上动手搭建一个。时间上来不及的话，至少也要先避避风头。

冻伤是寒冷地方另一个无处不在的威胁。穿着保暖的衣物是你抵挡冻伤的第一层防御，除此之外防备其他天气情况——尤其是风——也是同等重要。详情见第十三章“求生急救”。

雪盲，本质上来说就是视网膜被强烈的雪光灼伤，也是这种地方容易发生的一种危害。晴朗的日子里，阳光照在冰雪上，强烈的光线从四面八方反射进你的眼睛。雪盲会导致难以忍受的痛苦，甚至能造成长达三天的暂时性失明。总之，想尽一切办法保护好你的眼睛。

大海或开阔水域

跟北极的雪盲一样，日盲是指视网膜被水面的太阳反射光线灼伤。

晕船则是因人而异，有的人深受其害，有的人却毫无感觉。如果你容易晕船，一定要在急救包中放进晕船药。当你乘坐大船航行在一望无际的水面上，走到甲板的上方或许能有所帮助。据说不要盯着波浪看，要放眼望向地平线，这样有助于缓解晕船。另一方面，把注意力集中在需要灵巧度的小任务上可能会加剧晕船。

如果真的在海上晕船，想吐就吐出来，这样能让你快速得到解脱。

丛林地带

丛林中的淡水河或淡水湖可能藏着许多危险生物，比如鳄鱼，而这些动物你站在岸上或船上未必能看得清楚。鳄鱼攻击船只的事情屡见不鲜，所以一定要仔细策划路线，尽量避开这些危险动物。

一路上，你还会看到许多危害性较小的爬虫类动物。黑色的水虎鱼是全世界最危险的淡水鱼。这种鱼目前只生活在南美洲的北部，个头小却有着大大的牙齿，而且一般都是成群结队，几分钟之内就能把一个成年人吃得精光。尤其在旱季的浅水区，最是危险。电鳗的身长可达 2 米，通常出现在南美地区，可以产生高达 500 伏的电流。体型庞大的淡水龟看似无害，但北美和南美的啮龟经常在毫无预兆的情况下咬脱人的手指和脚趾。就连只有澳大利亚才有的鸭嘴兽，它的两只后腿都可以喷射毒液，给人造成疼痛难忍的伤口。

还有一个可能不太引人注意、但危害并不小的就是掉落的椰子，尽管这听上去有点傻。每年热带地区被椰子砸死的人比被鲨鱼吃掉的人还要多。悲剧发生时，受害者一般是站在棕榈树的下面。选择睡觉的地方一定要慎重，因为大多数的死亡事件都发生在晚上。

即便你附近的地区并没有明显的暴雨，河流水位上涨也是热带地区潜在的一个大威胁。丛林地区的河流可以在短短几个小时内水位上涨 6 米，而这种上涨可能是几十英里之外的暴雨导致。

我想全世界最危险的地方就是丛林了，关于这个话题足可以写一本书。从毛毛虫到淡水黄貂鱼，从泛滥的洪水到杀人蚁，从咆哮的猎豹到铅笔那么长的黄蜂，丛林里面住着成千上万种可以伤你或取你性命的生物。不过，丛林又是一个美得让人惊叹的地方，到现在为止仍然是我最喜欢探索的生态系统。只要你足够小心，相信它也可以成为你的最爱。

海滨地带

对于旅行者而言，海洋与丛林的危险度可能不分上下。很多具有威胁性的生物都生活在海里，而其中危险性最大的当属鲨鱼。不过，鲨鱼攻击人类的情况其实很少，而且往往都被看作意外事件。只要避开鲨鱼的栖息地，就能基本避免鲨鱼的攻击。

在浅水地带，你会发现很多具有危险性的小生物，当你不小心踩到它们，它们的反击会让你感觉很疼痛，还会引起感染以至进一步恶化。比如水母这种无脊椎动物，它可以通过叮咬或者通过鳍片和触角上的刺分泌毒液。尽管水母致人死亡的情况相对较少，但一旦被这种无脊椎动物咬伤，很可能造成性命之忧。所以在海边行走一定要穿防护性的鞋袜。脚要在水底来回摆动（而不要抬起脚再踩下去），因为大多数水底的小生物都是从上面螯刺人，而不是从侧面。黄貂鱼，尤其是热带地区的黄貂鱼，在浅水地带是个大麻烦。

如果你在这种地方钓鱼，一定要记住，并非所有鱼都可以吃。尽管还没有快速的方法可以鉴定哪些鱼有毒哪些鱼可以食用，但大多数有毒的鱼都生活在海礁或环礁湖附近的浅水区，有着箱子形状或圆形的身体，皮肤像是一层壳，上面覆满了骨板或体刺，还有鹦鹉似的小嘴巴。一般来说，提前了解特定地区可能对你造成威胁的危险生物，可以防患于未然。

跟山林地区一样，海滨地区也常常是风云变幻。风暴可能毫无预兆地袭来，所以你要随时做好寻找合适避身所的准备。

如果你打算来一次水上航行，就必须要掌握当地的潮汐模式，包括洋流与潮汐。若你选择海边的陆地旅行，则要确保避身所设的位置必须高过涨潮最高点。

另外一种可能性极小但危险性极大的灾害就是海啸，即由地震等海底波动导致的汹涌浪潮。海啸可让浪潮每小时的行进速度高达 724 公里，浪高达到 30 米。有时，海啸会有水位快速变化作为前兆，通常都是一系列高水位和低水位互相交替之后出现。

如果你怀疑有海啸正在靠近，立即往地势高的地方转移。一定要远离海岸边。最后，即便波涛停歇了一段时间，也千万不要以为危险已经过去。

海啸之间的间歇可超过 90 分钟。

山林地区

全方位的岩石滑坡和泥石流是山林地区主要的危害，但它们的发生频次并不高。更常见的是岩石崩落，这种情况随时都有可能发生。所以在石墙、悬崖或多石斜坡下方行走时一定要多加小心。

碰上下雪的季节，还存在雪崩的危险。尽量避开缺少植被的开阔、裸露的斜坡，因为这通常是雪崩的一个信号。最危险的就是那种斜度在 34° 到 45° 的斜坡，因为这一种斜坡所储积的雪量大，斜坡坡度又足以让积雪滑落。所在地区的树木越多（树的体积越大），发生雪崩的可能性越小。

若你不幸碰上了雪崩或者离雪崩近在咫尺，尽可能躲到大石头或大树的下坡方向。蹲下来，背对雪流，并用手捂住鼻子和嘴巴。专家建议采取游泳的方式，这样可以靠近雪流的顶部。如果有能力，在雪流速度放缓但仍在流动的情况下，尽可能靠近雪流顶部。在山林地区穿行，我强烈建议带上一个雪崩信标。

山林高地还容易遭到突然的天气变化。雷电也时常发生。碰到这些情况，尽快寻找避身所，并远离山脊。

团队求生 VS 独自求生

跟其他求生事项一样，团队求生自然有团队的好处，因为可以集众人所长。团队中可能有人对某个地区的特定危害十分熟悉，而这自然能帮助大家远离危险。

第十一章

天气

某种程度上来说，求生的很多方面你都可以把控——水、火、避身所，包括食物。但天气或许会是你在求生环境中面临的最大挑战，因为天气是少数几个你无法把控的因素之一。

你需要明白荒野的一条真理：无论当下的天气看上去多么晴朗明媚，一定会有变坏的时候，而且这个时候往往来得很快，有时甚至还很猛烈。如果没能做到未雨绸缪，那么安全回家的机会也就少了一分。

在日常生活中，我们大多数人都对坏天气没有多少准备。我们为什么要担心呢？即便变了天，我们也总能回家或者钻进某个咖啡店躲一躲。然而身在荒野，碰上坏天气可就没这么轻松了。只有两种情况，要么早有准备，要么茫然失措。而可能性很高的一种情况是：恶劣的天气可以要了你的命。如果在野外迷了路，天气将是最重要的行事依据。

做好求生准备

在荒郊野外，如果没能提前做好准备，等到坏天气来临时你恐怕会深陷其中。不管是在雨中或雪中寻找烧火柴、试着搭建避身所或者寻找食物和水，都是有生命危险的事情。

所以，提前做好应对坏天气的准备对于冒险者来说是优先级很高的一件事情。不管是把烧火柴搬到干燥地方这种简单的小事，还是搭建避身所这种复杂的事情，都能帮你抵挡呼之欲来的暴风雪。就我个人而言，不管是求生旅行还是单纯的野营旅行，关于天气我总会做这么两件事：或是趁着天气好的时候先为坏天气做好准备，或是在坏天气的时候沉潜待发在避身所内做力所能及的事。碰上坏天气，其实你可以利用这个绝佳机会做那些在室内就可以完成的事情。比如说，外面狂风暴雨的时候，只要有足够的材料、空间、热量和光线，你便可以在室内完成磨刀、制作陷阱、渔具、修补衣服或者制作信号设备等事情。

一旦天气放晴（一定会），你就有机会到特定地点采摘浆果，再换一个地方打猎、钓鱼。

天气 VS 气候

天气和气候是两种完全不同的东西。如果说天气是瞬息万变，气候就是指某个地区较长一段时间内占主导地位的天气情形。众所皆知，天气情况是变幻无常的，所以出发之前一定要做好准备。有时候，准备与否直接决定了生与死。

斯特劳德的小贴士

如果本地研究显示，该地区的天气变幻无常，可千万不要忽视这个情况。做好准备。

去亚马孙雨林之前，我就知道那里雨水频繁。基本上只有两个季节：湿季和更湿季（毕竟是雨林）。尽管我是在相对不那么湿的季节前往，却还是碰到了一连三天大雨的情况。在接下来的 7 天求生旅程中，我提前针对气候做的研究就起到了大作用。我也知道那里的河流短短几个小时内水位就能上涨 6 米之高。我把独木舟系在一棵树上，距离地面 2.4 米，然而洪水还是几度差点把那绳圈冲断！

在丛林中，千万不要认为水位会在某一段时间内保持不变。我差点就在一条涨水的河中失去了我的独木舟——而那是我当时最主要的交通工具。

预测天气和解读天气信号

关于天气的预测，很多时候归根结底就是一个最基本的问题：好天气还能持续多久？这个答案将告诉你还有多少时间去完成那些对于求生来说很重要的任务，尤其是在你刚策划旅行的时候。学一些基本的天气预测方法可以省去你被暴风雨围困的麻烦。

当地向导

各个地区的天气都不尽相同，所以发现自然天气信号的最好方式就是跟本地人交流。他们知道真实环境中最微妙的信号，而这些信息是你在任何一本书中都找不到的。可能有人会对你说，“如果你在那里注意到所有鸟儿突然全部停止歌唱，那就意味着坏天气要来了，赶紧离开。”听专家的。

气压计

如果你手头上幸运地有一只气压计，那么预测天气就简单多了。气压下降往往预示着低气压系统的靠近，会带来云团和降水。与之相反，气压上升则意味着高气压系统的临近，接下来会是好天气。

风和风型

要预测一个地方的风型，首先要了解该地的盛行风向。这样一来，如果风来自别的方向，你就会迅速察觉。一旦发生这种情况，或者风开始无规律地打转，这就预示着天气即将变化。

云

我到现在仍然不能说出所有的云型，到底是积雨云还是雨层云，我还说不清。不过，我可以比较准确地猜出不同云型带来的天气，而一般来说要根据以下几个基本特征：

- 云团颜色越深、位置越低，就越有可能带来降水。而云团位置越高、颜色越浅，天气就会越好（尽管也有可能是多风天气）。
- 云团密度的增加往往也预示着天气的变化。我亲身经历过很多这种情况，云团密度一增加，往往就意味着天气系统在暗中蓄势。
- 天气阴沉的时候，若是看到长条的厚云出现在天边，也预示着会有坏天气到来。

火边烟雾

其实，你也可以利用从你生的火堆中飘起的烟来大致预测天气情况。若是烟雾稳定上升，没有多大变化，则表明好天气还要持续一段时间。若你看到烟雾上升一段后开始打转，或者看着像是被挤压，则表明暴风雨即将来临。

在靠近湖边的地方，当你看到烟雾在水面之上低垂缭绕，也表明即将会有降雨。

天空

格言谚语代代流传是有其道理的，大部分都说的是真理。正所谓"朝霞不出门，晚霞行千里"。这可能只是短期的预示，但准确性很高。黄昏的晚霞预示着天气至少在接下来的几个小时内会保持晴好；可如果天亮时分看到红霞，就要小心了，这表明低气压系统（或者是暴风雨）正在靠近。注意，不要把早晨的红霞和红日搞混。若日出时太阳红艳艳，天空的颜色正常，则表明这将会是一个大晴天。若是身处丘陵地带或山岭地区，还要留意早晨的雾气是如何移动的。若早晨雾气很早就散了，表明这很有可能是个好天气。如果雾气到午后还没散，则表明天气会有变化，可能过不了多久便会有降雨。

晚上的天空同样可以帮你预测天气。若是晚上天朗气清，表明天气也会较为平静。若是连续几天晴朗的夜空过后突然一天晚上看不到几颗星星，则表明要变天了。

危险天气

在求生过程中，相比其他险情，死于危险天气的人恐怕是最多的。事先熟悉天气事件，有助于你提前做好应对准备。

飓风

飓风只在地球的少数几个地方发生，可一旦发生，后果就是灾难性的。单凭几根木棍支起来的避身所是无论如何也抵挡不住飓风威力的，所以一旦意识到有飓风靠近，赶紧寻找更坚固的避身所，比如洞穴。

如果是在海边，可能飓风造成的最大威胁在于风暴潮，就是高达 6 米、宽达 80 千米到 160 千米的水潮。

雷电风暴

绝大多数情况下，雷暴在来临之前都有一些征兆：天上乌云密布，远处电闪雷鸣。你可以通过计算电闪和雷鸣之间的间歇时长来推测雷电风暴的距离。把间歇的秒数除以 5，你大概就能知道风暴与你相距的英里数。

所有雷暴都伴有电闪，这也是求生环境中的一个主要威胁。在雷暴中，你最好的选择就是蹲下身子，祈祷你的避身所能经受住外部打击。若实在找不到地方避身，也要尽量避开空地中孤立的高树这种天然的避雷针，还要远离山顶和其他地势高的裸露地带。记住，强雷暴天气时，朽木枯枝可能会轰然倒落。

之前我跟我的妻子在北部针叶林中生活了一年时间，有一次我们就被一场声势浩大的雷暴困在了帐篷里。当时的风力特别强劲，就连旁边的小湖都掀起了白浪。也就在那时，我们发现避身所旁边的一棵树眼看就要被吹断了。一旦那棵树被拔根而起，肯定会连带着把我们的避身所掀翻。另外，我们还担心那棵树会被闪电击中。之前在晴朗日子选择了错误的避身所地点，这时候也只能自食恶果。我们只能紧紧抓住墙硬撑，等待即将到来的狂风暴雨。那一次没事，真的是运气好。

暴风雪和风寒

遇到伸手不见五指的白化天气，不要外出。若是别无选择只能外出的话，记住要多穿几层衣服，这样热起来之后再脱掉一些。注意不要突然间让自己出很多汗，因为出汗太多会弄湿衣服，反倒让人更冷了。

暴风雪一般与风寒如影随形，即便这算不上必然现象。风寒是根据温度和风速测算冷的程度。如果温度极低，而且风势稳定，记得待在室内。多数情况下，风寒是导致冻伤或低温症的罪魁祸首。

沙尘暴

沙尘暴只在沙漠发生，一旦遇上，后果不堪设想。如果你意识到正有沙尘暴在靠近，赶紧躲到避身所的下风向，然后捂住口鼻，等待沙尘暴过去。

不同地区的危险和危害

某一相对较小地理区域的天气一般都有其本地特色，所以了解该地区主导天气形态的最好办法就是在出行之前认真做好研究。当地人是你最好的信息来源，所以尽量在出行之前或者行程的一开始，跟曾在当地生活过的人待一段时间。

干燥地区、沙漠和峡谷

尽管极端高温更像是气候问题而不是天气事件，但它在干燥地区、沙漠和峡谷地区确实是一个严重的问题。极端高温会引起痉挛、虚脱，甚至中暑等问题。一旦你感觉身体过热，要赶紧到阴凉地方去，往身上淋一些水。再少量地摄入一些水。极端高温通过把人体一点点推向身体极限，最终致人死亡。正常情况下，人体会通过汗水的蒸发降低身体表面温度来应对高温。可在极端温度（湿度）下，这种蒸发过程变得缓慢，迫使身体加速运转以保持正常体温。

北极和极地地区

风寒是低温和大风相结合的产物。尽量不要让自己待在这种环境中。

丛林地区

受远处暴风雨的影响，丛林河流的水位可能大幅上涨。热带河流的水位可在短短几个小时内上涨 6 米之多。如果你看到水位上涨，一定要速速远离，最好是转移到地势较高的地方。

海滨地区

海滨地区容易受突然、急剧的天气变化的影响。雷暴可以在毫无预兆的情况下发生，飓风的可能性小一点，但危险性却高得多。

发生海啸的可能性比飓风还小，可一旦发生，就绝对是灾难性的后果。如果你看到整片海洋突然像疯了一样开始暴退，这就预示着即将会有海啸……所以，赶紧往高山上走！

山林地区

包括雷电在内的突发性天气变化多发生在山林的高处。冬天，山林地带落雪量很大，暴风雪也十分常见。

第十二章

衣物

在你搭建第一个避身所之前，在你生火之前，甚至在你思考下一步的行动之前，出行的衣物就要准备好了。衣物相当于你的第一个避身所，因此也是你抵御恶劣天气的首要武器。

衣物如此重要，大多数旅行者却没有给予足够的重视。要知道，不少人都是因为着装不当而丢了性命。永远不要低估穿戴合适衣物的重要性。

为远行或探险选择衣物的时候，你要问自己一个问题：“我的衣物需要起到什么作用？”它得替你防风遮雨，帮你抵挡干旱、严寒和酷热，让你免受毒草毒虫的侵扰。它还得陪你度过日日夜夜，可以让你轻装上路，不至于成为你的负担。

研究和计划

提前研究和计划荒野探险需要带的衣物（包括备用衣物）是一件很重要的事，其重要程度不亚于行程准备的任何一项工作，包括路线计划和食物准备。还有什么比遮身蔽体的衣物更重要呢？

要选择最合适的衣物，你需要花点时间跟熟悉当地情况的人聊聊。或许是离你最近的户外用品店的店员，或许是户外经验丰富的朋友，又或者是目的地的本地向导，这些人对于你要去或者你即将开展活动的地方有着亲身经验，尽可能从他们那儿多获取一些信息。

关于靴子或鞋子，你可以在开始行程之前先穿上它们在城里走一圈，这样能防止脚被新鞋子磨出水泡。出发之前，你肯定也想知道新买的鞋子到底合不合脚。衣服也是同样的道理，你要先试试新买的雨衣是否能承受瓢泼大雨的侵袭。

斯特劳德的小贴士

为求生课准备衣物并不是一件难事，因为你知道接下来是什么情况。麻烦的是为探险活动（徒步旅行、钓鱼、打猎、泛舟等）准备合适的衣物，而且还要做好遭遇求生困境的准备。这是一场时尚与实用性的取舍。当你真的奋力求生的时候，就会发现很多高科技衣物并不适合。

有一次去北极，我把能搞到的高科技装备全带上了。可到最后，我却用这些高科技装备跟一个当地的因纽特猎人换了驯鹿皮大衣和裤子。那时我才真正意识到，衣物是第一个避身所，是抵挡恶劣天气的第一道防线。穿上驯鹿皮衣裤，我可以屹立在严寒狂风中，压根儿不觉得冷。身上的衣服就是我的避身所。所以不要怀疑传统衣物的作用，它们看上去往往略显粗糙，却可能比任何你能在商店里买到的东西更好用。

选择何种衣物主要取决于你要去的地方、你要从事的活动以及出行的季节。不过也有少数几种情况，分层穿（跟雪车装那种单层衣服相反）的效果最好。从里到外裹上三到五层衣服，你可以根据具体的天气和自身感觉，决定是脱衣还是穿衣。只不过分层穿衣服很麻烦，天气变冷时要多穿上几件，天气变暖又要脱下几件，自然要花费一些时间，但这能帮你保住性命。或许分层穿衣服的最大好处在于防止出汗，要知道这对求生来说是个关键的因素。脱减衣物可以让你在干活或步行的时候慢慢变得凉快，同时又能保证所需的温度。

在我接受求生训练的早期，无论在什么季节，我都非常乐于忙活几小时搭出一个结实的避身所，但很快我就会汗如雨下。等到夜幕降临，温度逐渐下降，我常常发现自己没有足够的时间再去烘干衣服，即便旁边已经生了火。那种时候的寒冷感真的让人崩溃。如果我有先见之明，懂得分层

或许这是人能想到的最保暖的抗寒衣物：全套驯鹿皮大衣和裤子。

穿衣服，也就不至于承受这种足以造成低温症的冷战。

斯特劳德的小贴士

出汗……就死了。事实就是这么简单。绝对不能让自己在求生环境中出太多汗。

在寒冷中从事剧烈体力劳动时，一定不能让自己出汗！保持衣服干燥可以让你稍后感觉暖和，可一旦出汗，几小时后等待你的都是彻骨的寒冷。

一层一层地穿衣服在任何气候中都很重要。即便是沙漠这种地方，到了晚上气温也会大幅下降，并不是说只有在天寒地冻的时候人才会得低温症。事实上，每年很多低温症的事例都发生在春秋两季，因为白天温暖舒适，人们想不到晚上的温度会骤然下降。分层穿衣服在求生环境中有着决定生死的作用。

传统衣物还是高科技衣物

在我的探险经历中，经常出现的一个问题就是到底是选择传统衣物还是高科技衣物。高科技衣物通常轻薄保暖、颜色鲜艳、易于携带。可是一旦碰上最糟糕的情况，当你陷入求生困境（比如独木舟在加拿大北部的湍流中沉没），只好在草木荆棘中避身或者蜷缩在火边睡觉，这种衣物通常都撑不了几天。

就拿戈尔特斯这个牌子来说，特别能说明传统衣物和高科技衣物之间的冲突。戈尔特斯的面料材质很好，可以让你在湿润条件下依旧保持身体的干爽，因为它防雨而且透气性强。可一旦你穿着它在火堆旁睡觉，只需要一个火星或者一点余烬，就能把这种面料融化。所以穿着高科技衣物进行户外探险很不错，却不适合求生环境。

羊毛、棉或帆布面料就要耐用一些，穿越茂密森林捡拾柴火或采集食物都可以穿。像这几种面料，即便余烬落在上面也只会烧出一个洞，如果你能快速将其弹掉的话连洞都不一定留下。不过从另一个角度说，棉布材料一旦弄湿就糟糕了，需要很长时间才能变干。羊毛材料较重，尤其是被水打湿之后，但羊毛材料的保温值高达 80%。

最后，求生环境下最好的选择就是里面穿轻薄的高科技衣物，外面再罩上几层传统衣物。不过这只适合求生课程，或者打猎和钓鱼这样的行程。像海上航行、爬山、徒步或其他类似探险活动就不太适合了。对于所有需要高强度体力活动的旅行，还是高科技衣物更胜一筹。

斯特劳德的小贴士

如果你打算上几节求生课程，却不愿意花太多钱购买新装备，可以换个思路：何不买别人穿过的二手衣服呢，比如羊毛衫？

衣服不合身时

衣服不太合身或者不能像事先设想的那样起作用，在求生过程中发生这种事，情况就是致命的了。如果衣服或鞋子磨到皮肤——尤其是磨到脚，一定要马上停下来处理。你要在恶劣的环境中为生存而战。搁在平时，一天结束后你会回到舒适干净的家中，洗个热水澡，把衣服丢进洗衣篮，然后仔细地照料伤口。但你现在是在野外，你压根儿就等不起。

也许没有人比冒险竞赛者更明白这种情况的紧急性了。他们知道还有很长的一段时间要在草丛树林中穿行，所以一旦感觉身体某块皮肤开始发烫，便会立刻停下来，以防情况恶化。如果不这样做，伤口甚至有可能会让他们变成跛脚。满脚是泡你如何还能走路呢？如果你走不了路，又怎能完成求生环境中必须要做的那些事呢？

保持衣物干爽

在求生状况下，你需要与衣物保持一种共生关系：衣物为你提供保护，你同时也应该好好保护衣物。

在能力允许的前提下，尽可能保持衣物的干爽。当然，这并不是说你就不应该爬进那根古老的腐木中过夜，尤其是腐木可以帮你保住性命的时候。可如果第二天有机会让你晾干衣物，一定要抓住这个机会。干爽的衣物比湿润的衣物更加耐穿，因为后者容易被沤烂。脏污和潮湿的环境也会降低衣物的保暖度。

保持衣物的干净还能降低皮肤感染的概率。如果没办法清洗，至少也要用力把脏东西甩掉或者直接放到太阳底下晒几个小时。条件允许的话，绝对不要穿着湿衣服睡觉，因为这会增加低温症的风险。

有备无患

在求生环境下，衣服容易残破，所以你带的衣服越多越好。除非真的太占地方或者太重，影响旅行安全，不然永远别嫌衣服多。若是旅途中发现携带的衣物和装备耗费太多力气，影响找水和找食物，那时再决定扔掉一些。

制作衣物

尽管这是求生者最喜欢的一个话题，但事实上，在求生环境中你不可能自己制造衣物。用草制衣是一个技术活儿，而且需要耗费数月的时间。当然，你也可以用雪松树皮做出一件外套，或者宰杀一头动物，剥了兽皮当衣服。但这说的是荒野生活，而非生存。若是你的求生时间长到可以用自然材料做出衣服来，很可能你已经过了求生的阶段，而是打算在野外安家了。

不过，有几种材料必要时还是可以用来制作临时衣物的，也不需要太多时间和技巧。第一种就是桦树皮。如果你可以从桦树上撕下大块的桦树皮，就可以把它制成原始的帽子或雨衣。不过撕桦树皮也不是那么容易。北美土著人可以在春天把桦树的皮整个剥下来。你还是尽量选择那些枯树，看起来像要腐朽了的那种，不过腐烂程度太高的也不能选。

如果你善于打猎或设置陷阱，又幸运地抓到了某只动物，也可以用动物皮毛当作原始的衣物。北美野兔死了之后，它身上的皮就很容易脱下来。只需要沿着身体底端剪开，从一只脚到另一只脚，然后再把它反过来，就跟翻一只湿袜子一样。毛朝内，可以当手套或袜子用。要是能弄到鹿这种大动物的兽皮，就可以在头部剪出一个洞，然后像穿雨衣一样把鹿皮套到身上，注意带毛的那面要朝向里层。

在此之前，你要知道绝大多数动物都带有扁虱、虱子、跳蚤等。如果手头上有足够的水，可以先把动物皮毛冲洗一遍，甚至放在火上用烟熏一会儿。如果不能这么做，至少也要用力甩一甩，还要尽量除去皮上的肉和脂肪，并在穿上身之前将其晾干。

自然材料还可以用来增加现有衣物的保暖能力。如果你穿的衣服较为宽松，而且是分层穿，就可以在里面塞上几层轻薄的材料，比如树叶或香蒲绒毛。本质上来说，这相当于在衣服里加穿了一套内衣，自然会大大增加衣服的保暖性。

使用树叶或其他植物性材料保暖时，尽量选择干燥的。不管你现在穿的是什么衣服，这些自然材料都将提高衣服的整体保暖能力。

真实世界的求生者

一旦出汗，必死无疑

那是一个肃穆的冬日，雪上摩托车没油的时候气温在零下十度。他没有食物，没有水，也没有火柴，完全迷失在北马尼托巴湖的荒野——一片距离市区数百英里的荒草地。而克里斯托弗·特拉弗斯——一个 24 岁的建筑工人，他拥有求生者的天生本能，曾在我的求生影片中看到的一些生存技巧也都还记得。

第一个晚上，气温逐步下降，冷入骨髓。克里斯托弗按照我曾在节目中搭建过的避身所依葫芦画瓢，还用手头上现有的几样材料——云杉树枝和他的雪上摩托——做出了一个临时的床和门。那天晚上还发生了特大的暴风雪，而克里斯托弗就靠着那简陋的几样东西生生捱了过去。

第二天一早，他在齐腰深的雪地中开始了整整三天的跋涉，一路上他就靠雪充饥。后来他跟我说，他记得我曾经在节目中说过，趁着白天干活儿的时候（不要等到身体凉快下来）往嘴里塞一些雪，既能补充水分又不会造成低温症。

终于，在遥远的地平线，克里斯托弗看到了魔鬼湖通信塔上亮着光的灯塔。他决心要走到灯塔那儿去。就这样，克里斯托弗每天行走 12 个小时。他也谨记着我最喜欢的一个求生警句："一旦流汗，必死无疑。"所以克里斯托弗每天晚上都小心翼翼地把袜子脱下来，以免脚上的汗变凉导致身体受冷，还明智地选择在睡觉的时候穿一层干衣服。

一路上，一只老鹰始终在克里斯托弗头顶盘旋，克里斯托弗甚至把那只鹰看作是他的引路人，引他继续前行。搜救队员也开着飞机在他上空转，可不管他怎么折腾，始终没能引起搜救队的注意。积雪实在太厚了，从高空往下很难看到他。克里斯托弗只好继续向前。

经过五天艰难的跋涉，克里斯托弗终于走到一条高速公路上。高速公路旁有一辆灰狗巴士，名字也恰如其分，最后的便利店。最终，加拿大皇家骑警队的人接上了克里斯托弗，他们讶异于他的状态竟然还那么好。当被问及一路上是怎么活下来的时候，克里斯托弗回答说，"我只是保持镇定而已。我没有让恐惧打倒。"

事后，当克里斯托弗和我谈起这场艰难的旅行，我们立刻有一种惺惺相惜的感觉。我们有许多共同的感觉，而这种感觉是只有有过类似经历的人才能明白。黑漆漆的寒冷冬日，大半个晚上都只能在荒野草丛中跳上跳下，只为不让自己冻死，并没有很多人能对此感同身受。仅凭着自己的聪明才智以及曾在我的节目中看过的几种求生技能，克里斯托弗竟然成功地活着走出了荒野……

鞋袜

携带并穿着合适的鞋袜，这件事在求生旅行中再怎么强调都不为过。因为一旦鞋袜不合适，就没有办法走路。换句话说，没办法走路，也就意味着只能等死。其实只要选对了鞋子，比如凉鞋、远足鞋或靴子，通常可以防止水泡、脚气、脚肿等问题。在茂密丛林中跋涉或者徒步，对脚踝进行固定支撑也是很重要的。在丛林中穿什么你需要权衡：穿皮靴能防止被毒虫咬伤，也能避免穿远足鞋造成的脚气，因为穿着远足鞋一般太热或太挤。寒冷天气里最好选择稍大些的鞋袜，足够让你屈伸脚趾，这有助于温度的循环流通。

不同地区的衣物选择

调研，调研，调研。想知道在世界不同地方你应该准备哪些衣物，最好的办法就是咨询熟悉该地的人的意见。

北方针叶林和北极地区

由于这些地区的温度变化无常，最重要的考虑就是叠穿衣物。准备好不同性质的衣物，以应对冷热无常的天气。

干旱地区、沙漠和峡谷

在这种地方穿浅色紧身 T 恤，可以减少身体的水分流失，因为这种衣物能降低风的吸水力。在天气炎热的环境中，你恨不得把衣服都脱了，但是你得记住一点，从长远来看只有穿着衣服才能让你活下去。

以前去干热地区，我曾经忽视了衣物的重要性。我的最初想法是，“我要去的是沙漠，那里肯定用不上什么衣服。”可是到了卡拉哈迪沙漠后，我发现夜晚还是很凉——尽管白天阳光下沙漠地表温度高达 67℃。在沙漠中，白天最高温度和夜间最低温度之间的温度差可达 50℃，而人体并不能很好地应对如此巨大的温度差。

除此以外，你可能还需要席地而睡，这也会吸走身体的部分热量，万一再刮起冷风，你有可能会被冷到打战，甚至患上低温症。至少，夜间的寒冷会让你睡不着觉，从而导致接下来的求生旅程更加痛苦难熬。

丛林地区

适合丛林地区的衣物需要解决永不结束的潮湿问题。棉质材料在这种地方很快就会烂掉。只要雨一停太阳一出来，赶紧想办法晾干衣服。

因为丛林里的毒虫毒蛇实在太多，你所穿的衣物一定要起到防护作用。也就是说你要把身体整个裹住，以防被潜伏在那里的虫子咬伤、刺伤、吸血。

长裤好过短裤，把长裤扎进袜子好过不扎。不过，丛林地区向来炎热潮湿，把长裤扎紧肯定不是你乐意的事情。所以打包行李的时候，就要选择那种适合扎进袜子、相对舒服的裤子。要小心那种通过拉链把长裤改短裤的衣服，因为大腿周围的拉链在酷热的丛林中很可能会严重擦伤皮肤。

但土著居民却独树一帜，比如生活在亚马孙丛林的瓦欧人。他们大部分的时间都是赤身裸体，因为衣服在这种地方很快就会腐坏。而且经过连续几个小时的丛林大雨，衣服要很长时间才能干，但裸体就没有这个顾虑了。瓦欧人和我们之间最大的区别就是，他们世世代代生活在雨林之中，对雨林环境了如指掌。他们认识赤身穿过茂密草丛时可能会伤害到他们的每一种植物和动物。（尽管这样，还是有不少人死于蛇虫毒蚁的叮咬！）可以这么说，如果不在丛林地区生活数年，我绝不可能冒险采用这种赤裸身体的办法。

瓦欧男人一般会在腰间系一根绳子。这根绳子的另一端系在包皮上，目的是为了确保穿过丛林时阴茎始终露在外面。瓦欧人的文化信仰就是，只要腰间系了这根绳，就相当于“穿了衣服”。如果没系这根绳，就相当于赤身裸体，而这会让他们感到羞耻。放心，我肯定会穿上裤子的。

海上或开阔水域

跟北极的雪盲现象一样，海洋上的日盲现象也会对你造成影响。所以水上旅行时，一定要带宽边帽和太阳眼镜。

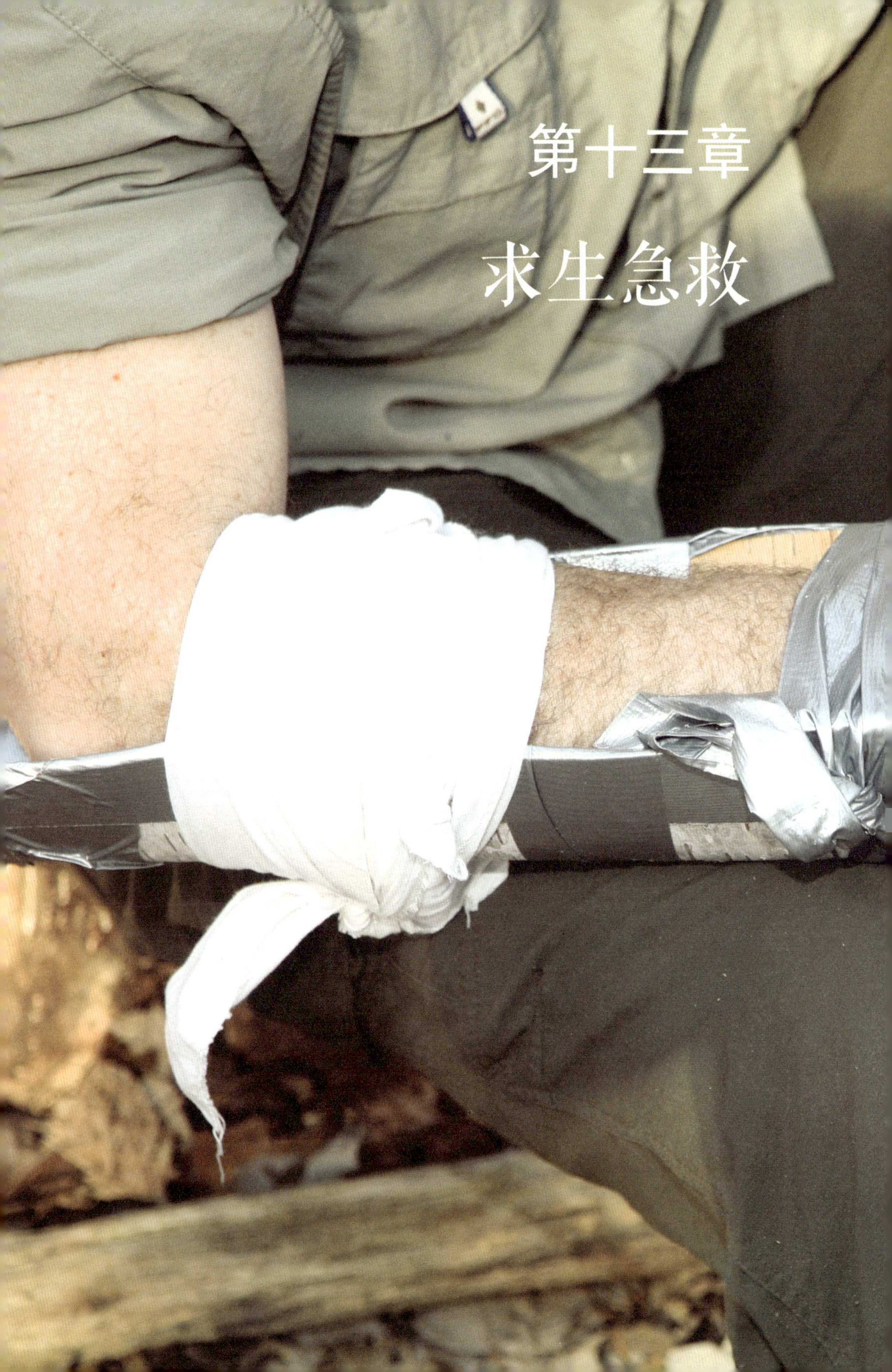

第十三章

求生急救

跟动物一样，身处荒野，伤病对人的限制最大。不过我们跟动物的区别在于，我们懂得自我疗伤（尽管有证据表明某些动物胃部不适时也会食用某些植物草药缓解症状）。

你有责任为自己和旅行同伴尽可能多地了解荒野急救知识，然而这并不是简单地读一两本书就可以搞定的。我强烈建议你在开始探险旅程之前，先学习荒野急救课程。

即使你已经掌握所有的急救知识，求生中更重要的事还是要防止受伤。你所有的行为都需要提前策划好，要符合逻辑且谨慎小心。如果你想成为电视特技演员，那就径直向前从悬崖跳入湍急河流。如果你想求生，首先得保护自己不受伤。

你的求生急救工具包

求生工具包中最重要的组成部分就是急救物品。你得对工具包中的东西门儿清，并且知道如何使用它们。详见第二章“求生工具包”。

跟全套求生工具包一样，你的急救工具包也需要根据要去的目的地和要进行的活动（某种程度上）灵活定制。

草药和疗伤植物

受伤了，直接从荒野中揪一把野生植物就能治愈，想着都觉得好玩儿。然而，真的在荒野中求生，这种事情的概率比你找到安全可吃的植物还低。更不用说，用野草植物疗伤并非采摘或者嚼碎或者直接按在皮肤伤口上那么简单。大多数情况下，复杂的草药需要精心准备。

疗伤植物一般具有地域性，是世世代代试验和使用之后的成果。在安大略州的佐治亚湾，长在毒葛旁边的凤仙花是预防毒葛中毒的传统药物。要达到效果，你需要先学会辨认这两种植物。我在亚马孙雨林期间，一种瓦欧草药对于治愈我的足部真菌起了很大的作用，而那种药是一个瓦欧土著妇人根据自己和族人经验总结出来的。

卫生的重要性

求生的条件自然恶劣，但这并不表示你可以忽视最基本的卫生，因为这是防止感染和疾病的重要方式，而且也可以防止小伤变大病。

不缺水的情况下，可以每天冲洗身体，用肥皂或不用肥皂都可以。手、头发、脚、腋窝是最容易被侵染的部位，要格外小心。

一定要保持双手的干净，因为手上的细菌可以感染人体和食物。经常洗手，尤其是排便之后。头发也要尽量保持干净清爽，防止头上生跳蚤和虱子。

个人卫生的另一个重要方面就是保持衣物干净。也就是说，你可能要像古代祖先那样用石头在河里擦洗衣服。如果周围没有水源，也一定要把衣物用力甩（尤其是内衣和袜子）然后放到太阳底下晒几个小时。

不管有没有牙膏，都要每天刷牙，防止口腔感染和脓肿。在确定无毒的情况下（这取决于你出行前关于当地植被的调研培训程度），你可以折一根小嫩枝当牙刷用。削去树枝两端的树皮，放到口里咀嚼，直到树枝纤维开始分离。你还可以用这种纤维清除牙齿缝间的食物残渣。你还可以用布包着手指刷牙，用一点小苏打、沙子或者食盐当作摩擦物。钓线也可以折起来当牙线使用。

若是衣服湿了脏了，身边又没有水，就赶紧脱下衣服至少要晾一个小时，同时用干净的毛巾擦洗身体（尤其是我刚提到的几个部位）。注意不要让身体一下子受凉。最好是在早上或者一天中温度最高的时候擦洗身子。

斯特劳德的小贴士

求生条件下一定要保护好的四个部位分别是眼睛、脚、手和胃。这四个部位对于求生来说至关重要。

最后，不要随地大小便。要在距离营地至少 100 码（91 米）处选一个地方当“厕所”。尽量挖一个深坑，然后再大小便，事后用土盖住。

求生急救事项排序

在求生条件下，压力最大的事情恐怕就是对急救事项进行排序了，也就是所谓的“分诊”。首先要处理最致命的伤口，然后按照严重程度一路处理下来。

如果只有一个人手，需要按照下列步骤：

1. 检查呼吸情况　检查伤者的气管是否通畅。确保气管打开，伤者可正常呼吸。如若不然，需要进行嘴对嘴人工呼吸。

2. 检查意识情况　如果伤者失去意识但还有呼吸，把伤者侧身放到地上，上腿以合适角度对着身体。用伤者的手支撑头部并使头部后仰以确保气管通畅。

3. 检查流血情况　立刻止血。

4. 检查休克情况　针对休克采取措施。

重伤和小伤

野外受伤通常可分为两种：重伤和小伤。幸运的是，大部分伤都属于小伤。尽管这种小伤不至于把你困在原地，但你要知道，在荒野之中任何小伤如果不及时救治，很快就会变得严重。因此，人在野外任何伤口都要认真对待。

举个例子来说，当你在亚马孙丛林被割了一道小口子，这自然不会影响你的正常活动。然而，这个小伤口可能很快被感染并演变成严重的问题。或者当你走路走得脚上起了水泡，你当然还可以忍痛继续往前走上一两天或者更久。可如果放任不管，这小小的水泡甚至有可能让你变成跛脚，严重阻碍求生旅程。

我曾经跟三名队友一起参加过一次探险竞赛，其中一个队友突然就感觉腹股沟处瘙痒疼痛。当时我们急着往前赶路，一开始也顾不上她这小小的不舒服。结果，短短 24 小时后这小小的不适竟演变成了全方面感染，以至于她无法再走路。

斯特劳德的小贴士

无论伤口多小，任何伤口都不得忽视。

重伤和疾病

处理重伤和疾病的关键就在于防患于未然（尽最大努力）。当你或团队中的任何人患上下列这些疾病，你都需要迅速果断地采取措施。在荒郊野外之中，伤口和疾病很快就会变成致命的因素。

脱水

脱水是在炎热干旱地区面临的最大风险，足以在短短几天的时间内夺人性命。采取防风和防晒保护措施可以降低身体失水的速度，不过最终还是得找到水源才行。如果你唯一的选择只剩下饮用未经净化的水，那也得喝。我宁愿因疾病而死，也好过脱水而死。

人脱水的时候自然也会造成身体盐分的流失，所以你得考虑在急救包中放上非处方电解质替代物。若是没带，可以在一升水中加入四分之一茶匙的盐。

身体脱水者一定要多次少量补充水分。

低温症和冻伤

关于低温症和冻伤，我再次邀请我的朋友体温调节学教授戈登·吉斯布雷希特讲讲该如何应对：

低温症　低温症并非一蹴而成（所需时长从一小时到几天不等。）对于备受寒冷侵袭的人，处理起来要尽量轻柔。由于核心温度、血压、心脏工作的改变，快速而粗糙的动作足以造成死亡。具体可按照下列步骤：

1. 动作尽量轻柔。
2. 让低温症者保持水平姿势。
3. 不要让低温症者行走或用力。
4. 尽快把低温症者转移到避身所。
5. 一旦进入避身所，可以考虑把低温症者的湿衣服脱下，一般是直接剪开。
6. 尽可能把低温症者放在保温的地方（睡袋、毛毯上等）。
7. 有任何的热源，尽可能把热源靠近低温症者的胸和腋窝。这包括热装（可以用电力、化学物质或者木炭当作燃料）温水瓶或者团队中身体正常的队员（身体热度）。
8. 如有可能，用塑料等防潮材料把低温症患者松松地包一圈。
9. 一旦低温症者醒来或者恢复意识，立刻给其补充高热量的食物，比如热巧克力或巧克力棒。随时关注监测低温症者的呼吸和身体恶化症状。同时还要检查手脚，确保手脚不能太凉。

冻伤　冻伤足以造成灾难性的后果，尤其是处理不当的时候。在超过200年的时间里，处理冻伤的常见方法就是用雪涂擦冻僵的部位，或者让冻僵部位浸入冷水中。这种方法有些过度，现在我们不再推荐。下面是关于冻伤处理的一些行为准则：

- 切勿摩擦冻伤部位。
- 切勿让冻伤部位接触任何寒冷。
- 切勿尝试用火或火炉的干热给冻伤部位取暖。
- 切勿在有可能再次冻僵的情况下反复温暖某个冻僵部位（比如你被困山林，还需要行走几天时间才能抵达安全地方）。
- 要温暖冻僵部位，要么通过人类的身体温度，要么浸入 37℃的温水中。
- 切勿弄破任何水泡。
- 切勿随意切除任何颜色变深或是发黑的身体组织，很多时候这些组织的很大一部分甚至全部都能保住，只要时间足够并给予精心照顾。

斯特劳德的小贴士

记住这几个部位：手指、脚趾、耳朵和鼻子，这些部位特别容易被冻伤。

休克

休克是大多数重伤者（甚至包括伤势不那么重的伤者）都会出现的一种自然反应。这种反应会在两个层面影响到人。好的一面是休克可能带给你超人般的力量，帮你走出危险困境。曾经有人在股骨断裂的情况下，因为休克的力量艰难爬行数里，最终死里逃生；还有人成功抬起车子救出被困的小孩。这种力量也被称作肾上腺素冲击。危险的一面是休克的后果——因为身体太过虚弱以至无法动弹。

要治疗休克，首先要将患者平放在地，如果有可能，尽量在地上隔一层东西。若休克者还有意识，可以把其双腿抬高 30 厘米左右。若休克者已失去意识，则要让其翻身侧躺，以免被呕吐物和其他流质物呛到。

注意保持休克者的身体热度，不管是采取防风避雨的方式还是增加热源，总之一定不能让身体冷下去。如果有意识的休克者还能喝水，尽量喂给他少量的糖水。有可能的话，尽量让休克者休息 24 小时以上。

烧伤

在荒野之中被烧伤是很危险的一件事情，考虑到火对于求生的重要性，烧伤是实实在在的风险。我见过的最严重的烧伤是在一次露营旅行中，当时一个女孩抬起一个放着熏肉的煎锅，结果手臂被锅中的滚油烫到。

这种烧伤（滚油烫伤）情况特别严重，因为即使已经把燃烧物从身体的部位移开，油脂仍会继续“烹煎”皮下肌肤。无论起因如何，烧伤之后首当其冲要做的便是赶紧用凉而不冰的水为其降温。如果需要覆盖伤口（考虑到转移伤者），可以用干净冷水浸泡过的衣物或布片敷在伤口上。如果没这样做，则要持续向伤口洒水，直到救援者到来。

在野外被烧伤，感染的风险很大。等受伤部位凉透之后，像处理裸露创伤一样对其进行处理。若是伤口进行了包扎，记得每天都要更换包扎物或者用滚水对包扎物消毒。不过最好还是不要包扎，持续往伤口上喷洒凉水最好。

最后，一定不要在身体烧伤处涂抹黄油或类似油膏。唯一可以涂的只有抗菌药物或烫伤膏。

关节损伤

关节损伤包括骨折、脱臼和扭伤，可以算是野外受伤情形中后果最严重的，因为你会因此而无法完成最重要的一个求生目标：移动。所以要始终保持谨慎小心，防止关节损伤。

骨折　骨折是最严重的一种关节损伤，如果是开放性骨折问题就更严重了，也就是说骨头穿透了皮肤。这种情况下，显然骨头已经断得很彻底。如果骨头没有穿透皮肤，骨折的症状就还包括极度疼痛和压痛、功能障碍、肿胀、受伤部位畸形、摩擦声或者摩擦的感觉。

要治疗骨折，首先要保持身体静止，然后用夹板固定住受伤部位。所谓夹板就是指有坚硬表面的物品，比如木棍，你可以在受伤部位绑几根木棍帮助固定骨头。

木棍或木杆是制作固定甲板的最好选择，尽管卷起来的毛巾或衣物也可以临时充当。

尽量在夹板与皮肤接触的地方垫一层东西，防止摩擦。夹板要绑紧固定好，但不能影响血液流通。

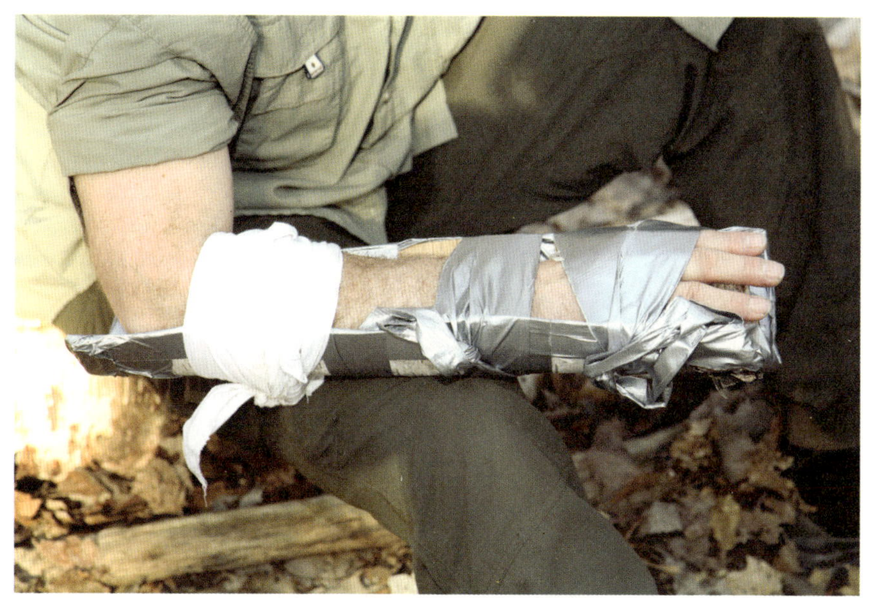

确保固定结是打在木头上，而非直接绑在皮肤上。

脱臼 脱臼是骨头关节的分离导致无法协调行动。这种伤需要尽快治疗，以免造成受伤处的肌肉扭结。治疗脱臼最全面的办法就是矫正，也就是说让骨头重新回到正确的位置。矫正脱臼的过程异常疼痛，但如果操作得当，受这些疼也是完全值得的。即便是没任何经验的人，也可以尝试一下矫正，总比手脚不能用来得好。

判断矫正是否成功的唯一办法就是比对扭伤关节与相对应关节的模样。除了矫正，你还可以通过夹板固定住脱臼部位。

扭伤：当肌腱和韧带过度拉伸时就容易扭伤。扭伤最明显的迹象就是过度肿胀、淤伤和压痛。对于扭伤，最好按照 RICE 方法进行处理：休息（Rest），冰敷（Ice），压紧（Compression），抬高（Elevation）。

1. 让扭伤部位得到尽可能长时间的休息。

2. 热敷之后，再冰敷 24 小时。如果手头上没有冰块，可以用任何有镇凉作用的东西代替，比如溪水、河水或湖水等。

3. 轻柔地包扎紧裹扭伤部位，但不能阻断血液的正常流通。

4. 尽可能抬高受伤部位，以减轻肿胀。

对于肩部脱臼，可以利用重物把骨头掰回原位。这个过程可能很痛，但是恢复的速度会相当快。如果没有相应的野外急救指导，切勿轻易尝试。

中暑虚脱

中暑会阻碍身体自动调节温度的能力，若不及时采取措施，可能导致死亡。其症状包括皮肤发干发烫、明显少汗、头痛、头晕、意识模糊、恶心呕吐等。

如果你怀疑有人中暑，最重要的是要把人转移到阴凉地。脱去身上衣物让汗水蒸发，这有助于皮肤散热。如果水量充足，一定要往皮肤上浇水，这同样有助于身体降温。让水自然蒸发，你可以帮忙扇风加快降温过程。跟脱水一样，中暑的人一定要每隔几分钟便啜饮少量水，大口饮水会造成呕吐。

中暑后要散热降温的关键部位是主要动脉：脖子、手腕、腋窝、腹股沟、头部。给腘窝（膝盖后面的窝）降温也是一个好办法。还可以通过按摩四肢帮助温度低的血液从末端流向内脏器官。

流血

如果不及时阻止，大出血会让人在短时间内迅速毙命。出血可以通过直接按压、抬高出血部位或止血带（最后的办法）帮助止血。

在这当中，直接按压出血伤口的办法最为有效。抬高并长时间按压伤口不仅能止血，而且有助于伤口结痂。

如果是手足受伤，要把受伤的手足抬高到心脏以上，这样有助于减缓失血情况。注意，这个办法并不能完全止血，需要与直接按压结合使用。

尽管有些人推荐用止血带，但这只能在其他办法都不奏效的情况下，当作生死关头最后的破釜沉舟之举。使用止血带的风险很高，因为一旦上止血带时间太长可能引起坏疽，导致止血带以下部位坏死。

小伤和小病

乍看起来，小伤小病可能没有急病重伤那么严重，但也应该受到重视。它们属于潜伏伤。如果长时间忽略，很可能在不知不觉之中恶化成了大问题。

头痛

头痛是一种常见症状，却有可能让人在求生中丧失行动能力，所以记得要在急救包中放上布洛芬和对乙酰氨基酚。大量补充水分和按摩疼痛部位也能有所缓解。

疾病

疾病可大可小，可一旦身体抵抗系统崩溃，免疫力大幅下降，大病小病可能会一同向你袭来。

一旦身体生病，体力自然会受到影响，进而影响求生。这种不利影响可能会跟滚雪球一样越滚越大。比如，当你没有足够的体力搭建避身所，自然就增加了风吹雨淋的概率，进而容易患上低温症。你选择何种方式应对，将影响接下来几小时、几天，甚至几周的遭遇。

蛇虫叮咬

蚊虫叮咬这种事情可大可小，最好的办法就是穿着合适的衣物避免被咬，也不要在未经探测的情况下贸然把手或脚暴露在阴暗地方。每天要检查自己的身体，看是否有奇怪的生物攀附在身上。尽量不去挠抓被叮咬的地方，以防感染。

对于蜂蜇，最重要的考量就是你或者同伴是否有严重的过敏症。如果有，就必须带上肾上腺素笔和抗组胺药。

你只要向医生解释你打算到荒原地区旅行，有可能被蛇虫咬到，大部分医生都会愿意给你开肾上腺素的处方。不过还是要小心对待。如果真对虫咬产生了过敏反应，肾上腺素笔大概只能撑 15 分钟左右，你需要在这期间把人送到医院。肾上腺素笔价格高昂，且保质期只有 12 到 18 个月，所以要记着随时更新急救箱中的物品。最好是带上两只肾上腺素笔。有一点要明确的是，肾上腺素虽然能打开呼吸通道，但并不能止住颈缩。你必须使用抗组胺药物，阻止身体分泌导致气道关闭的组胺。

被蜜蜂或类似生物蛰到之后，要立刻除去毒刺。你可以用手指甲或刀刃在被蛰的地方小心刮拨将毒刺清出（不要直接拔）。

被蜘蛛或蝎子咬到，后果就更严重了，除非你手头上有抗蛇毒血清，不然根本谈不上什么治疗。如果同伴被这种毒虫咬到，首先要注意过敏反应，然后清创；若发生休克、呕吐、腹泻等症状，则按部就班进行处理。有些人被蜘蛛咬到，结果造成难以愈合的溃疡。一定要对溃疡处进行包扎，防止继发感染。

被蛇咬到也不是一件小事，即便大多数人都不会留下中毒的后遗症，但也算是在鬼门关走了一圈。而真正需要担心的是感染问题，因为蛇的口腔里带有大量细菌，所以要立即进行清创消毒。必要的话，抚慰伤者情绪并针对休克进行治疗。

被蛇咬到还要保持镇定，这自然是说起来容易做起来难。我无法想象，万一我在亚马孙雨林被毒蛇咬到，我会是什么样的反应。在那样一个与世隔绝的地方，我压根儿就逃不出去。所以这就是悖论所在：被蛇咬到之后，你的第一反应便是赶紧逃离，然而你却不能这样做，因为这样一来只会加快蛇毒在全身扩散的速度。

尽量先确定咬人的蛇是否有毒。如果不能确定，就假设它有毒！尽量多地给被咬者补充水分，并解开皮带、手表和手镯等金箍型物品。

治疗蛇毒，要避免下列事项：

- **剪切** 切开伤口并不能有效排出毒素，而开放性创伤更容易感染。
- **酒精** 同样，这对于伤口恢复或病人都没有多大好处。
- **止血带** 紧紧绑住伤口可能导致更严重的伤势和疼痛，操作不当甚至有可能导致肢干坏死。

治疗蛇毒，要按照下列步骤：

1. 安抚伤者，使其保持不动。
2. 用宽绷带紧缠住整个肢体，就跟包扎扭伤的脚踝是一样的。这有助于延缓毒素的吸收扩散，但仍然能保持伤口的正常供血。
3. 检查重要生命体征。
4. 用夹板固定住肢体。
5. 如果数小时内无法找到医生而手头上又有抗蛇毒血清，可以先在伤者皮下注射少量血清，或者先注射抗组胺药，测试过敏反应（急救箱中常备可注射的抗组胺药物）。

腹泻

腹泻在求生环境中十分常见，也容易小病变大病。

关于腹泻，有两件事尤其需要知道。首先，腹泻是身体排出刺激物的一种方式。这个过程需要 6 到 12 个小时。不过，腹泻可能迅速导致身体脱水。腹泻会让人体宝贵的水分和电解质流失，这些需要及时补充。

给自己补充水分的最佳方式就是喝点水，尤其是干净的水。少量多次地喝（有助于肠道吸收）好过一次性狂饮（会造成胃部过度充盈，引发更严重的腹泻）。

如果是结伴出行，需要注意一点，腹泻可能会造成一些较为尴尬的局面，所以尽量为对方创造一个舒适、轻松的环境。换作是你，肯定也希望能在一个私密的地方解决这种事情。

木炭是治疗腹泻的一种有效方式，因为木炭的吸收力特别强，而且可以吸收胃肠道中的药物和毒素。磨碎一茶匙量的木炭，与水混合。必要时可以一天服用数次。

如果急救包中带了补充电解质，可以帮助身体补充因腹泻而流失的电解质。洛派丁胺的效果也相当显著，有助于缓解腹泻不止的情况。不过我一般会等腹泻持续超过一天之后，才服用洛派丁胺。

水泡

水泡也属于那种容易由小变大的问题。处理水泡最好的办法，就是保持袜子和双足的干净清爽，从源头上防止水泡。

万一真的长了水泡，尤其是脚上的水泡，千万不要刺穿或者弄破，因为这容易造成感染。与其这样，不如在长水泡的地方敷一层东西减轻压力和减少摩擦。水泡消退前尽量少走路。如果水泡破开，则按照开放性伤口处理。

伤口

伤口有大有小。大伤口的风险在于会造成失血过多，而小伤口最大的危害则在于感染，所以需要立即清理伤口并对其进行包扎。每天至少要换一次敷料以防止感染。如果手头上没有多余的干净敷料，用过的敷料用开水热煮至少三分钟消毒之后，可以重复使用。当然煮过的敷料要等凉透后再敷。在此期间，让伤口自然风干。裂伤可以通过急救包中的蝴蝶缝合线进行缝合。

有消炎药膏的话，立刻涂到伤口上消炎。消炎片则只能在发生伤口感染时才能使用，无法预防感染。

感染

在求生环境中，伤口感染的可能性很大。你可以通过观察伤口周围的发红程度和流脓不止的情况判断出这一点。

对于感染，每天要热敷三到四次，每次 30 分钟左右。凉下来就更换敷料，也可以用消过毒的工具挑开伤口帮助脓血流出，比如在火上加热消毒的匕首尖。

高原反应

根据所处地的海拔不同，高原反应可能是轻微的不舒服，也可能是呼吸不畅，甚至是危及生命的脑水肿。症状也可以是困倦、虚弱，也可能是持续的快脉和呕吐。

治疗高原反应最好的办法是立刻转移到海拔较低的地方。有些情况轻微的反应者可以通过大口大口吸气来缓解症状。

团队求生 VS 个人求生

如果受伤，团队求生始终好过单打独斗，毕竟还有别人能帮助你。团队同伴可以帮助转移生病或受伤的人。

在求生环境下，是抛下受伤的同伴还是陪他一起留下，这恐怕也是一个艰难的决定。如果是两个人结伴出行，在同伴受伤严重、你却束手无策，同时你又明知道哪里可以请来援助的情况下，只有这种时候才可以暂时抛下同伴。离开之前，一定要稳定伤者的情绪，把他或她安置在避身所中，同时标记好地方方便你找回来。

如果团队中的人较多，可以让走路最快、能力最强的队员前去寻求帮助，剩下的人留下料理伤者。再次强调，只有在确定可以找来帮助的前提下才可以离开。

第十四章

基本的求生技能

跟史前祖先一样，求生情境会激发出你身上神奇的适应力和创造力，让你死里逃生。不管是用动物尸骨做成鱼钩还是把石头磨成石刀，无计可施的情况下，这种用现有材料即兴创造求生工具的能力将给你带来很大帮助。

像雕刻家一样思考

尽管在我们大多数人的想象中，荒野是人迹罕至的地方。可如果人类真的彻底远离荒野，世界也就小了许多。从很多方面来讲，这并非一件好事，然而这倒是有利于荒野求生，因为事实上你比预想的更可能遇见前人扔下的、还能派得上用场的东西。

最容易找到这种零碎物品的地方是海滨地区，因为海水常把一些千奇百怪的小玩意儿冲到岸边。你要用雕刻家的眼光去看待这些东西：不要想着它是什么，而要想它能成为什么。那块小金属可能看着没什么用，可如果你转换一下思路，说不定就看到了 6 个鱼钩、一把刀刃，或者一个用来烧水的壶。之前在拉布拉多的时候，我曾偶然找到过一个空的轻油油罐。经过小范围的切割、弯折和重塑，我把那个小罐子改造成了一个简单的柴火炉。

而在卡拉哈迪沙漠，我找到过的最有用的“垃圾”就包括一辆旧卡车上的几个瓶罐。用那种瓶罐抓蝎子最好了，而蝎子是我当时在沙漠期间最主要的食物来源。再说阿拉斯加，当时我的避身所屋顶就是用在乱石堆中找到的两块塑料布铺成的。一开始它们都只是无用的垃圾，可对我来说却意味着救命稻草。

想的简单点

尽管坚定的求生主义者在荒郊野外也想造出精美复杂的工具，但我认为最好的人造求生工具其实是那些最基本的工具。一个简单的陷阱，一个简单的鱼钩……这些往往是你能造出的最有用的工具。时间精力允许的话，打造精巧复杂的陷阱、避身所自然很好，然而在紧急的求生境况中，你通常既没这个时间也没这个精力。

求生是个“屈辱”的境况。任何想以打造精巧工具取乐的想法都会迅速烟消云散（就跟你想在野外保持全身上下一尘不染的想法一样可笑）。

试图制造复杂精巧的求生工具可能会让人碰一鼻子灰。在这种环境下，最不应该做的事情，就是浪费几个小时的时间试图造出某样东西，结果却发现造出来的东西压根儿不能用。简单基础的东西反倒能满足需要，耗费的时间也少得多。

之前我的妻子苏跟我在加拿大北安大略的深山中生活过一年的时间，其间我们萌生出用兔皮制一块毛毯的想法。我们算了一下，大约需要 100 张兔皮，我的第一想法就是设置一整套精巧的捕兔陷阱。可到最后，经过几周时间的摸索，我其实只设置了十几个简单的陷阱，不仅收获颇丰，也替我节约了大量时间。我很确定，即便把陷阱设置得精妙绝伦，运气也未必会更好。

为求生而毁掉心爱之物

为了制作求生工具而毁掉某样自己很珍视的东西，这是让很多人都格外纠结的一件事，即便面临最危急的境况。可是，确实再没有别的选择，如果毁掉一样东西真的能保住你的性命或者手脚，那就做吧。不管是把信用卡剪成碎片，把开门钥匙插入某个特定位置，剪开汽车座垫，或者把车上的备用轮胎点燃以吸引救援者的注意力，你要认识到所有这些都是为了必须要活下去。

与此同时，你必须提前判断毁掉的这些东西在后面的求生过程中是否能起到更大的作用。毕竟，你绝不会为了开动雪上摩托车而牺牲挡风板吧。没了挡风板你接下来回家的路就得直面肆虐的狂风，冻伤和低温症都将在所难免。

2008 年冬天，一对美国犹他州的夫妇开车迷了路，被困在偏远地区的雪地里。经过 12 天的艰难求生之后，他们在一个新闻发布会上解释称，他们曾经看过我的一个节目，我在节目里解释了如何把车座椅的填充物剪出来制作“雪地鞋”。他们就是按照我的办法，踩着自制的雪地鞋在无垠的雪地里跋涉，既没有冻坏脚趾头也没有被冻伤。对于当时的他们而言，也必须做一个选择：是保住车座的完整还是保住自己的性命。他们选择了活下去。

你可以制作的工具

自己动手制作求生工具，最容易被忽略但又最重要的一个好处，并不是工具本身的功能，而是制作求生工具行为带给人的心理慰藉。制作工具的创造过程能让你心无旁骛，让你暂时从当前的烦恼中摆脱出来，改善你的精神状态。当然，设置陷阱可能做不到一击即中，但付出努力始终比什么也不做要好。因为只要做了，至少就有一线希望，有希望就有可能成功。所有这些都与最重要的活下去的意愿联系在一起：有求生的理由，就有活下去的希望。

斯特劳德的小贴士

在求生环境中，必须始终心存希望，才能成功活下去。

制作绳索

用天然材料自己动手制作绳索可能听上去很复杂，其实过程比你想象的要简单。毕竟，用处多多的绳索能大大增加幸存的机会。

绳索可以用来设置陷阱，用来缝补衣物、包扎伤口、固定避身所或者打包行李。我最喜欢拿来制作绳索的天然材料有乳草的茎、月见草树皮、云杉根、雪松皮。这种绳索一般用撕碎的树木内皮制成。掌握植物的特性而非简单地记忆名字，除了在寻找火种植物时能发挥作用，这时候也能大显神通。其实很简单，你要找的就是纤维状植物。

制作绳索最大的困难在于，要找到合适的材料并非那么容易，这个条件尤其受到季节的限制。换句话说，晚秋或早冬时期有很多植物开始从绿变干，变成了纤维状。而有一些植物，比如树皮，用来制作绳索的最佳时间是在早春。

假如你运气够好，抓到了体型较大的动物，用动物的筋或生皮制作绳索也特别好（尤其用来捆扎东西时特别好用），尽管过程会比较麻烦。筋源于腱（紧靠着腿骨的纤维）。要制作筋，首先要把腱晾干，然后把它在粗糙的表面上摩擦（或用木棍和石头敲打）以使纤维分离。这种分离出来的纤维就可以用来制作绳索，潮湿时效果更好。

生皮是从动物兽皮上剪切下来的细条，即使皮上还有毛发也可以使用。

拧绳

1. 听起来感觉很复杂，但基本的拧绳其实很简单。先从纤维化材料开始，比如丝兰属植物的外皮。先把植物外皮层层撕下来。

2. 撕出足够的植物皮之后，再合到一起扭转。

3. 用两个手指按顺时针方向分别扭动每条植物外皮。然后再按逆时针方向把两条外皮拧到一起。

4. 其他的天然材料也都可以按照这个最简单的办法进行。

5. 依序完成这个步骤之后，就能得到功能多样的强韧绳索。

筋腱制绳

1. 先把动物筋腱放在粗糙表面上摩擦，将其磨成一股一股的细线状。

2. 把磨出来的纤维状筋腱拧到一起形成坚固耐用的绳索。

打绳结

制作绳索的天然搭档是绳索打结的本领。跟其他求生技能一样，打结也容易学习过量，因为打结的方法有几百种，有些还有很特殊的用途。

你不需要学几百种。根据我的经验，学习几种很简单的打结方法，就可以帮你应对几乎所有求生境况，能让你搭建更好的避身所，做出更好的渔具或者陷阱圈套。

三种最重要的打结方式

单套结 这种结强韧结实，容易系，是求生情况下最好的打结方式。单套结的尾巴处形成一个圈（与套锁不同），一般用来把绳子固定在某样东西上。

要打出单套结，首先要在距绳子尾端不远处打一个绳圈，然后让绳子活动端从下往上绕过绳环的连接处，最后穿过绳圈往下回扯，单套结就打好了。

酒瓶结 这种结其实就是两个绳圈的互相叠加，是在两棵树或两根木杆之间固定绳子的最简单方法，或者用来挂东西在水平方向的杆上。不过要注意的一点是，酒瓶结两端都需要有承重物才行，另外众所周知，这种结容易滑脱。

单套结最容易学，而且特别结实。

酒瓶结需要从左到右，先在绳子左边某处绕出一个圈，然后在对应的右边也打出一个相同的圈，把第二个绳圈（右边）叠到第一个绳圈（左边）的上面。然后两个绳圈都套到杆子上，最后扯紧绳子的活动端即可。

如果你打算在树木这种直立物体上打酒瓶结，先要把绳子绕树一圈。绳子的活动端需绕过树的主干，然后再把活动端缠树一圈，这一次需要穿过第一次大的绳圈。最后把绳子的两端扯紧，酒瓶结即成。

八字结 尽管八字结（双八字结）传统上多在攀爬的时候使用，但其实用它绑其他物体，效果也不错。因为这种绳结绑得比较结实，解绳时要费点力气。打结时先将绳子的活动端往后绕过主绳下方打一个长绳圈，再绕到主绳上方，然后从下向上穿过绳圈，最后拉紧绳子的两端，八字结就打好了。如果让绳子活动端环绕捆绑对象一圈后，按原路径返回，就成了双八字结。

酒瓶结

1. 绕出如图的两个绳圈。

2. 把一个绳圈放到另一个绳圈的上面。

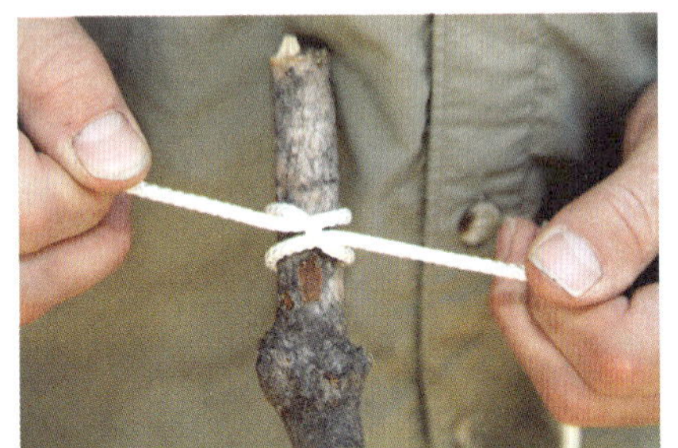

3. 把两个绳圈套到一棵树或木杆上，酒瓶结会自动变紧。

4. 图中我用酒瓶结和一块小石头固定油布。

八字结

打双八字结时，绳子绕树一圈后按原路径返回。

1. 八字结：第一步。

2. 双八字结：第二步。

自制刀具

求生的方方面面都用得上刀。如果你手头上没有现成的刀，也可以自己想办法自制基础款的小刀。你只需要削出半尖利的刀面。刀面的制作材料也有多种选择，包括石头、金属、骨头，甚至是木头。

石头刀

人类最古老的技巧之一，就是把一块坚硬的石头凿成刀刃。随着时间的推移，这倒变成了一种不容易掌握的复杂精细技巧，现在一般称之为凿燧石。值得庆幸的是，你只需要学习最基本的技巧，就能制造出帮你应付绝大多数情况的刀刃。当然，这样制作出来的刀刃自然没有钢刀那么锐利，但至少一面粗糙的、锯齿状的刀刃可以满足你切削或者刮擦等基本的求生需求。

我在求生过程中制作过的用处最大的一面刀刃，是把一块我希望能够裂开的石头，反复砸向另一块石头，直到砸出足以砍入木头的剪切刃。砸石头的过程中，我一直小心地护住眼睛。

改良过的凿石法是非常有用的原始生存技巧，不过对于本书的读者而言有点高深。类似制作弓箭，凿燧石也需要花费很多时间，经过反复练习才能掌握。明白了这一点，下面给大家看几张图片，了解把石头凿成可用刀刃的一种最基本的方法。

金属刀

说到制作求生刀具，金属的重要性无可代替。最大的挑战是找到大小和形状都大致合适的金属块。把金属抵在坚硬表面上反复摩擦，可以磨出尖刃来，这需要较长的时间，所以还是坐下来耐心打磨吧。跟大多数求生刀具不一样的是，金属刀面需要一个刀柄才能保护自己的手不被割到。胶带、布或者绳子都可以用来做刀柄。

骨头刀

骨头刀往往是某个点较为尖利，而不是整片刀刃，所以更适合用来戳刺而非裁切或刮擦。要制作这一类型的刀，你需要先选一块大小适中的骨头，比如大型哺乳动物的腿骨。

劈石凿尖刃

1. 只要找对石头，要把石头一分为二并非难事。用一块较大石头锤击小石头就可以做到。

2. 如图，我把一块石头完美劈成两半。

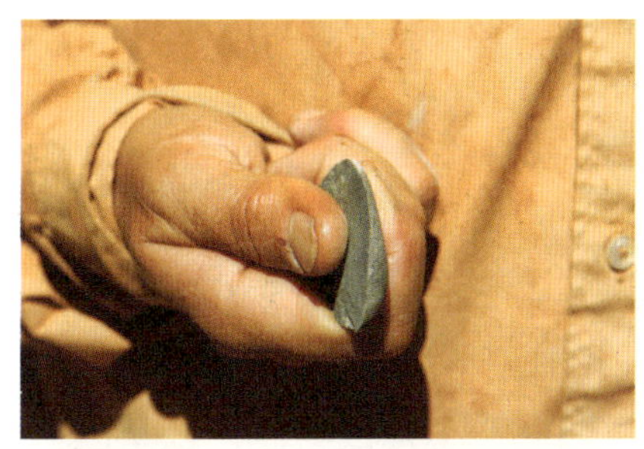

3. 只要选对材料，被劈开的石头便可以磨成刀刃，之后也可以将其放在另外的石头上摩擦使之变得更加锐利。

4. 最基本的石刀用处多多，所以一定要保管好。图中我正用石刀砍入一根干枯树枝制作火种。

如果你足够幸运能够捡到的话，可用来制作刀刃以及金属刀的刀柄的材料多种多样。

把骨头放在一个坚硬物体上，用重物锤击使其碎裂开来。幸运的话，你可以在碎开的骨头间找到一块大小合适的碎骨，然后把它放在粗糙的石头上反复摩擦对其进行打磨。如果能用的只有小骨头和碎骨，开始摩擦之前，把选好的小骨头或碎骨系在一块木头或其他类似的物体上。

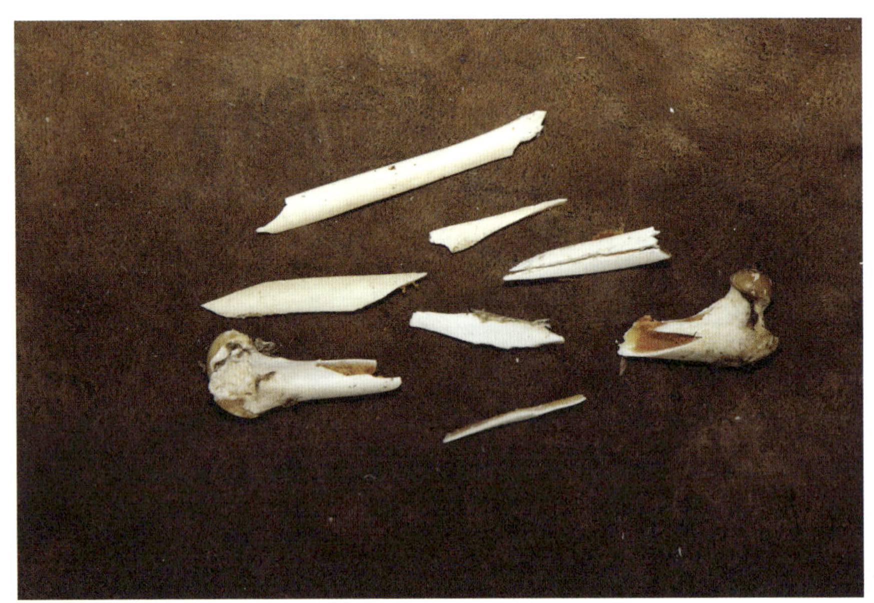

必要时，动物骨头碎片也可以当刀使用，只不过骨头被凿碎之后还需要打磨。

你也可以沿着骨头方向反复刻划，直到把小凿子一样的东西插入已刻出的缝隙中，然后把骨头纵向劈开。

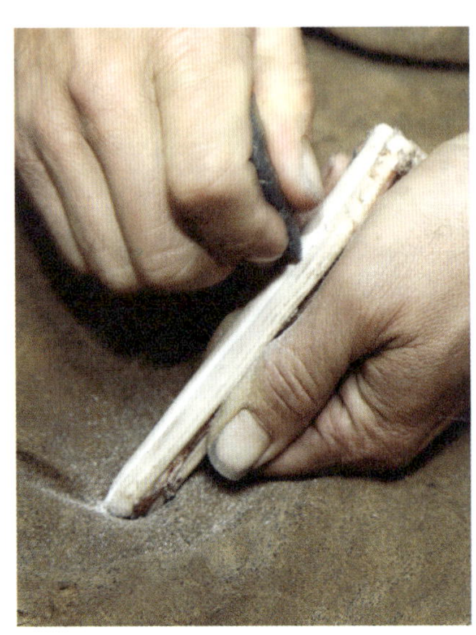

在骨头上刻划。

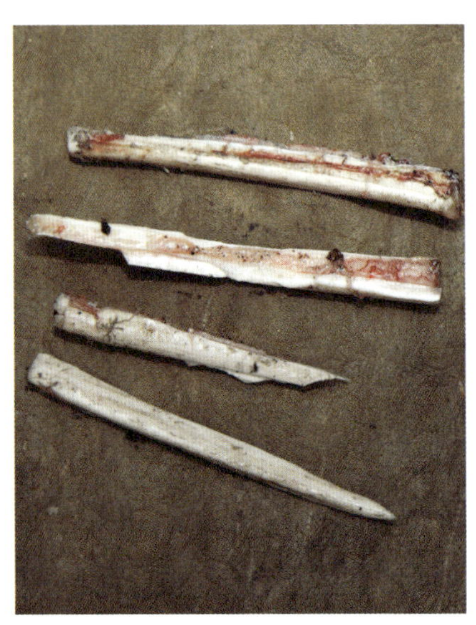

通过划刻制作的形状大小不一的骨头刀刃。

木刀

跟骨头一样，木头也很难打磨出特别锋利的表面，所以木头刀最适合用来戳或刮擦。因为制作木刀需要时间、耐心和勤勉，所以采用木头并不是很好的刀具制作方式。要做出一把木刀，首先需要一根长约 30 厘米、直径约 5 厘米的硬木，磨出来的刀刃大约 15 厘米长。选择一个粗糙、坚硬的表面，比如石头，然后把木头抵着坚硬表面摩擦，直到形成刀锋。

另外，你也可以把木刀放在火上烘烤直至其微微有一点点焦，使刀刃更加坚硬。木头越干，刀刃越坚硬。

斯特劳德的小贴士

磨利一把真正的刀，需要先顺时针打磨然后把刀刃往外推，过程中一直对刀刃施加压力。打磨的时候要始终保持在某一角度，如 45°。切勿在施压的情况下把刀面拖向你自己，这可能会造成刀刃有毛边。身边有水的话，可以定时往石头上洒一点水。打磨期间逐渐减小施压，能让磨出来的刀面更加精细。

我最喜欢的“马盖先主义”

很多人都知道，热门电视剧《马盖先》（1985—1992）是以间谍安格斯·马盖先的功绩为主线讲述的，剧中马盖先能用寻常物品和一把瑞士军刀即兴组成复杂设备，他因这种神奇能力而闻名。在我经历的这么多求生困境中，我也时常模仿马盖先，成败不一。下面是我曾经尝试过的“马盖先主义”名单。

用内衣当捕猎工具

为了抓鱼，我曾把内裤的松紧带剪下来，绑在一只普通的圆珠笔和找到的一段竹子上，就这样做成夏威夷弹弓鱼镖。

用口香糖钓鱼

在美国佐治亚大沼泽地，我用剪成碎片的信用卡制成鱼饵，再用泡泡糖做出一个很厚的泡泡，底部压紧，当成我的鱼漂。如果当时成功的话，沼泽地的鲶鱼足有 100 磅，我就能饱餐几顿了。

用摩托雪橇座垫做护目镜

北极潜在的最大危险便是雪盲。所以在北极求生的时候，我割下一条摩托雪橇座垫用来制作护目镜，我所需要的全部工具就是一把小刀。在那次求生中，多亏护目镜保住了我的眼睛。

用塑料瓶净水

在非洲，我把一个塑料瓶架到火上烤，火焰高度刚好可以舔到瓶子底部但不至于烧到瓶子。通过这种方法，我既可以烧水又能避免熔掉塑料瓶。

用汽车零件制作闪光灯

用电线把电池和车前灯直接连起来。

用汽车零件制作绳子

车辆发动机中的电线用来当绳子再好不过了。

用反射性物体制作信号装置

任何能把太阳光反射到过路飞机上的物品都能吸引救援。

用玻璃制作小刀

破碎的玻璃能用作裁切工具。

用洗手液生火

任何具有高含量乙醇的物品都可以用来生火。

制作飞棍

所谓飞棍，其实就是一根长约 45 厘米的硬木，你可以灵活地抓握和摔扔，用起来跟回飞棒差不多。使用飞棍，一般是为了打晕或者打死兔子、松鼠、小鸟等射程范围内的小动物。用飞棍扔向一群栖息的小鸟效果更好。（见第八章“食物”）

制作棍棒矛枪

史前祖先多半在打猎和战争中使用棍棒矛枪，其实在一个危险环绕、野兽出没的地方，它们也可以用来自卫和壮胆。比如说，当你在深山丛林中求生，你知道脚下随时可能爬过长达两米的眼镜蛇，如果手上抓一根长木棍自然感觉会有安全感一些。你还可以把木矛的一端削尖，或者在一端绑上一把自制的刀刃。

棍棒矛枪的作用还不止于此。跟绳索和刀一样，这种多用型工具可以做很多事，从挖坑到打野果再到固定木桩，不一而足。所以一定要做一根这样的棍棒矛枪带在身边，即便你当下并不觉得自己能用到。相信我，你一定会用到的。

跟飞棍一样，所谓的棍棒其实就是树枝。关键在于尺寸，棍子太长，你就很难做到灵活使用；棍子太短，则对目标物的攻击力又会太小。反正，条件允许的情况下，硬木是最好的选择。可以通过增加棍棒一端的重量来让攻击效果更好（尤其是用来应对陷阱中刚抓到的小动物）。用得最多的办法就是在棍棒的一端系块石头或者类似的重物。

制作护眼镜

太阳眼镜并非只是时尚用品。在野外，恶劣的天气不仅摧残人的身体，同时也会伤害眼睛。可惜太阳眼镜并不属于特别耐用的物品，而且即便你带上了，也有可能在求生过程中弄坏或者丢失。

你必须保护眼睛不受日盲（身处开阔水面时）和雪盲（当四周白雪皑皑时）的伤害。本质上来说，这两种情况都是因为视网膜被光线灼伤，造成眼部不适或暂时失明，持续时间可长达三天。而最糟糕的是，紧急情况下失明——无论持续多久——可能关乎生死。

在非洲，为了防止野兽近身，我在自制的木矛上绑了一把猎刀。

因纽特人就是用驯鹿或海象的骨头制作护目镜来保护眼睛。我之前在北极历险的时候，没能找到这两种材料，便在一条乙烯基塑料上割一个细长的切口，做了个护目镜。其实只要是能减轻阳光对眼睛伤害的物品，都可以拿来作为护目镜使用。

制作包裹

外出旅行，最糟糕的事莫过于所有必备的求生物品都不得不手提肩扛。这样不仅影响速度、加重负担、容易让人心生挫败，而且还相当危险。万一遇到危险，手上肩上这么多东西，当然会妨碍你的反应动作。

其实，很多材料都可以用来制作行囊包裹，包括植物纤维和树皮、木头、绳子、兽皮，或者其他手头上现有的材料。

制作包裹时，先把一块方形的包裹材料摊在地上，所有要放的东西都挨着正方形的一边放着。然后把包裹材料连同物品卷向对边。卷成圆柱形之后，再用大约 1.8 米长的绳子把包裹两边捆好。这时便可以用长绳把包裹挎在肩上。另外还可以顺着包裹加捆几道以防止东西掉落。

制作雪地鞋

云杉树枝用处多多，其中一种便是制作很棒的雪地鞋。取一些云杉树枝，拼聚成你想要的大致尺寸和形状，然后用绳子将其捆紧，最后把鞋子套到脚上，就可以出发了。

制作火把

正如你预想的那样，人在野外，常常会遇到在黑暗中需要照明的情形，而身边却没有手电筒。当然，有火就有光。制作求生火把有很多种不同的方式，树皮火把是其中最简单也最有用的一种。你需要一根木棍当火把的柄，再卷上厚厚一层长约 60 厘米、宽约 15 厘米的柔韧树皮（桦树皮的效果非常好）。

把树皮缠绕在木棍上，再把树皮卷的底部系在木棍上固定，最后用绳子在树皮卷上缠几圈，防止其散开。你可以直接点燃树皮，在树皮卷内部放上易燃材料，比如干草、小木棍、小块树皮等，火把会燃烧得更好。点燃火把卷内部的材料之后，火势可以维持很长一段时间。

图中，我正穿着雪靴和云杉树枝做成的雪地鞋，这让我在雪地上行走轻松许多。

只点燃一些布料也可以照明，但合理制作的火把维持的时间更久，更能增加夜间生存的成功率。

集体求生 VS 独自求生

说到制作和分享工具，集体求生自然有很大的优势。在集体中，你不仅能从同伴的各有所长中受益，而且人多力量大，可以制作更多的求生工具。比如说，一个团队可能只需要一把利刃就够了，而三个人做一把刀自然比你一个人做来得容易。

第十五章

当灾难逼近你的家门

仔细想想，即便是户外活动爱好者，你发现你真正身处荒野求生困境的机会还是比较小的。事实上，家门口发生自然灾害的可能性倒是更大。从飓风到地震再到海啸，从火灾、洪水、断电到极度酷热和寒潮，其实很多危险就潜伏在我们周围。

心理态度

心理力量对野外求生至关重要。而面对自然灾害，心态也同样重要。不要惊慌，冷静下来分析具体情况。认识到自己即将经历情绪波动，按照轻重缓急的顺序满足你的需求。

大多数情况下，自然灾害求生跟真正的荒野求生不一样的地方在于你与外界保持联系的能力。只要条件允许，随时通过媒体了解外部事件（比如可充电的手动无线电广播），以便知道接下来还会发生什么事情，救援何时会到或者以何种方式进行救援。

计划和准备

你必须摒弃那种“不可能发生在我身上”的态度，要知道灾难随时随地可能发生。最好的办法就是在家中的求生工具包中放上几样重要的求生物品，以防万一。

跟其他求生工具包一样，家用求生工具包也必须根据所在地区和最可能发生的自然灾害选择物品。比如，我住在加拿大的安大略，这里很少发生地震。但是我们遭受暴风雪的可能性比较大，而且暴风雪过后还可能碰上大范围停电，这意味着我在一段时间里将过上没电、没水、没供热的生活。万一停电的时间比较长，我甚至会面临食物短缺的局面。

我建议你在求生工具包中放上能满足一周生存必须的物品。具体物品可以参考书后所附的物品清单。

发送求救信号

当家中或家附近发生灾难时，发出有效求救信号的能力相当重要。自然灾害发生后，人们常常会陷入被困境地，需要发送求救信号，当然即便不发送信号最后救援也一定会来。只是当你被困，你一定要让他人知道你所在的位置和你的具体状况。

水

如果能事先知道即将有自然灾害发生，赶紧把浴缸的水放满，任何其他可以装水的容器都全部装满自来水。在我们家，一旦遇上坏天气，我们就会这么做，而这些水每次都能帮我们渡过难关。如果水源被污染或者你必须得从附近的河湖中取水，水净化器（不是那种廉价货）就能派上大用场了。

记住，马桶后面水箱中的水如果是自来水是完全可以喝的，因为它还没有接触便池。冰箱冷冻层里的冰块也可以当做预备水源（尽管水量有限）。

火

若是你生活的地方气候寒冷，或者灾害发生在冬天，你大概会需要一堆火来取暖和煮东西吃。生火自然不成问题，毕竟家里会有不少生火材料，难的是要选一个安全的地方生火和维持火的燃烧。柴炉或壁炉是室内唯一可以安全生火又能保持室内温度的地方。当然燃料型空间加热器也是备用选择。电炉也可以用来取暖，只不过要格外小心，尤其是有小朋友在旁边的时候。记住，绝对不要用煤气炉烧火取暖。

避身所

大多数自然灾害都不会摧毁家园，这自然是一件好事。万一家被摧毁了，你得从不同角度考虑现实情况，尽量临时搭一个避身所，可以暂时住到车里或者支一个帐篷。若是没有车也没有帐篷，那你就得跟荒野求生一样自己找材料搭建避身所了。你需要一个避身所为你遮风挡雨，为你取暖。

食物

绝大多数灾难发生的时候，你家里的冰箱可能塞满食物，然而一断电这些食物很快就会腐坏。尽量把最容易腐坏的食物先吃掉。然后你可以用第八章“食物”一篇中介绍的风干法来保存肉类，也可以把鲑鱼等鱼类食品装进碗中或密封塑料袋中，然后放入柠檬汁中（步骤跟做酸橘汁腌鱼差不多）。鱼肉用柠檬酸浸泡，至少能保存好几天。

旅行和导航

自然灾害发生后，是留在原地还是想办法跑出去，这个问题跟荒野求生时一样重要。如果你考虑离开，首先要做的是确定逃跑路线中不存在任何危险因素。前往下一个目的地前，一定要仔细听广播，以便了解上游河流是否冲破堤坝或者高速公路上是否有洪水等。

说到导航，GPS 装置在寻找街道地址方面作用很大。美国卡特里娜飓风之后，我坐飞机到新奥尔良与一个女士见面，谈论她的受灾经历，然而她只给了我她的街道地址。因为飓风过后所有街道标志都被吹没了，光凭这样一个地址我很难找到准确位置。幸好，车里的 GPS 设备帮助我找到了那位女士的家。

不要以为事情不会发生在你身上！2005 年 8 月，卡特里娜飓风横扫新奥尔良和路易斯安那州南部的其他城市。

危险和危害

关于自然灾害，你需要意识到一件很重要的事情是，主要灾害可能会引发潜伏的其他危险，包括看得见的和看不见的。这种时候你要像消防员一样思考，处理好“气、玻璃、火、和电”的风险。

气　检查屋中是否有气体泄漏，比如天然气和丙烷气。只有在接受过相关培训且有经验的情况下，才可以关闭主阀。如果你怀疑家中有气体泄漏，千万不要在屋里点火，情况允许的话立刻离开家中。如果留在家中比出去外面更安全，一定要把所有窗户打开，最大限度通风。

玻璃 检查整个屋内看是否有破碎玻璃，必要时进行全屋清扫。这有利于避免意外受伤和不卫生条件下潜在的感染问题。

火 这将是你要面对的最大危险。检查气体泄漏、油罐开裂和其他可能引起火灾的问题。

电 电路问题也可能引起火灾。记得检查家中的裸露电炉，尤其是有小孩子的家庭。

不幸的是，大多数人都不甚重视这种所谓的城市灾害，即便他们当中很多人一生中都至少经历过一次。做好准备，机智应对，安全至上，做到这三点你才可以化险为夷。说了这么多做了这么多，你最需要记住的一点就是：任何东西都可以重来，除了生命。

天气

天气很可能就是引发自然灾害的元凶，所以要注意与外界的联系，以便获取最新消息。根据天气情况你可以对求生做一个大概的预测，你也需要知道坏天气是否会加重你当前所面临的问题，以及坏天气何时会来、何时会走。

急救

所有人——并不只是那些在荒野中旅行的人——都应该掌握基本的急救知识。急救很多时候能决定一个人的生死。了解一下当地学校是否有类似课程。

关键的求生技能

依靠你自己的聪明才智和随机应变。观察周围的日常物品，思考哪些东西除了当作家具之外，是否还能当求生工具使用。碰到要毁坏心爱之物的紧急情况时，你一定要克服心中的不舍。如果要在生命和心爱之物之间做一个选择，放弃的必然是心爱之物。

作者注

在创作《求生！》的过程中，我从记忆中尽可能搜索与荒野求生有关的信息。过去的 8 年中，我求生的脚步几乎踏遍了地球上所有最具挑战性的生存环境，其中很多经历都让我记忆犹新。

制作《现代鲁滨孙》节目之前，我以为自己在北美学会的求生技巧已经相当娴熟。然而，独自在地球各大丛林、沙漠、海洋、山林中求生，让我学会了更多以前不知道的东西。时至今日，我仍然在学习。

从瓦欧人的草药到因纽特人的猎杀技巧，有许多精彩的求生技巧都面临失传的局面。比如我之前到亚马孙丛林去，惊讶地发现在那茂密的丛林中竟然还有 70 个与世隔绝的部落。说我天真也好，但我以前一直认为这个世界不再存在未被发现的角落。显然，事实并非如此。

从另一个层面来说，如今的新兴科技让求生变得容易许多，有时只需按下一个按键就能静候救援。PLB、EPIRB、手机和黑莓，以及新兴的SPOT 通讯技术都大大增加了荒野旅行的安全性。

根据我的调查，我发现许多求生刊物里都充斥着过时或者未经验证的技巧和方法，当真正身陷险境时那些东西并不能帮到你分毫。在创作本书的过程中，我始终把自己放在一个求生新手的位置上，想象自己孤身一人迷失在荒野，然后思考有哪些基本的求生知识真正能帮助我活下去。

在我制作的电视节目中，我喜欢不时扔出一些高级的生存技巧，但那只是为了节目的娱乐性，而这本书的初衷不是为了好玩，只为了求生。这也是我为什么给出的全部是最基本、最被信赖、最通用的技巧，是这些技巧让我在全球各个人迹罕至的地方成功生存了下来。

所以，如果你是因为碰到困难才拿起这本书，不要慌张，冷静下来，评估当前情况。翻阅书中与你当前面临问题相关的篇章，然后制订计划。我衷心希望你能在这本书中找到对你有用的东西，带给你实用的解决方案……即便是你扯下几张书页生火都好！

你一定能求生成功。也许某一天，你也能像我这样，讲述属于你的求生故事。

清单

个人求生工具包清单

关于本工具包的详情，参见 19 页 ~ 20 页内容。

- ○ 绷带。
- ○ 指南针。
- ○ 手电筒（小型，LED）。
- ○ 垃圾袋（2 个，建议橙色，大号）。
- ○ 打火机（个人推荐丁烷打火机，使用效果跟小喷灯类似）。
- ○ 火柴（即用即擦型），用防水金属盒装着（带火柴擦，以防万一）。
- ○ 镁打火石（嘿，我喜欢火！）。
- ○ 金属杯（可折叠，可用于烧水）。
- ○ 多刃刀具或瑞士军刀（带锯刃）。
- ○ 止痛药（数种）。
- ○ 降落伞绳或类似绳索（长约 7.5 米的 0.6 厘米绳索）。
- ○ 蛋白质能量棒。
- ○ 锋利皮带刀。
- ○ 太阳能毯（小）。
- ○ 勺子。
- ○ 密封袋（中号或大号）。
- ○ 咖啡罐或类似容器（小东西可置内保存）。

完整求生工具包清单

关于本工具包的详情，参见 20 页～ 30 页内容。

- ○ 绷带。
- ○ 皮带刀（带磨刀石）。
- ○ 蜡烛。
- ○ 杯子（金属，可折叠，用于煮水）。
- ○ 干缩食品。
- ○ 管道胶带。
- ○ 打火装置：打火机或镁打火石以及用防水盒（带火柴擦）装着的随处可擦火柴。
- ○ 生火火绒。
- ○ 急救包：见 336 页清单。
- ○ 鱼饵（3）、鱼钩、助沉物和钓线。
- ○ SPOT 卫星通讯 /EPIRB/PLB。
- ○ 手电筒（小号，LED）。
- ○ GPS（全球定位系统）。
- ○ 垃圾袋（2 个，最好橙色）。
- ○ 放大镜（小）。
- ○ 地图和指南针。
- ○ 钱。
- ○ 多刃刀具或瑞士军刀（带锯刃）。
- ○ 针线。
- ○ 降落伞绳或类似绳索（长约 15 米的 0.6 厘米绳索）。
- ○ 铅笔和笔记本。
- ○ 蛋白质能量棒。
- ○ 安全别针。
- ○ 锯子（可折叠）。
- ○ 信号镜。
- ○ 陷阱钢丝。
- ○ 太阳毯（太空毯）。
- ○ 净水片。
- ○ 哨子。
- ○ 密封袋（大号）。

车载求生工具包清单

关于本工具包的详情，参见 30 页 ~ 32 页内容。除完整求生工具包外，车上还应补充下列物品：

- ❍ 手机。
- ❍ 衣物（保暖）和毯子。
- ❍ 烹饪器具（炖锅 / 平锅）。
- ❍ 饮用水。
- ❍ 陷阱。
- ❍ 手电筒。
- ❍ 食物（包括开袋即吃肉食）。
- ❍ 公路地图（当地）。
- ❍ 雪铲（可翻转或可折叠）和轮胎链。
- ❍ 油布。
- ❍ 卫生纸。
- ❍ 工具。

急救箱清单

关于本工具包的详情，参见 23 页 ~ 24 页内容。

- ❍ 止泻片。
- ❍ 抗组胺药。
- ❍ 抗菌软膏。
- ❍ 绷带。
- ❍ 蝴蝶缝合线。
- ❍ 止痛药。
- ❍ 处方药（如适用）。
- ❍ 手术刀。
- ❍ 三角绷带。

家用求生工具包清单

整理此工具包时，要记住一点，家庭人员的多少将影响其中几种物品的需求量。

关键物品

- ❍ 斧头或锯子。
- ❍ 基本工具盒（锤子、钉子、螺丝刀、镊子、可调节扳手、螺旋钩等）。
- ❍ 皮带刀（带磨刀石）。
- ❍ 野营用炉（单灶头），带所有必需配件。
- ❍ 现金。
- ❍ 儿童护理产品，假如适用（尿片、婴儿食品、瓶子等）。
- ❍ 适合户外温度的衣物鞋袜。
- ❍ 烹饪容器。
- ❍ 管道胶带。
- ❍ 应急蜡烛。
- ❍ 灭火器。
- ❍ 急救工具包和备用处方药。
- ❍ 手电筒。
- ❍ 垃圾袋（2 个，最好橙色，大号）。
- ❍ 打火机（丁烷打火机最好）。
- ❍ 防水金属盒装火柴（随处可擦型）。
- ❍ 代餐饮料（每人带 7 天量）。
- ❍ 多刃刀具或瑞士军刀。
- ❍ 防腐蚀品（每人带 7 天量）。
- ❍ 铅笔 / 笔和纸。
- ❍ 便携马桶和卫生用品。
- ❍ 绳子或降落伞绳。
- ❍ 橡胶手套。

- ❍ 铲子。
- ❍ 睡袋。
- ❍ 太阳能或手摇灯、收音机和手机充电器。
- ❍ 保暖毛毯。
- ❍ 卫生纸和湿纸巾。
- ❍ 管棚或油布。
- ❍ 净水片。
- ❍ 用于饮用、做饭和清洗的水（每人每 7 天需水量为 28L）。
- ❍ 免水肥皂或洗手液。

其他有用事项及物品：

- ❍ 应急计划、联系人名单、碰头地点信息等。
- ❍ 眼镜（备用眼镜、隐形眼镜、清洁剂）。
- ❍ 钓鱼或打猎装备。
- ❍ 带延长绳的电源。
- ❍ 荧光棒。
- ❍ 宠物料理物品，如适用（粪便、器具、袋子、皮带等）。
- ❍ 便携取暖器。
- ❍ 带头罩的雨衣。
- ❍ 娱乐物品（棋盘游戏、纸牌、书、口琴）。
- ❍ 虹吸软管（橡胶）。
- ❍ 烟雾 / 一氧化碳检测器（用于炉灶 / 加热器）。
- ❍ 车辆备用汽油。
- ❍ 洗手盆。
- ❍ 滤水器。

致谢

在此，我对所有为这本书面世贡献力量的人致以深深的感谢。

迈克·乌来萨德是这本书的代笔作家，或者更准确地说是本书的编辑。我们的远程通话时长估计有数百小时，尽最大可能把我记忆中的事情写在纸上。没有迈克，没有他巨大的耐心、创造力、勤奋，就不可能有这本书。

劳拉·鲍比尔为这本书拍摄照片。她到现在仍然还担任电视节目《现代鲁滨孙》的摄影师，所以她随我一起走遍了大半个地球，捕捉记录我在求生旅途中的见闻经历。她的创造力首屈一指，我们的合作在这本书达到了前所未有的高度，如果没有她，这一切也将只是空谈。

贝弗利·霍克斯利为本书配图。我个人不喜欢那种老生常谈的素描线条画，我希望书中的插图能结合体现内容的技术性和艺术美感。贝弗利抓到了各种精髓。她的作品优美、有冲击力，带给人灵感。贝弗利可以说是一个纯粹的艺术家。

在本书创作的过程中，我还得到了许多求生导师朋友的帮助，他们逐字逐句地读并向我反馈意见，指出每一处偏颇或疑义之处。道格·盖特谷德，戴夫·阿拉玛，道·克鲁格，衷心地感谢你们，是你们帮我指正了疏漏之处，让这本书尽善尽美。

这一路上，我从求生领域很多优秀的人身上学到了太多东西，很多时候还改变了我一直以来的错误观点。感谢“沙漠”大卫·霍拉迪，迈克·基拉伊，艾伦·比彻姆，布雷恩·布鲁斯特，查理·福特，贝利·约翰，弗兰克·加利亚诺，伯利兹·塞灵·查特兹，李·古特里奇，库斯·摩尔克罗夫特，拉夫·甘杜扎，道·克鲁格，尼加·吉泰，戴夫·雷德，萨姆·奥米加，吉姆·约斯特，托莫，金塔，安娜，伊帕，以及亚马逊雨林的杜伊和阿拉斯加水上项目的罗恩·迪拉姆，弗雷德·罗威和弗兰克·亚米克

（我最早的老师），保罗·塔斯塔诺，迈特·格拉哈姆，约翰和盖里·迈克菲森，罗伯特·J. 威尔逊，基诺·菲力，厄尼和多纳·尼古拉斯，威斯·魏宝丽以及戈登·吉斯布雷希特博士。

致苏、雷兰和罗根：谢谢你们理解，没能一直陪在你们身边，谢谢你们的理解和牺牲。你们一直为我的安全担惊受怕，很多次面临压力和挑战时，你们合力给了我一个关爱温暖的环境。雷兰和罗根，我知道要让你们理解一个总在外面探险的爸爸其实是很难的一件事，但我其实时时刻刻都在想念你们。你们是我的生命之光，是我一生的至爱。

另外，还要特别感谢我的团队伙伴。温迪·特纳，我们一直彼此陪伴，这是一件特别美好的事。贝斯·卡瓦纳，大卫·戴恩布罗斯基，安迪·皮特森，麦克斯·阿特伍德，安德鲁·谢帕德，帕里斯·阿伦，巴瑞·哈维尔还有丹·拉拉德，你们一直给我支持和鼓励，有你们这样一群朋友，是我的骄傲。现在，回去工作吧！

卢克·戴斯帕提：感谢你在封面设计和其他事情上给予的帮助。

同时还要感谢《现代鲁滨孙》团队，是他们排除万难才有了这个节目系列，戴夫·布拉迪，肖甘·汉库克斯，巴瑞·克拉克以及但·雷诺德。而且若不是《发现加拿大》的珍·米恩格和珍·吉尔伯特以及户外生活网络的安娜·斯塔伯里克率先同意，也不会有后续的这些成绩。谢谢你，帕特里斯·巴雅尔荣。

像往常一样，感谢我的母亲，还要感谢我的妹妹劳拉。另外要特别感谢皮特·戴乐，一开始是他的信任促使我去做这些事情。

同时还要特别感谢瑞克·布罗德海德，他突然出现在我的生命中，很快就成了我信赖的文学代理人和朋友，感谢你在出版方面给我的帮助。

最后要郑重感谢哈珀柯林斯出版社的编辑布拉德·威尔逊和安·科尔，很荣幸能成为哈珀柯林斯大家庭的一员。是你们让我相信，成就斐然的大公司也能公平对待独立的个人，衷心感激你们给我的支持、信任和温和的建议。

——莱斯·斯特劳德，写于荒野

关于作者

莱斯·斯特劳德，求生专家、电影制作人、唱作人、电视节目《现代鲁滨孙》创作者，著名的探索者俱乐部成员之一，曾制作、主持、参加众多电视节目，其中包括《鲨鱼周》《阿拉斯加求生记》《与莱斯·斯特劳德一起失联》等。斯特劳德还以嘉宾身份上过《艾伦秀》《拉里金现场》《深夜秀》《演播时刻》等，并被《男性周刊》《娱乐周刊》及其他众多刊物广泛报道。